호서대 글로벌창업대학원 창업가들의
퍼스널브랜딩 창업 성공 가이드
vol.3

나를 브랜딩하고 새로운 세상이 시작됐다

호서대 글로벌창업대학원 창업가들의 퍼스널브랜딩 창업 성공 가이드 vol.3

나를 브랜딩하고 새로운 세상이 시작됐다

발행일	2023년 1월 30일
지은이	박남규, 문은경, 최예성, 안혜정, 장영희, 이현상, 오인태, 김진호, 한현정
지도교수	호서대학교 글로벌창업대학원 창업경영학과장 박남규 교수 / 창업경영전문가
총괄기획	리커리어북스 대표 한현정
표지디자인	이명옥
본문디자인	한수희
편집	정두철
펴낸곳	리커리어북스
발행인	한현정
출판등록	제2021-000125호
주소	서울특별시 강남구 언주로 134길 6, 202호 A224 (논현동)
대표전화	02-6958-8555
홈페이지	www.recareerbooks.com
제휴 및 기타 문의	ask@recareerbooks.com

ISBN   979-11-974647-7-5 03320 (종이책)   979-11-974647-8-2 05320 (전자책)

호서대 글로벌창업대학원 창업가들의
퍼스널브랜딩 창업성공가이드

vol.3

나를 브랜딩하고
새로운 세상이 시작됐다

박남규 문은경 최예성 안혜정 장영희 이현상 오인태 김진호 한현정

리커리어북스
Re:career Books

호서대학교
HOSEO UNIVERSITY

추천사

    불과 20여 년 전의 20세기가 아득한 과거로 느껴질 만큼 우리는 한 번도 경험해보지 못한 급변하는 환경 속에서 21세기를 살아가기 위해 삶의 방식을 재구성해야 한다. 20세기와 21세기는 크게 3가지 측면에서 다르다고 말할 수 있다. 첫째, 평균수명의 증가로 80세 시대에서 100세 시대로 전환되면서 일을 통한 노후준비의 중요성이 매우 커졌다. 둘째, 예측 가능사회에서 예측 불가사회인 21세기를 맞이하면서 과거의 경험과 평균에 의존하지 않고 혁신적 사고와 융합의 패러다임이 필수적인 시대가 되었다. 셋째, 과거에는 환경에 적응한 사람이나 기업이 살아남는 '적자 생존사회'였다면, 21세기는 자신이 가진 것을 가장 효율적으로 파는 자만이 생존할 수 있는 '팔자 생존사회'가 되었다는 점이다.

    최근에 주위에서 '퍼스널브랜딩Personal Branding'이라는 말이 많이 들려오고 있다. 그리고 각종 페이스북, 인스타그램, 유튜브, 블로그 등 다양한 SNS에서 퍼스널브랜딩을 하는 사람들을 쉽게 찾아볼 수 있다. 오늘날 많은 사람들이 퍼스널브랜딩에 관심을 가지는 이유는 다음과 같다.

    첫째, 과거에 우리는 하나의 집단에 정착하여 자신을 정의하는 것이 가능했으나 현재는 오피스빅뱅, N잡이 익숙한 뉴노멀New normal 시대에 살고 있어 어디에 속하지 않더라도 자기 자신을 그 자체로 정의하고 표현할 수 있는 자신만의 퍼스널브랜드를 가지고 있어야 한다.

둘째, 이제는 플랫폼platform 시대이기 때문이다. 플랫폼은 공급자와 소비자 모두에게 탐색과 신뢰의 비용을 줄여주는 경제적 혜택을 제공하므로 합리적 기회비용을 추구하려는 MZ세대의 욕구에 부합하고 있다.

여러분은 하고 싶은 일과 돈이 되는 일 중 어떤 일을 선택하고 싶은가?

이제는 하고 싶은 일을 하며 돈을 벌 수 있는 퍼스널브랜딩의 시대이다.

퍼스널브랜딩이란 '나만의 강점과 매력, 재능을 브랜드화하여 나의 가치를 높이는 행위'이다. 시장market에서 구매자들이 나와 남들을 구분할 수 있도록 차별화를 통해 나의 가치를 높이는 게 퍼스널브랜딩의 목적이다.

퍼스널브랜딩을 하기 위해서는 자신의 분석을 통한 나의 핵심 브랜드 가치를 정립해야 한다. 그리고 그 핵심 브랜드 가치에 부합하는 자신만의 콘텐츠를 모으고 그것을 SNS를 통해 세상과 공유하며 자신과 같은 가치를 추구하는 사람들과 만나 지속적인 관계를 해야 한다. 우리는 퍼스널브랜딩을 하기 위해 어느 하나의 분야에 고도의 전문성을 가지지 않아도 된다. 내가 되고 싶은 나의 목표를 설정하고, 그것에 도달하기 위해 노력하며 성장하는 모습을 나누는 것 자체가 나의 콘텐츠가 되기 때문이다.

본서는 다양한 분야의 창업가들이 자신의 창업스토리를 진솔하게 기술하여 예비창업자들에게 간접경험을 통한 배움의 기회와 경쟁력을 강화하는 데 도움이 될 것으로 확신한다. 본서가 나오기까지 늘 제자들과 연구실을 함께 공유하며 후배 창업가들의 다양한 퍼스널브랜드를 만들 수 있는 토양 조성 및 멘토로서 최선을 다하는 박남규 교수님의 노력과 열정에 동료 교수로서 아낌없는 응원을 보낸다.

"세상은 보는 대로 존재한다."라는 말이 있다. 이는 세상을 바라보는 '관점'이 때로는 운명을 가르는 정도로 중요하다는 의미이다. 세상을 바라보는 관점이 훌륭한 사람은 남보다 더 유익한 성과와 의미를 만들어내듯, '팔자 생존사회'에서는 자신이 무슨 일을 하는 사람인지 고객의 관점에서 자신을 브랜딩하는 것이 무엇보다 중요하다고 생각한다.

"미래는 우리가 갈 곳이 아니고 우리가 창조하는 곳이다. 길은 발견되는 것이 아니라 만들어지며, 길을 만드는 행동은 길을 만드는 사람과 목적지 모두를 바꾼다."는 샤르John Schaar의 말처럼 21세기를 살아가는 우리에게 이 책이 퍼스널브랜딩을 통한 미래의 길잡이가 되길 기대해 본다.

호서대학교 글로벌창업대학원
강신기 교수

8인의 생생한 경험과 지식이 한 권의 책으로 묶이기까지 계절이 두 번은 바뀌었다. 매주 토요일 저녁을 기꺼이 내어 온라인 줌Zoom에서 글쓰기 심화 과정으로 함께 했다. 이 과정은 순수 문학을 위한 작가 양성 과정이 아니다. 자신이 경험한 도전과 실패를 바탕으로 한 일인 칭 주인공 시점으로, 글의 주인공은 자기 자신이다. 그렇기에 더더욱 글 속에서 오롯이 벌거벗겨진 자신을 직면해 내야 했다. 마음을 다해 써 내려간 작가들의 글은 실제로 직접 경험하고 살아내고 있는 현재 진행형의 사례들이다.

실화를 바탕으로 한 '인생 창업 이야기'에 대한 독자들의 반응은 기대 이상이었다. 책이 나오자마자 유명 창업잡지사인 「창업 & 프랜차이즈」 기자로부터 CEO 라이브러리 첫 장에 소개하고 싶다는 연락을 받았다. 포기하고 싶었는데 다시 시작할 용기를 얻었고, 교훈과 감동을 얻었다는 독자도 있었다. 처음 책을 쓴 작가들의 이야기가 이러한 독자들의 반응을 끌어낼 수 있었던 것은 솔직한 자기의 경험을 바탕으로 쓴 생생한 서사기 때문이다.

8주간의 수업을 통해 작가들은 자신을 깊이 들여다보는 시간을 가졌다. 이 과정은 생각보다 만만한 작업이 아니었다.

공저라 쉽게 뛰어들었다는 어떤 작가는 글을 쓰는 과정에서 아픈 과거가 떠올라 수십 번 글쓰기를 멈췄다고 했고, 마음 깊숙이 눌러놓은 자신의 어릴 적 꿈을 만났다는 작가도 있었다.

이 책은 창업을 준비하고 있지만, 누구에게 조언을 구해야 할지 막막한 분들에게 들려주고 싶은 선배의 경험담이라고 해도 좋겠다. 누구나 삶의 고비가 있다. 8명의 작가들이 어떻게 삶의 난관을 넘었는지 따라가다 보면, 비슷한 고민을 하며 동시대를 사는 우리에게 살아가는 방법을 알려줄 것이다. 각자의 가능성을 발견하고, 자신만의 퍼스널브랜딩을 구축할 수 있도록 헌신적인 지도로 이끌어주신 호서대학교 글로벌창업대학원 창업경영학과장 박남규 교수님과, 바쁜 생업 가운데서도 학업과 출판의 고된 과정을 묵묵히 이겨낸 작가들에게 경의와 함께 깊은 감사의 말씀을 드린다.

리커리어북스 대표
한현정

퍼스널브랜드
"100세 시대, 대한민국 모두가 행복한 창업을 꿈꾸며"

'퍼스널브랜딩 창업 성공 가이드 vol. 1과 vol. 2'를 출간한 후에 많은 호응과 피드백이 있었다. 유명한 서점 매대의 추천도서가 되었으며, 향후 창업 교육 교재로 사용할 예정이라는 피드백도 받았다. 2021년 퍼스널브랜딩출판 수업에 참여한 호서대글로벌창업대학원생들이 책 속의 주인공이 되어 첫 출간을 시작으로 시리즈로 출간이 진행될 예정이다. 공동출간에 동참한 저자들은 인생의 주인공으로서 세상의 롤모델이 되어 각자의 분야에서 행복한 창업을 인도하는 리더이자 멘토 역할을 할 것이며, 이러한 경험의 축적은 차별화되고 성공가능성이 높은 비즈니스모델을 만들어내며, 결국은 성공가능성이 높은 창업의 기초가 될 것이다.

요즈음 손흥민 축구선수로 인한 경제적 파급효과는 2조원에 육박한다고 한다. 아시아인으로서의 한계를 극복하고 축구의 원조나라, 영국에서 아시아 최초 잉글랜드 프리미어리그(EPL) 득점왕 출신과 손흥민 자신의 인성과 한국의 교육 방식은 한국의 국격을 높이고 있다. 퍼스널브랜드 파워를 기반으로 'NOS7' 론칭을 통해 창업을 하였다. 개인의 브랜드가 자연스럽게 사업으로 연결되는 시대가 되었으며, 이러한 시작의 첫 출발이 '퍼스널브랜딩 창업 성공 가이드 시리즈'가 될 것이다.

2022년 3월은 코로나 사태와 우크라이나 전쟁으로 모두가 힘든 시기를 보내고 있다. 병균과 전쟁으로 인한 원자재 수급난은 인플레이션으로 이어져서, 월급만으로는 미래를 준비하기 어려운 시대가 되었다. 2020년 코로나로 촉발된 비대면 언택트 수요는 미래의 온라인 재택근무환경을 앞당겼다. 2년 이상 유지된 비대면 방식의 일상은 생활 방식을 바꾸면서 새로운 문화가 되었다. 이전으로 돌아가기보다는 ZOOM을 활용한 온라인 미팅이 더 익숙한 것은 나만의 생각은 아닐 것이다.

2000년 인터넷의 출현, 2010년 애플사의 아이폰iPhone을 시작으로 내 손안의 PC 스마트폰의 출현, 2020년 테슬라의 전기차 모델3Model 3를 시작으로 OTA[1]와 FSD[2] 구현과 같은 혁신적인 제품·서비스는 10년 주기로 일상생활에서 새로운 사고방식과 생활 양식의 문화를 창조해왔다. 2030년 기술트렌드를 대비하여 어떤 준비를 해야 할 것인가?

"상상이 현실이 되는 세상, 10년 후의 미래를 상상하며"

2010년 6월 상상했던 일들이 2022년 3월 현재 그대로 실현되고 있다. 그렇다면 2030년에는 어떤 일들이 일어날 것인가? 10년 후의 미래

---

1   Over The Air, 무선으로 언제 어디서든 인터넷만 연결이 되면(차량내부 wi-fi) 업데이트 되는것
2   Full Self Driving, 완전 자율 주행으로 총 5단계가 있가 있으며 현재는 2단계에 해당

는 다음과 같을 것이다.

1. 전문가의 시대

인터넷에서 해당 분야 전문가를 검색한다. 유튜브 전문가 추천서비스에서 가장 키워드에 최적화된 전문가의 정보 자료가 검색된다. 특히 1분 이내의 소개 영상을 통해 전문가를 파악하고, 랜딩사이트에 접속하여 프로젝트를 의뢰한다. 전문가는 즉시 가격과 시간이 맞으면 프로젝트를 수락하고, 블록체인과 결합된 메타버스[3]에서 아바타[4] 미팅을 진행한다. 인터페이스로는 HMD[5]를 머리에 쓰고, 손에는 햅틱[6] 장갑을 끼고 현실에서와 똑같은 가상의 사무실에서 업무를 처리한다.

2. 유튜브가 스승, AI는 비서

미래에는 체험교육도 유튜브에서 가능할 것이다. 유저인터페이스 (UI, User Interface)의 발달은 2D 화면에서 벗어나 가상의 3차원 AR[7],

---

3 metaverse, 가상, 초월을 의미하는 '메타'(meta)와 세계, 우주를 의미하는 '유니버스'(universe)를 합성한 신조어, 3차원에서 실제 생활과 법적으로 인정한 활동인 직업, 금융, 학습 등이 연결된 가상 세계
4 avatar, 사용자가 자신의 역할을 대신하는 존재로 내세우는 애니메이션 캐릭터
5 Head Mounted Display, 머리 부분에 장착해, 이용자의 눈앞에 직접 영상을 제시할 수 있는 디스 플레이 장치
6 haptic, 사용자에게 힘, 진동, 모션을 적용함으로써 터치의 느낌을 구현하는 기술
7 Augmented Reality, 증강현실, 실제로 존재하는 환경에 가상의 사물이나 정보를 합성하여 마치 원래의 환경에 존재하는 사물처럼 보이도록 하는 컴퓨터 그래픽 기법

VR[8] 기술의 발달로 시각, 청각 이외에도, 후각, 미각, 촉각을 통해 실제와 구분이 어려울 정도의 정교한 체험이 가능해질 전망이다. 각자의 콘텐츠는 메타버스 환경에서 비즈니스모델의 중심에 있으며, 필요한 정보는 차량이동 간에도 학습이 가능하게 된다. AI[9]는 자율주행에서 기사 역할을 톡톡히 해낼 것이다. 테슬라 전기차는 자율주행 분야에서 가장 앞서고 있으며, 기술적으로는 비전 기반의 정보 축적은 스스로 진화하는 단계에 접어들었다. 자율주행 3단계부터는 운전의 책임은 제조사에 있으며, 4단계는 완전 자율 주행단계에 접어들고 5단계는 핸들이 생략되는 단계이다. 2030년에는 집을 나서면 전기자동차가 목적지에 스스로 도착하며, 이동 중에도 학습, 영화감상, 휴식 등 다양한 활동을 할 수 있게 된다. Door to Door 생활환경이 가능하게 될 것이다. 메타버스 환경과 자율주행 기술은 시간과 공간의 경계를 없애며, 주거환경에서는 자신이 선호하는 시골에서도 모든 것을 할 수 있는 환경이 될 것이다.

3. 모든 지식콘텐츠가 보호받는 시대

블록체인과 가상화폐는 개인 콘텐츠의 수익화가 가능하다. 이전에는 창작한 콘텐츠에 대한 사용 여부를 추적하기가 어려웠다. 데이터를 다른 사람한테 전달하였을 때, 무형의 데이터 유통에 대한 정보추적이 어려우며 보호를 받을 수 없는 상황이었다. 가장 강력하게 보호

---

8 Virtual Reality, 가상현실, 가상의 세계에서 사람이 실제와 같은 체험을 할 수 있도록 하는 최첨단 기술

9 Artificial Intelligence, 인공지능

를 받는 부분이 음원과 출판 분야이다. 보호를 받을 수 있는 이유는 음원과 출판의 특성이 불특정 다수에게 전파되는 불특정다수를 대상으로 노출되는 특성이 있기 때문이다. 누구나 정보 접근이 가능하고 이용한 흔적을 확인할 수 있는 기록 수단이 있기에 가능하다. 반면 개인이 창작한 설계정보나 콘텐츠 정보는 정보 사용의 은밀성으로 유통 및 사용에 대한 과금이 불가능하다. 그러나 블록체인과 연결된 정보는 사용한 흔적들이 각각의 노드[10]라고 불리는 개인 컴퓨터에 모두 기록 저장되므로, 사용 이력에 대한 추적이 가능하며, 과금이 가능하게 된다. 그러므로 블록체인 기술과 결합된 지식콘텐츠는 이력추적이 가능하게 되어 과금이 가능한 환경하에 있게 된다.

4. 디지털화폐의 출현과 지식산업의 활성화

디지털화폐의 출현은 정보의 폐쇄성으로 인해 보호받지 못하고 사각지대에 놓여있는 지식콘텐츠의 권리를 보호할 수 있게 된다. 지식콘텐츠에 블록체인 기술이 접목되어 이력추적이 가능하게 된다. 이력추적과 함께 디지털화폐(가상화폐)로 즉시 과금이 가능하게 된다. 블록체인 기술과 디지털화폐(가상화폐)는 새로운 비즈니스 생태계를 탄생시킬 것이다.

---

10 node, 대형 네트워크에서는 장치나 데이터 지점(data point)을 의미, 개인용 컴퓨터, 휴대전화, 프린터와 같은 정보처리 장치에 해당

5. 결재 비용 제로와 은행이 없는 세상의 도래

결재 비용은 금융결재와 제품전달의 양방향 동시성으로 인하여 한 쪽이라도 이행이 되지 않을 위험에 대한 헷지[11]를 위하여 지급하는 비용이다. 결재와 유통에 대한 위험에 대하여 중간유통 에이전트Agent가 개입하면서 비용이 상승한다. 예로써, 부동산 거래에서 거래위험을 줄이기 위하여 공인중개사에게 수수료를 지급한다. 온라인 결재에서 카드사를 이용하는 것은 신용결재수수료가 발생하더라도 거래위험을 카드사가 부담하는 구조이다. 그러나 블록체인 기술은 제품·서비스에 대한 이력확인의 신뢰성과 편리성 및 결재의 편의성으로 거래위험을 원천적으로 제거한다. 블록체인 기술이 보급되면 블록체인 기반의 디지털화폐(가상화폐)를 중개하는 플랫폼 채널이 활성화되며, 은행 기능을 대체할 것이다. 거래 수수료가 없으며, 다양한 디지털화폐(가상화폐)의 환전에 따른 수수료 수입으로 운영되는 비즈니스 플랫폼이 탄생할 것이다.

6. 프로슈머의 신자급자족 시대의 도래

3D프린터 프린트가 가정에 보급되면서 설계데이터를 스스로 생산하거나 기존 데이터를 전송받아 출력해서 사용하는 문화가 도래할 것이다. 필요한 부분을 직접 디자인하거나, 타인이 만든 설계데이터를 구매하여 3D프린팅 장비를 통해 직접 제작한다. 물건이 오가는 것이 아닌, 데이터가 유통되는 시대가 도래할 것이다. 가정에서 데이터를 3D

---

11 hedge, 울타리, 대비책이라는 뜻으로 외부로부터 위험을 피한다는 의미

프린터로 출력하여 직접 만들어 사용하는 신자급자족新自給自足 문화가 대세가 될 것이다.

7. 비용 제로사회의 도래

2030년 스마트홈 기술은 **에너지 제로 하우스[12]**의 시대를 가능하게 할 것이다. 집에서 배출되는 모든 쓰레기는 에너지로 재생되며, 태양광발전 효율의 상승 및 전기저장기술의 발전은 유지비용 제로하우스의 시대를 맞게 된다. 집의 냉·난방과 취사에 사용되는 모든 에너지는 집에서 자급자족이 가능하게 된다. 집을 한 번 지으면 이후에는 유지를 위한 비용이 발생하지 않으므로 인해 삶의 질이 향상된다. 전기자동차는 스마트홈에서 전기를 저장하는 댐 기능을 할 것이다. 남는 전기는 스마트그리드[13] 기술에 의하여 매매되며 가정의 재정에 도움을 줄 것이다. 도심 거주에 대한 주거비와 자동차의 불필요, 공유경제, 전기자동차 및 에너지 제로 주택 기술의 발전과 자급 자족형 도시농업 환경은 고정비용이 없는 윤택한 전원생활을 가능케 한다.

8. AI와 인간의 차별화된 영역, 콘텐츠 시대의 도래

과거의 서플라인체인(SCM, Supply Chain Management) 관점에서 소비자에게 제품·서비스가 제공되기까지 원재료 구입, 제조, 유통, 판매

---

12 외부로부터 에너지를 공급받지 않고 자체적으로 에너지를 생산·사용하며, 내부의 에너지가 외부로 유출되는 것을 차단하여 에너지를 절약하는 친환경 건축물

13 smart grid, 전력 공급자와 소비자가 실시간 정보를 교환함으로써 에너지 효율을 최적화하는 차세대 지능형 전력망

일련의 과정을 거쳤다면, 현재는 개인별 바코드에 해당하는 스마트폰을 중심으로 네트워크, 플랫폼, 디바이스, 콘텐츠가 부가가치에 관여한다. 네트워크는 통신속도로 5G에 해당하며 주로 통신인프라에 해당한다. 플랫폼은 오퍼레이팅 시스템으로 애플진영은 iOS, 안드로이드진형은 android OS가 이에 해당한다. 디바이스는 스마트폰 제조업체로 애플폰과 삼성폰, 중국폰이 대표적이다. 콘텐츠는 어플리케이션으로 아이디어를 앱App 형태로 만든다. 이를 줄여서 N.P.D.C.로 표현하며, Network, Platform, Device, Contents라고 한다. 10년 후에 기술은 진화할 것이다. 기술은 성숙할 것이나 소비자가 체감하는 만족도에서는 Contents 이외에는 차이점을 인지하지 못하게 될 것이다. 통신속도가 빨라지고, 반응속도가 빨라지며, 스마트폰의 기능이 추가되어도 인간의 인지능력으로는 지금이나 미래에도 똑같이 느낄 것이다. 반면 새로운 앱은 계속 진화를 거듭하며, 메타버스 환경에서 새로운 비즈니스 환경에 노출되며 각 개인의 퍼스널브랜드 기반의 N잡러들의 활동은 가속화될 전망이다.

9. 인플루언스 시대의 도래와 퍼스널브랜드 창업

4차 산업혁명과 100세 시대의 메가트렌드는 새로운 관점에서 마케팅 접근을 요구한다. 사회관계망서비스(SNS, Social Network Service)에서 활동하는 인플루언서influencer는 팬덤[14]을 형성하며 새로운 트렌드를 주도하고 있다. 인플루언서는 타인에게 영향력을 끼치는 사람이라

---

[14] fandom, 가수, 배우, 운동선수 따위의 유명인이나 특정 분야를 지나치게 좋아하는 사람이나 그 무리

는 뜻으로 influence와 er의 신조어이다. 주로 SNS상에서 영향력이 큰 사람을 일컫는다. 인터넷이 발전하면서 소셜 미디어의 영향력이 확대되면서, 소셜미디어를 통해 일반인들이 생산한 콘텐츠가 대중미디어 이상의 영향력을 가지게 되었다. 인플루언서들이 SNS를 통해 공유하는 특정 제품 또는 특정 브랜드에 대한 의견이나 평가는 콘텐츠를 소비하는 이용자들의 인식과 구매 결정에 커다란 영향을 끼친다. 이들은 연예인처럼 외모나 퍼포먼스로 인기를 얻지도 않음에도 불구하고, 자신들이 자체적으로 생산하는 문화컨텐츠를 통해 큰 파급력을 가진다는 특징이 있다. 인플루언스의 또다른 특징은 퍼스널브랜드를 기반으로 수익구조를 실현하고 있다. 이를 퍼스널브랜드 창업이라고 하자. 퍼스널브랜드 창업이란, 전문가로서 인정받아 자신의 이름을 걸고 강의, 컨설팅, 멘토링, 심사, 조언 및 용역개발, 과제수행을 하는 1인 창직의 형태이다.

"10년 후, AI와 행복한 창업을 준비하며"

2020년 메가트렌드를 기반으로 2030년 메타버스 환경에서 AI를 활용한 나만의 비즈니스모델을 만들기 위해 준비해야 할 것은 다음과 같다.

1. 명확한 미션과 비전이 반영된 퍼스널브랜드를 준비하자
세상과 차별화되는 자신만의 분야를 개척하는 것이 중요하다. 지금은 미흡하지만 10년 후의 나의 분야를 지금부터 준비하는 것이 중요하다. 여러분의 상상력이 필요하다. 세상이 필요로 하는 곳에서 내가 하고 싶은 분야와 앞으로 준비할 수 있는 분야를 일치시키는 노력이 필요하다. 이러한 과정은 방향을 잡는 작업이다. 방향은 처음부터 쉽게 정해지지 않는다. 계획된 실패를 통해서 타당성을 검증하는 과정이며, 이를 창업이라고 정의한다. 방황을 통해서 방향이 잡힌다. 거주하고 있는 위치를 파악하기 위해서 산책과 같은 방황을 통해서 대한민국 어느 지역의 위치를 파악하게 된다. 방황에는 지피지기의 정신이 녹아있다. 치열한 방황은 건물이 높이 올라가기 위해서 구덩이를 넓고 깊게 파는 것과 같다. 힘들고 남들이 겪지 않은 고난은 인생의 높은 성공 업적이라는 건물을 올리기 위한 터파기 작업이다. 남들과 차별화된 나만의 수식하는 키워드 3개를 개발하자.

2. 레퍼런스를 만들자

레퍼런스는 증거자료이다. 세상은 나의 레퍼런스로 판단한다. 레퍼런스의 구축 결과는 인터넷에 검색되는 키워드이다. 네이버 인물검색에 자신의 이름이 검색되는 것이 1차 목표가 되어야 한다. 과거에는 나를 아는 친구, 동료의 평가가 나의 레퍼런스였다면, 지금은 온라인상에서 나의 연관검색어가 레퍼런스가 되는 시대가 되었다. 레퍼런스는 자신의 책, 학위논문, 등재논문, 사업계획서를 통한 투자유치 실적 및 결과물, 강의 콘텐츠 개발을 통한 유튜브 영상자료, 석·박사 학위, 자격증 등이다. 레퍼런스는 개인의 역량을 보증하는 증서이다. 공인

된 방식의 자격 검증 방식을 따르는 레퍼런스를 통해 자신이 어떤 일을 하고 있는지 세상에 어필해야 한다.

3. 출판의 가성비를 활용하자

출판은 레퍼런스로서 가장 가성비가 좋다. 저자의 의도를 가장 잘 전달할 수 있으며, 출판형식도 다양하다. 책은 내용 품질과는 별개로 휴지통에 들어가지 않는다. 정서적으로 책이기 때문에 소중히 다룬다. 일반적인 제안서나 소개서 형식은 책장에 보관되지 않지만, 책은 전시된다. 책을 소중히 여기는 문화가 있기 때문이다. 책을 출판하는 것은 생각보다 쉽다. 출판에 대한 고정관념은 출판사가 주도하는 것이라는 인식이 있다. 그러나 자비출판을 통해 쉽게 출간할 수 있다.

4. 출판을 시작으로 자신의 인생 방향성을 세우자

출판은 자신과의 싸움이다. 스스로 방황을 해보는 과정이다. 책을 쓰자니 무엇을 말해야 할지 막막함과 마주하게 된다. 일을 만들어서 고민하는 것이다. 여기 공저자들은 출간에서는 초보자들이다. 멋진 경력과 문체를 뽐내기 위한 책이 아니다. 인생을 진지하게 고민하고 미래를 준비하기 위해 어려운 여정에 나선 용기 있는 분들이다. 그리고 첫걸음을 성공한 분들이다. 책은 통해서 인생 방향성을 세우고 자신만의 포지셔닝을 찾은 분들이다. 그 결과물이 이름을 수식하는 퍼스널브랜드이다. 창업생태학자, 인생창업네비게이터, 창업경영전문가가 나를 수식하는 퍼스널브랜드이다. 같이 할 수 있는 인생 친구를 만나서 반가울 뿐이다. 이해해 주고 같이 동참해 주신 리커리어북스 한현정 대표를 비롯해 호서대학교 글로벌창업대학원 학생들에게 진심으로 감사의 마음을 전한다.

"10년 후의 전문가들과 함께하며"

지난 2021년 겨울과 2022년 봄을 맞이하며 24명의 출판 전사들은 매주 토요일 저녁 8시부터 11시까지 화상 프로그램 화면에서 강의와 회의를 하면서 치열한 작업을 진행하였다. 처음 28명으로 시작했지만 중간에 다양한 이유로 그만두기도 했고, vol. 4에 8명의 지원자를 합해 32명의 최종 완주자들은 앞으로 4권의 출판을 통해 전문가로 활동할 것이다. 나의 지혜가 아닌 하나님의 은혜로 진행되었음을 고백하며, 참여한 모든 분들에게 축복이 함께하기를 기도합니다. 감사합니다.

2022년 11월

저자 대표 박남규

목차

부업으로 시작한 셀프빨래방, 100호점 오픈을 넘어서다
무인셀프빨래방창업전문가 | 문은경

온라인 쇼핑몰 창업으로 빚에 점을 찍다
온라인쇼핑몰창업전문가 | 최예성

가위 한 번 안 잡아본 남자도 성공하는 미용창업의 열쇠

미용창업경영사 | 오인태

기업가 역량을 키우는 기독교 정신

기업가정신전도사 | 김진호

퇴직 후, 더 잘나가는 사람들의 비밀
다시 리즈! 리커리어 성공비결

리커리어디자이너 | 한현정

부업으로 시작한
셀프빨래방,
100호점 오픈을 넘어서다

문은경
무인셀프빨래방창업전문가

무인셀프빨래방창업전문가 | 문은경

◇ **경력**

우리 셀프빨래방 협동조합 이사장

사단법인 한국빨래방협회 이사

중랑구 사회적경제 네트워크 공동대표

중랑구 협동조합 분과장

중랑구 돌봄SOS 협약기관장

◇ **학력**

호서대 글로벌창업대학원 창업경영학과 석사과정

한국열린사이버대학교 창업경영컨설팅학과 졸업

인천대학교 건축과 졸업

◇ **창업 관련 경력**

중소기업벤처부 장관상 수상

◇ **이메일 / SNS**

메일 moom0112@naver.com

블로그 blog.naver.com/moom0112

'설렘'의 달콤한 감정을 항상 느낄 때가 있다. 바로 '여행'이다. 나는 여행을 참으로 좋아한다. 낯선 곳에 첫발을 내디딜 때 느껴지는 두근대는 설렘을 사랑하기 때문이다.

배낭 메고 떠나는 것도 여행이고 새로운 일에 대한 시작도 나에게로 떠나는 여행이다.

나는 16년 전 부업으로 무인 셀프빨래방을 창업하였고, 지금은 100호점을 넘는 빨래방 창업을 하였다.

30대에 시작한 음식업이 잘되어 큰 수익이 났지만, 휴식 없는 바쁜 일상이 이어졌다. 1주일에 한 번 쉰다고 해도 주부로서의 일들을 하고 나면 내 시간은 전혀 가질 수가 없었다. 내가 원해서 선택한 일이 아니었기에 전혀 즐겁지 않았고 가장 사랑하는 여행과도 이별해야만 했다. 나의 얼굴에는 웃음이 사라져갔고 몸은 아프고 지쳐만 갔다.

그렇게 3년이 지나고 나니 경제적으로는 풍요로워졌지만, 사는 것이 전혀 행복하지 않았다. 나는 나를 위한 시간이 꼭 필요한 사람이라는 것을 깨닫게 된 계기였다.

새로운 창업을 준비하면서 비교적 시간의 여유가 있는 나의 성향에 맞는 직종을 찾게 되었다.

무인 셀프빨래방은 전문 지식이 필요 없고, 무인으로 운영되고 매장 관리 시간이 짧았다. 여성으로도 충분히 관리가 가능하고, 게다가 세탁은 생활필수 품목이니, 선택을 망설일 이유가 없었다.

그렇게 16년 전 부업으로 무인 셀프빨래방을 창업하게 되었다. 국내 유일한 빨래방 협동조합인 우리 셀프빨래방 협동조합도 운영 중이다.

지금 나는 여행도 나를 위한 계발의 시간으로 충분히 누리고 있다.

창업도 자신의 삶의 방향과 맞아야만 지속이 가능하다. 코로나를 겪은 창업시장은 무인시스템, 비대면 창업 아이템이 활성화될 것이다.

나의 무인 빨래방 창업 경험이 무인 창업을 준비하거나 관심 있는 분들에게 도움이 되길 바란다.

1. 부업으로 무인 셀프빨래방을 창업하다

> 실패에 대한 두려움은 절대 새로운 무언가를 시작하지 못하는 이유가 되어서는 안 된다.
>
> - 프레드릭 스미스Fredrick W.Smith

① 무인이라고? 진짜 편하겠네

빨래방 업계의 권익과 상생을 위하여 2015년 무인 빨래방 점주들이 모여 우리 셀프빨래방 협동조합을 설립하였고 현재 나는 이사장을 역임하고 있다.

빨래방을 운영하는 점주들이 조합원으로 구성된 사업자협동조합으로 현재 110개 정도의 오픈점이 있다. 나 역시 무인 빨래방 점주이며, 그 시작은 무려 16년 전으로 거슬러 올라간다.

우리나라에 무인 빨래방이 도입되던 2006년도 무렵, 나는 부업으로 국내 20번째 정도로 빨래방을 시작하게 되었다.

당시 피부숍을 운영하고 있었는데 직원들 관리에 늘 골머리를 썩이고 있었다. 예약이 있는데도 말도 없이 출근을 안 하거나 늦게 출근하는 일이 비일비재했고, 그럴 때마다 가슴이 바짝바짝 타들어 가는 것만 같았다.

주인이 주인 노릇은커녕 직원 구하기도 힘들고, 힘들게 채용해도 잦은 이직으로 운영에 회의감이 몰려왔다.

그러던 중 우연히 TV의 창업 코너에서 소개하는 무인 셀프빨래방 사업을 보게 되었다. 일본 여행 중에 셀프빨래방을 보았던 기억이 났다.

'아 바로 이거다. 직원도 없고 관리 시간도 적고, 선진국형 사업이니 성장 가능성도 충분하고 부업으로 적합하다.'

성격상 그 누구보다 빠르게 판단하고 실천하는 사람이 나다. 다음 날 상담을 받고 바로 창업을 결정하였다. 상권을 잘 알고 있던 동대문구 장안동의 오피스텔 밀집 지역에 상가를 구입하고 바로 오픈하였다. 그게 무려 16년이나 되었고, 그렇게 우리나라에서 무인 셀프빨래방을 20번째 정도로 시작한 사람이 되었다.

② 상권침해를 당하다

그 후 몇 년 동안 부업으로 시작한 빨래방은 충분히 제 역할을 하였다. 그러나 셀프빨래방 오픈이 많아지면서 본사와 점주들과의 마찰이 생겨나기 시작했다.

주된 요인은 본사에서 계약 시 보호해주었던 상권 보호 거리를 안지키고 침해하는 것이었다. 사례가 빈번해지면서 점주들과 본사의 갈등이 잦아졌고, 이에 항의해 보았지만, 본사는 빨래방의 운영상 절실하게 필요한 기계 A/S를 악용하여 개선해 주지 않았다. 오히려 A/S를 빌미로 횡포를 부려서 대응을 무마시키기 일쑤였다.

2014년 나한테도 똑같은 상권침해 상황이 발생했다. 한 곳도 아닌 두 곳이 나의 빨래방을 가운데 두고 본사에서 몰래 오픈한 것이었다.

한 곳 정도는 참고 넘어갔지만, 두 곳은 도저히 용납이 안 되었다. 본사 대표를 찾아가서 이 상황에 대한 설명을 요구하니 "그냥 영업하려고 그랬다. 대응하려면 하라."는 어처구니 없는 답변이 돌아왔다. 억울하고 참을 수가 없었다.

그 당시 무인 빨래방은 이미 1,000개가 넘어가는 상황이었음에도, 빨래방 업계에는 업계를 대표하는 아무런 대표 단체가 없었다.

구심점도 없고 대표 단체도 없으니, 이런 상황이 계속 반복되는 것이었다.

③ 상권침해 소송을 진행하다

결국 본사에는 소송으로 대응하고, 상권침해 해결을 목적으로 모인 점주들과 뜻을 모아서 빨래방 점주들의 권익과 업계 상생을 위한 협동조합 설립을 결심하게 되었다.

본사와의 소송에서는 변호사 선임없이 직접 점주들과 합심하여 소송을 진행하였고, 결국 본사와 합의를 이끌어내는 데 성공했다.

인생에서 피하여야 하는 것이 송사라고 하였다. 그것도 직접 소장 쓰고 답변서 작성하고 증인신문까지 하면서 이것이 얼마나 힘겹고 스트레스받는 일인지 절감하게 되었다.

소송의 부정적인 측면은 괴로운 일이니 당연히 피해야 하는 것이고, 긍정적인 측면은 굉장히 똑똑해진다는 것이다.

이 소송 이후 빨래방 업계에서 계약서상의 상권침해 사례는 거의 자취를 감추게 되었다. 고생한 보람이었다.

2. 상권침해 위기 속에서 협동조합을 설립하다

> 세상은 고통으로 가득하지만, 그것을 극복하는 사람들로 가득하다.
>
> — 헬렌 켈러Helen Kelle

① 셀프빨래방 협동조합 설립을 결의하다

세탁 장비 본사와 상권침해 소송을 하면서 셀프빨래방 업계를 대표하는 단체 설립의 필요성은 더욱 확고해졌다. 2014년 셀프빨래방 점주들의 권익과 업계 상생을 목적으로 조합의 설립이 시작되었다. 자연스럽게 내가 주축이 되었고 모든 과정을 진행하게 되었다.

처음에는 빨래방 대표 협회를 설립하고자 하였다. 협회 설립 의견은 모아졌으나 설립 경험 지식이 전혀 없었던 터라 어디서부터 시작할지 막막하기만 하였다. 인터넷으로 검색해서 나오는 여러 단체들을 무조건 찾아다니고 조언을 구하였다.

그러던 중 사단법인 협회는 수익사업 하기가 어려우니 협동조합을 설립하여 창업도 같이 하라는 조언을 듣게 되었고, 예비조합원들도 이에 동의하였다.

당시 세탁 장비 업체의 폭리가 상당히 심각한 상황이었기에 이를 바로 잡아야 한다는 의견도 함께 했다. 다시 협동조합 창업을 도와주는 단체를 찾게 되었고 소상공인시장진흥공단에서 그 업무를 하는 것을 알게 되었다. 컨설팅 신청을 하고 소상공인시장진흥공단의 컨설팅을 받게 되었다. 컨설턴트consultant가 배정되었고 컨설턴트의 요청대로 우선 점주 5인이 출자금 100만 원씩을 출자하였다. 협동조합에 대하여 무지하기만 하였던 점주들이 모였으니 당시 컨설팅했던 이우택 컨설턴트의 고생이 참 많았다. 협동조합에 대하여 경험과 지식이 전무했던 5인을 상대로 기초부터 설명하며 이끌어 간 것이 아마 '인내'의 의미를 제대로 알게 된 계기였을 것이다. 이우택 컨설턴트와는 지금까지 소중한 인연으로 이어져서 조합성장 및 협회 설립에 적극적인 도움을 주고 있다.

② '우리 셀프빨래방 협동조합' 설립 승인을 받다

넉넉지 않은 자금으로 시작하였으니 모든 것이 순조롭지가 않았다. 컨설팅 받을 장소조차 없어서 1,000원짜리 커피를 마시면서 회의를 하곤 했다. 그때를 생각하면 지금도 웃음이 난다. 조합원들과 과거를 회생할 때 늘 나오는 에피소드이다.

사무실 임대할 자금이 없어 첫 조합 주소지를 우리집 주소로 시작하였다. 그후 무려 여섯 번이나 주소 이전을 하였다.

2021년 중랑구의 지식산업센터에 자가 사무실을 마련하고 입주할 때 함께한 조합원들과 스스로 대견한 마음에 가슴이 뭉클하였다.

"이제 이사할 필요 없겠네요." 조합원들은 기뻐하며 말했다. 마치 가장이 고생고생하여 집 장만한 느낌이 이 기분이겠다 싶었다.

조합 승인은 8개월 가까운 준비 과정을 거쳐 2015년 8월 드디어 '우리 셀프빨래방 협동조합' 설립 승인을 받게 되었다.

지금 생각하면 그런 무모한 용기는 어디에서 났는지 모르겠다. 아마 설립 과정의 험난함을 몰랐었기에 가능하지 않았을까 싶다. 지금 시작하라고 하면 다시는 못할 것 같다.

지난 7년 동안 우리 조합은 오픈점이 100개를 넘어서고 있고, 늘 점주들의 권익과 업계 상생을 목적으로 시작했던 초심을 잃지 않기 위해 늘 노력하고 있다.

살다 보면 나쁜 일들은 반드시 일어나기 마련이지만, 이를 대하는 태도는 본인이 정하기 나름인 것 같다. 만약 본사와의 문제에서 대부분의 사람이 그러했듯이 내가 참고 넘어갔거나 합의만 하고 개인적인 사건으로 끝냈다면 어땠을까? 아마 지금의 조합은 없었을 것이다. 위기 속에 기회가 있다.

무인 빨래방 시작도 피부 숍을 하면서 직원들 관리의 어려움을 느끼면서 부업으로 시작한 결과이고, 조합의 형성도 상권침해의 위기 속에서 찾아낸 기회였다.

③ 설립보다 더 힘든 운영

조합 승인 후 본격적인 운영이 시작되었다.

셀프빨래방 창업을 사업화하기 위해서는 필수 구성 요소가 있다. 우수한 성능의 기계와 설비 기술, 숙련된 A/S 기술진, 영업 능력이 그것이다.

A/S 부분은 조합 설립 시점부터 함께하기로 한 기술진이 있었다. 미국에서 상업용 세탁기 A/S 경력자였는데 직원으로만 근무하는 것이 아니라 출자하여 조합원으로 하기로 하였고, 설비팀도 구성하였고 영업은 빨래방 점주들인 조합원들이 담당하기로 하였다.

문제는 성능 좋은 세탁 장비를 찾는 것이었다. 우선 기계 수입업체를 알아보고 부산에 있는 한 수입업체를 무조건 찾아갔다. 관계자를 만나서 그 회사와 스페인의 파고르(Fagor) 세탁장비 구매 계약을 맺고, 조합원들의 추가 출자로 기계 수입을 하여 2016년 드디어 첫 1호점을 오픈하게 되었다.

당시는 국내 빨래방 업계 세탁기 시장이 아날로그식 상업용 세탁기에서 전자식 세탁기로 바뀌는 시점이었다. 조합이 사용하기로 한 세탁기도 전자식 상업용 세탁기로 국내에서는 처음으로 수입되는 것이었다.

지금이야 설치가 수월하지만, 처음 전자식 상업용 세탁기가 수입되어 설치할 때는 한국 실정에 맞는 기능과 프로그램이 설정되어 있지 않아 계속 오류가 났다. 며칠을 긴장 속에 뜬눈으로 지내다시피 했던 기억이 새롭다.

다행히 셀프빨래방 시장의 성장기에 맞물려 우리도 수월하게 오픈이 이루어 가고 있었다. 그러던 중 중요한 사건이 터지고 말았다. 기계 수입회사가 법원에 파산신청을 하고, 자산동결 직전에 들어간 것이다.

자산동결 직전에 창고에 있던 기계를 빼 오던 2일간의 숨 막히던 시간은 평생 잊을 수 없을 것이다. 자산동결 전 하루 전날 천신만고 끝에 기계를 가져올 수 있었지만, 이 문제로 기계 수입에 차질이 생기게 되었다.

이 일로 인하여 조합이 직접 파고르 담당자와 대면하여 직수입하게 되었고, 한국내 판권을 획득하여 지금까지 파트너로 잘 운영하고 있다. 이 또한 위기가 기회가 된 경우이다.

지식이 전혀 없는 상태에서 호기롭게 시작한 협동조합은 좌충우돌 고난의 행군 같았다. 운영의 미숙, 조합원 간의 불화, 자금난 등 여러

중소기업벤처부 장관상 수상

문제들이 발생했다.

　사업에 힘든 일이야 당연히 발생하는 것이고, 포기하지 말고 노력하며 버티면 성공으로 가까이 간다는 마음으로 최선을 다하였다.

　열심히 하다 보니 우수협동조합으로 중소기업벤처부 장관상을 수상하게 되었다

④ 조합원들 간의 결속보다 중요한 것은 없다

　처음 정조합원들과의 관계는 사실상 본사의 상권침해를 이유로 만났었기 때문에 인간적인 깊은 관계는 아니었다. 조합이 설립되고 본격적인 경영이 시작되면서 신뢰가 깊지 않고 서로를 잘 알지 못했던 사이에서 여러 문제들이 발생하기 시작했다. 모든 통장 내역을 공개하는데도 끝없이 의심하고 이간질 하는 이도 있었고, 영업을 잘하는 이와 못하는 이의 갈등, 조합원과 직원과의 갈등, 서로 의견이 다를 시 이합하는 행동, 수익 배분 등 문제점들이 불거져 나왔다.

　화합이 안 되는 조직은 최고의 아이템이 있어도 성장하기 힘들다는 판단하에 진실을 오도하는 이는 탈퇴시키고, 조합원들 각자의 능력에 맞게 영업과 회계 행정들로 일을 나누어서 분배하였다. 충분한 회의를 통하여 의견들을 나누고 결정하였으며 수익 배분도 공동 합의로 결정하니 순조로운 운영이 되었다.

　조합원 간의 신뢰와 결속은 그 무엇보다 중요하다. 운영을 담당하는

정조합원들의 영입도 기존 조합원과 잘 화합할 수 있는지를 보고 신중하게 결정하고 있다.

'웃음으로 시작하는 회의'를 조합의 신조로 삼아 소소한 것들을 만들어서 즐겁게 일하려고 한다. 간단한 예로, 협회 카페 미출석자 1일 1,000원, 지각자 5,000원, 아이디어 필요시 당첨금 걸기 등 가벼운 웃음거리를 만들어 가며 긴 시간 함께 하다 보니 이제는 어느덧 가족의 의미로 다가온다. 만나면 반갑고 즐거운 사람들이 우리 조합원들이다.

⑤ 정부 지원사업을 활용하라

조합 설립 시에도 소상공인시장진흥공단의 컨설팅 지원사업을 활용하여 설립하였고, 그 후 운영과정에서도 마케팅과 네트워크, 브랜드 제작 등의 각종 지원사업을 적극 활용하였다. 기계 구입 자금이 부족할 때는 소상공인시장진흥공단의 정책자금지원도 받았다. 서울시에서 하는 지하철 광고 등도 활용하였고 홍보 지원으로 박람회도 참여하였다.

예비사회적기업 일자리 지원사업을 통하여 인력지원도 2년을 받았다. 지원사업은 운영에 많은 도움은 되지만 사업계획서 및 각종 서류 작성하여서 선정되는 것도 쉽지 않고, 선정 후의 수행 과정과 결과 보고가 아주 복잡하여 전담 인력이 필요하다.

초기에는 지원사업을 잘 활용하여 성장의 밑거름으로 삼지만, 성장기에는 자력으로 경영하는 것이 바람직하다는 것이 내 생각이다.

창업 박람회

⑥ 특성에 맞게 운영하라

우리 조합은 빨래방 점주들이 모여서 만든 사업자협동조합이다. 즉 각자 빨래방을 1개 이상 운영하는 개인 자영업자들이기에 현실적으로 조합에 1인 사업자처럼 전념하기 힘든 것이 현실이다. 이것이 조합의 현실이기에 이 상황에 맞는 운영이 필요했다. 출근을 강요하지 않고 주 1회 전 조합원이 모여서 회의하고 본인들에게 주어진 일들을 각자 충실히 하는 방향으로 운영하고 있다.

영업 방식도 인터넷을 활용한 홍보보다는 조합원들의 소개로 이루어지는 바이럴 마케팅viral marketing 위주의 창업이 많은 편이다. 인터넷

매체에 과도한 홍보비를 지출하는 것보다 그 비용을 점주들에게 배당 이익으로 돌려주고자 한다.

영업은 반은 사기라고 하지만 우리 조합원들은 너무 진실하다 못해 안 해도 될 설명들까지 하는 사람들이다. 본인들이 빨래방 점주이기에 영업 사원이 아닌 같은 점주 입장을 우선시하기 때문이다. 진실하게 설명했지만, 우리 조합을 선택하면 고맙고 아니어도 실망하지 않는다.

점포 선정 시에는 '진정으로 나라면 이곳에 오픈하겠는가'를 자문해서 '그래. 이곳이라면 하겠다.'라고 할 수 있는 곳에만 오픈시킨다. 이렇다 보니, 조합원들의 수익이 나쁜 곳은 거의 없지만 지점 하나를 오픈하는 것이 쉽지 않은 것이 현실이다,

업계의 순위상 가맹점 수로 측정한다면 우리 조합은 업계 상위가 아닌 것은 사실이다. 하지만 조합원들 간에 서로 신뢰하고, 만나면 즐겁고 업계의 중심을 잡아가면서 차근차근 성장해 가는 것이 우리의 운영방식이다.

점주들의 운영비 절감을 위해 공동구매로 세제 등을 공급하고, A/S 비용을 최소화하는 방식을 택하고 있다. 업계의 상생을 위하여 점포 간 적정거리 유지도 실천하고자 노력한다.

행복도 개개인의 기준이 다르듯이 회사의 운영도 기준이 다르다고 생각한다.

⑦ 문제 해결 방법을 찾아라

조합을 운영하다 보니 온갖 문제들이 생겼다. 이미 발생한 문제에 의해 앞으로 일어날 것들까지 상상하면서 미리 걱정하다 보면 걱정만 더 커지고 몸도 마음도 지치기만 했다.

며칠을 실컷 걱정하고 나면 온갖 궁리를 하며 해결책을 찾아가는 나를 보게 되었다. 그러다 해결을 위한 방법들이 생기면 걱정으로 불안하기만 하던 마음에 어느새 힘이 생기고 희망으로 대체되는 경험을 하게 되었다.

문제가 생겼다고 바로 해결책으로 직행하지는 않는다. 걱정을 아예 안 할 수는 없다. 다만 경험이 쌓이니 걱정하는 시간은 짧아지고 해결책을 찾는 전환 시간이 빨라지는 것을 느낀다.

문제 해결 방법을 찾다 보면 그 능력도 향상되어 간다. 또한 혼자 하는 것보다 같이 하면 당연히 더 효과적이다. '걱정을 해서 걱정이 없어진다면 걱정할 일이 없겠네.'라는 티베트 속담이 얼마나 적합한 표현인지 모르겠다. 걱정하는 시간에 해결책을 찾아라.

⑧ 언택트 시대 무인 콜라보로 거듭나다

코로나로 인하여 자영업자들이 모두 힘들어졌지만 그래도 비대면 사업이었던 빨래방 사업은 비교적 타격이 작았다. 그러나 창업 시장의 투자 심리는 급격하게 얼어붙었다. 반면에 풍선 효과처럼 코로나의 장기화로 비대면 사업은 활성화되었다.

창업과 점주들의 수익 증대를 고민하면서 무인으로 큰 투자 없이 할 수 있는 품목을 찾기 시작했다. 무인 아이스크림 할인점이 시작 단계에 있었기에 '무인 아이스크림' 복합 매장을 기획하게 되었다.

아이스크림 콜라보 매장

결과는 성공적이어서 빨래방만 할 때와 비교했을 때 월 100만 원 ~ 200만 원 선의 증가 수익이 발생하였다. 상황에 맞게 무인 빨래방과 아이스크림, 밀키트까지 복합 매장으로 변화를 주었고 빨래방 비수기인 여름에 아이스크림이 매출을 발생하여서 점주들이 호응도가 높았다.

무인 창업은 앞으로 더욱 발전하고 확장해 나갈 것이다. '무인 정육점', '무인 복합기', '무인 문방구' 등등 무인 점포는 계속 성장해 나갈 것이 분명하다.

무인 매장을 운영하면서 나는 뜻밖의 선물을 받았다. 우리나라 대한민국 국민을 자랑스러워하는 마음이 생긴 것이다. '무인 아이스크림 할인점'은 아직은 도난 시스템이 제대로 갖추어지지 않아서 양심에 의존하여 결제하는 시스템이다. 물론 cctv 등의 시설은 있지만 그건 보조 시스템일 뿐이다.

당연히 처음에는 아이스크림 매장을 하면서 도난에 대한 걱정이 많았다. 그러나 운영하면서 우리나라 국민이 얼마나 정직한지 알게 되었다. 작은 에피소드들로 마음이 따뜻해지는 일들도 많았다. 천 원짜리 잔돈 교환 지폐에서 만 원짜리가 섞여서 나왔다고 연락하는 정직한 어린이도 있었고, 오백 원짜리 하나라도 잘못 결제되면 깜짝 놀라서 연락하고, 술 취해서 아이스크림을 먹었는데 결제가 안 되었다고 아침부터 놀래서 연락하는 분 등등, 우리나라 사람의 정직함에 새삼 감동했다.

간혹 불미스런 일들도 발생하지만 우리나라가 어떻게 지금의 경제 성장을 이루었는지 알 수도 있을 것 같았다. 미국 교포분이 한국에 와서 나의 매장을 보더니 미국에서는 상상도 못 할 놀라운 일이라며 감탄했다. 하지만 무인 매장의 가장 큰 숙제는 완벽하게 도난이 없는 결제시스템을 갖추는 일이라고 본다.

⑨ 조합과 함께 성장하고 있는 나

간혹 협동조합이고 사회적기업이라고 하면 공리만을 위해 존재한다고 생각하는 이도 있지만, 모든 기업은 수익이 있어야만 존속이 되고 사회적 가치 실현도 가능하다고 본다.

현실적으로 수익 없는 기업은 연속성을 가질 수 없다는 것이 나의 생각이다. 함께하는 조직원들도 적정한 수익을 줘야지만 오래 함께할 수 있다.

경영은 수익도 중요하지만 수익의 관리는 그보다 더 중요하다. 쉽게 얼마를 버느냐 보다 어떻게 쓰느냐가 더 중요한 것이다. 가정에서 가장이 아무리 돈을 많이 벌어다 주어도 살림하는 사람이 돈 쓰기를 즐기면 집 한 칸 마련하기 힘든 것과 같은 이치이다.

협동조합 하시는 분들이 하는 농담 중에 '협동조합은 이사장이 80퍼센트 일을 한다.'는 말이 있다. 지극히 현실적인 상황이지만, 이사장이 일을 많이 한다고 수익도 더 많이 가져간다면 이는 분란의 시작이 된다고 본다. 적게 가져가야만 조합원을 이끌어 나갈 수 있다. 잉여수익은 직영점을 오픈하는 데 사용하고 사무실 구입비 및 재무구조를 양호하게 하는 데 사용한다. 홍보는 돈이 드는 광고비에 지출하기보다는 조합원들에게 배당하는 바이럴 마케팅으로 대신한다. 또한 자금 관리가 투명해야 서로 신뢰할 수 있다. 우리 조합은 경영에 참여한 조합원들이 모두 볼 수 있게 모든 조합의 통장 내역을 공개한다.

조합의 운영은 살면서 한 일 중에 가장 힘든 일이었다. 처음부터 지금까지의 모든 과정을 미리 알았다면, 절대 하지 않았을 인생 최강의 고난이었다. 개인사업자 경영 경험은 있었지만 협동조합의 운영은 전혀 달랐다. 모든 결정은 회의를 통하여 합의하여야 했다. 단순히 혼자 무인 빨래방을 경영하는 것과 창업을 지원하는 협동조합의 경영은 차원이 다른 문제였다. 끝없이 문제들이 발생했다.

영업, 오픈 공사, 직원 관리, 세탁 장비, 조합원 간의 이해관계, 복잡한 행정적인 일 등등 감당하기 힘든 일들의 연속이었다. 내가 이렇게 열심히 살아보기는 처음이라고 얘기할 정도로 치열하게 했고, 때로는 도망가고 싶었을 때도 있었다.

처음 조합 경영을 하다 보니 회의 진행을 잘하지 못하여 조합원들의 의견이 내 생각과 다르면 중간에 자르거나 부정적인 견해를 펼친 적들이 종종 있었다.

한 조합원이 회의 중 자기가 의견을 내면 "그건 아니고~. 그게 아니라~."라고 하면서 의견을 자르는 것이 너무 기분이 나쁘다고 속내를 얘기하는 것이었다. 그때 정말 큰 충격을 받았고 경영 공부를 해야겠다는 계기가 되었다.

브레인스토밍brainstorming이나 코칭 리더십coaching leadership 등을 배우면서 그동안 나의 무지에 대해 부끄러움이 밀려왔다. 지금은 어느 의견이든 조합원들이 충분히 의사를 표현할 수 있는 분위기를 조성하려 하고, 의결 과정에서도 조합원들의 의견을 열린 마음으로 듣고자 최대한 노력하고 있다. 가끔은 아쉬운 결정일지라도 다수의 의견에 따르고자 한다.

조합이 성장할수록 경영에 대한 역량의 부족함을 절실히 깨닫게 되어 늦은 공부도 하고 있고, 세미나든 간담회든 조합 경영에 보탬이 되는 지식이면 찾아다니면서 배우고 있다.

나는 최고는 못 해도 쉽게 포기하지 않는 성격이다. 운동이든 뭐든 끝까지 남는 사람 중의 하나였다. 조합이 지금까지 온 것도 포기하지 않는 나의 성격이 도움이 된 것 같다. 순간 열심히 하고 포기하는 사람보다는 꾸준히 하는 사람들이 결실이 맺는다고 생각한다.

지금은 어느 정도 모든 일이 자리를 잡았고, 기본사업에서 추가하는 단계이니 힘든 시기는 어느 정도 지난 듯도 싶다. 분주한 삶이 조금은 지나고 나니 일도 중요하지만 나를 위한 시간도 중요해졌다. 열심히 일하고 끊임없이 배우는 삶도 잘 사는 것이겠지만, 쉬어가며 느리게 사는 삶에 마음이 더 간다.

3. 셀프빨래방 업계를 위한 상생과 권익보호에 앞장서다

> 시도해보지 않고는 누구도 자신이 얼마만큼 해낼 수 있는지 알지 못한다.
>
> - 푸블릴리우스 시루스Publilius Syrus

① 사단법인 한국빨래방협회를 설립하다

협동조합의 설립목적은 빨래방 점주들의 권익과 업계 상생을 목적으로 하였으나, 협동조합도 창업업체이다 보니 전체 빨래방 점주들을 아우르기에는 한계가 있었다. 거기다 대기업의 빨래방 진출이 본격적으로 시작되었다. 빨래방 업계가 소상공인과 소기업이 일궈놓은 시장인데 성장기에 들어섰다고 대기업이 기계를 수입하여 빨래방 업계에 진출하여 골목상권까지 침해하는 것은 용납할 수 없는 일이었다.

나와 조합원들은 국회 전농관에서 대기업 골목상권 반대시위 성명까지 내면서 강력하게 대응하였다. 확실한 대응책으로 빨래방을 중소기업 적합업종으로 추진하기로 결정하였다.

또다시 사서 고생한다는 말이 나올 정도의 고난이 시작되었다. 중소기업 적합업종을 전담하는 동반성장위원회를 찾아가니 이를 추진하기 위해서는 셀프빨래방을 대표하는 단체가 필요하다고 했다.

몇몇 빨래방 업체 대표분과 점주들이 합의하여 사단법인 한국빨래방협회를 설립하기로 했다. 빨래방협회 200명 회원을 모집하는 것도, 서류 작성하는 것도 힘들기만한 과정이었다. 우여곡절 끝에 2017년 창립총회를 하게 되었다.

한국빨래방협회 창립총회

창립총회 후 모든 일이 순조로울 것 같았지만 자주 바뀌는 공무원과 정책으로 2년의 긴 시간이 흘러갔다. 서울시의 중소기업 적합업종 실태조사 지원사업에 선정되면서 큰 도움이 되었다. 드디어 2019년 사단법인 한국빨래방협회가 승인되었다. 협회는 무인 셀프빨래방 점주들을 대표하고 업계 상생과 권익을 이끌어갈 것이다.

② 대기업과 상생협약을 체결하다

다행히 중소기업 적합업종 추진 과정이 알려지면서 대기업의 빨래방 시장 진출은 눈치보기 단계에 들어갔다. 사단법인 빨래방협회 승인 후 동반성장위원회와 적극적인 중소기업 적합업종 추진을 시작하였다. 어떤 공무원을 만나느냐가 매우 중요하다는 것을 실감한 경우이다. 최서이 과장의 적극적인 업무 처리와 서울시 중소기업 적합업종 실태조사가 큰 도움이 되었다.

2021년 드디어 동반성장위의 적극적인 도움으로 대기업(위니아)과 200m 상권보호 협약을 맺을 수 있었다.

빨래방 내 손님들과의 분쟁 발생 시 기준이 될 표준약관도 필요했다. 협회는 무인세탁소(빨래방) 공정거래위원회와 소비자보호원과 2년의 고생 끝에 2022년 무인세탁소빨래방 표준약관도 제정하였다.

이 모든 것이 조합 설립의 초심이었던 점주들과 업계의 상생을 위한 행로였다. 이를 이룰 수 있었던 것은 조합원들의 적극적인 도움없이는 불가능하였을 것이다.

어느 점주님이 "왜 이런 돈도 안 되고 힘든 일을 하느냐."고 물은 적이 있었다. "누군가는 해야 하는 일이기에, 같은 점주이기에 한다."는 대답을 했던 적이 있다.

사단법인 한국빨래방협회가 승인된 후 '대기업과 상생 협약', '무인 빨래방 표준약관' 등을 지정하게 되었지만, 업계 전체가 상생에 동참하게 해야 한다는 숙제가 남았다.

③ 사회적 가치를 실현하는 기업이고자 한다

2019년 예비 사회적기업으로 인증되었고, 사회적기업을 준비 중이다. 애초에 이윤만을 추구하고자 설립하지 않았기 때문이다. 돌봄sos 협약기관으로 세탁서비스를 시작한 이유이기도 하다.

빨래방을 운영하면서 나이드신 분이나 질병으로 거동이 불편하신 분, 육아 중인 분들의 이불 빨래를 대행해 주면 참으로 고마워하는 것을 종종 경험하게 되었다. 그럴 때마다 고마워하는 분보다 내가 더 뭉클하면서 가슴속에서 뿌듯함이 올라왔다.

'보람이라는 것이 이런 것이구나~.'

돌봄이 필요하신 분들에게 세탁 서비스를 하고자 결심하게 된 계기가 되었다.

하루의 1/3을 우리와 함께하는 것이 침구이다. 우리가 호텔에 가는 이유의 한 부분이 침구일 것이다. 특히 여자들은 까슬까슬하고 정갈한 침구가 주는 행복감을 누구보다 잘 안다.

어렸을 적 엄마가 이불을 새로 깔아주면 기분이 좋아서 혼나면서도 이불에 치대며 놀던 기억들도 있을 것이다. 이런 감성적인 부분도 있지만, 침구의 청결은 건강에도 큰 역할을 한다.

국민건강보험공단에 따르면 국민 7명 중 1명꼴로 알레르기 비염이 있는데 주원인으로 집먼지진드기를 지목하였다. 집먼지진드기는 침구 1채당 20~70만 마리가 서식하며 알레르기 비염, 천식, 폐 질환 등을 유발한다고 한다. 침구를 주기적으로 세탁하는 것만으로도 여러 질환을 예방할 수 있는 것이다.

돌봄 세탁 서비스를 하면서 세탁 서비스 후 달라지던 이용자들의 상태와 힘든 몸으로 고맙다며 음료수라도 건네주던 분들을 잊을 수가 없다. 이불 세탁이 단순한 빨래 그 이상의 역할을 한다는 것은 확실하다. 삶에 활력을 주고 건강에도 도움이 되며 행복지수를 높이는 것이다.

조합이 기존 4,000여 개의 빨래방과 연계해서 돌봄이 필요하신 분들의 세탁 서비스를 활성화하는 것이 큰 목표이다.

4. 무인 빨래방 창업, 이것만은 알고 하자

5년 전부터 무인 셀프빨래방이 확장기에 접어들면서 창업하고자 하는 분들이 많아졌고, 이에 못지않게 우려되는 부분이 많아진 것도 사실이다.

5년 내 자영업자 폐업률이 70~80%인 우리나라의 실정을 감안하면, 무인 빨래방 업계의 폐업률은 극히 낮은 것은 사실이다. 나도 16년째 운영 중이고 조합원들도 10년 가까이 운영하는 분들도 많다. 간혹 있는 폐업도 영업 악화에 의한 폐업은 사실상 거의 없는 편이다.

매장관리 시간도 짧고 시간이 지날수록 운영 노하우도 생겨서 관리가 수월해지니 나처럼 여유로운 시간을 우선시 하는 사람에게는 참으로 적합한 업종임은 분명하다. 그렇다고 모두 장점만 있는 것은 아니다. 24시간 무인 운영이다 보니 짚고 가야 할 부분도 있다.

다음은 예비창업자가 알아두면 유익한 빨래방의 정보이다.

① 무인 셀프빨래방 창업의 장·단점

- 무인으로 운영하니 인건비 걱정이 없다.
- 매장관리 시간이 30분~1시간 정도면 충분하여 시간의 여유가 있

고, 관리 시간도 자유롭다.

- 전문지식이 필요 없다.

- 매장관리가 수월하여 여성이나 고령자도 적합하다.

- 1인 가구의 증가, 미세먼지 확산 등으로 생활 필수 아이템이다.

- 창업 후 영업 시 고정 비용(전기, 수도, 가스, 세제, 공과금) 외 추가 비용이 없다.(A/S비 제외)

- 부업으로 적합하다.

- 24시간 운영 시 야간 문의 전화가 간혹 있다.

- 고객의 이용 문의 전화로부터 자유롭지 못하다.

- 무인 운영이다 보니 불량고객들이 간혹 있다.

② 무인 셀프빨래방 창업 시 확인할 사항

- 빨래방 점주들 평균 수익은 월 200만~300만 원을 기준으로 보면 된다.

- 상세 상권 분석은 필수이다.

  - 소상공인시장진흥공단 홈페이지에서 누구나 상세 분석이 가능하다.

  - 점포예정지 기준 반경 300㎡ 이내, 거주 인원 4,000~5,000명 이상, 주거 면적 66㎡ 이하 60% 이상, 거주연령대가 20~50대가 60% 이상이면 평균 수익이 보장된다.

- 기존의 빨래방과 근접하여 점포를 선정하지 않는다.
  - 기계로 세탁하는 업종이니 업체별 큰 차별성이 없어서 최소 상권을 유지하여야 한다.
  - 서로 상생이 가능하다.
- 월세가 너무 비싼 곳은 피한다.
- 기계나 업체 선택 시 A/S가 원활한지 확인하여야 한다.
  - 빨래방 기계는 10년을 넘게 사용하여야 하니 A/S는 무엇보다 중요하다.
- 월 운영비를 줄이기 위하여 세탁세제나 섬유유연제 등의 구입가를 비교하라.

③ 다음은 실제 빨래방 창업과 운영사례이다

[운영사례 1] 전화로도 웃는 모습은 보이고, 진심으로 대하라

전라도 정읍에 거주하는 한 남자분이 전화가 와서 빨래방 창업을 문의하고는 정작 창업 시에는 다른 업체와 오픈을 하였다.

그 후에도 정작 여러 문제들을 계속 물어보곤 할 때마다 같은 점주이기에 할 수 있는 답변은 성의껏 해드렸다.

1년 반이 지나고 나서 지인인데 빨래방 창업에 관심 있어 한다면서 서울에 함께 와서 상담하고는 몇 개월 후 우리 조합에서 오픈하였다.

지금은 조합을 통하여 6개씩 오픈하여 운영하는 상태이고, 호남지

사장으로 창업도 하고 있다. 영업은 특별한 기술이 아니라 진심으로 대했을 때 이루어지는 것이라는 큰 교훈을 얻은 사례이다.

[운영사례 2] 잘난 부업은 본업보다도 낫고 삶을 든든하게 해 준다

나도 빨래방의 시작은 부업이었다. 본업이 힘들 때 든든한 믿는 구석이 되어 주었다. N잡러(2개 이상의 복수를 뜻하는 'N', 직업을 뜻하는 'job', 사람이라는 뜻의 '러(-er)'가 합쳐진 신조어) 시대이다.

점주들 중에는 의외로 부업으로 하는 분들이 많다. 평생직장이 사라진 시대, 누구나 부업을 생각한다. 다만 여행도, 휴식도 유지되어야 한다.

서울의 어느 대학교의 교직원으로 계시는 분은 빨래방 오픈 후 처음으로 저금을 했다며 행복해했고 지금도 두 곳의 빨래방을 운영 중이다.

한 직장인은 가구업계 임원이면서도 불안한 부분을 채우기 위해 창업하였다. 지금은 3곳을 운영하면서 거의 월 1천만 원 상당의 수익으로 기쁨을 누리고 있다. 퇴직 후에 대한 불안감이 없어서 너무 만족스러워한다.

한 가지만 해서 살아가기 힘든 세상, 무인이라 많은 시간의 투자 없이 나를 든든하게 받쳐주니 얼마나 좋은가.

[운영사례 3] 부모님의 노후 대책

우리나라는 급격히 수명이 길어지면서 70대 이상 노인들은 노후 대비가 안 되어 있는 사람들이 많다. 한 점주는 부모님의 여유자금으로 빨래방을 오픈하여 관리하면서 수익을 부모님께 드려서 부모님의 생활에 큰 도움을 드리고 있다. 부모님들도 처음에는 하나를 운영하더니 수익이 발생하자 두 곳을 오픈하여 관리하고 있다.

[운영사례 4] 건물주 또는 상가분양자들의 직영

건물주나 상가분양자들이 임대가 안 되거나 잦은 세입자 교체로 고민하다가 창업하는 사람들이 늘어나고 있다. 아마 관리의 편리성 때문에 선택하는 경우일 것이다.

[운영사례 5] 주부, 고령자 창업 - 전문지식 필요 없고 관리도 수월하다

빨래방은 시간이 자유롭고, 전문지식이 필요 없고 관리가 수월하다.

70대 여성도 10년째 무난히 운영 중이다. 운영하다 보니 기계에 대한 지식도 갖게 되고 웬만한 것은 수리도 잘하고 있다. 이 장점 때문에 고령자와 여성 등의 창업이 이어지고 있다.

[운영사례 6] 빨래방 3개면 대기업 연봉 못지않다

30대 후반의 가장인 영광의 점주님은 빨래방 5개를 운영 중인데, 연수익이 대기업 연봉 이상이다. 빨래방을 운영하면서 가장 좋은 것은 아이들과 많은 시간을 함께할 수 있는 것이 제일 좋다고 한다.

5. 자신의 성향에 맞는 업종을 선택해야 지속 가능하다

서거정 - 한중閑中

홍진에 묻혀 백발이 되도록 세상을 살아왔는데
세상살이 가운데 어떤 즐거움이 한가로움만 같으리
한가로이 읊조리고 술 마시며 또한 한가로이 거닐고
한가로이 앉고 한가로이 잠자며 한가로이 산을 사랑한다네

조선 전기 대제학으로 있으면서 당대 문단을 주도했던 문신이었던 서거정徐居正의 〈한중閑中〉이라는 시로 내가 가장 좋아하는 한시이다.

서울의 7호선 사가정역은 서거정 선생의 호인 사가정四佳亭을 따서 지었다. 사가정역이 집 근처이다 보니 사가정 공원에 이 시가 새겨진 걸 보고 우연히 읽으면서 오랜 벗을 만난 듯 반가웠다. 어쩌면 이렇게 내 마음을 잘 대변해 주었는지 감동이었다. 치열하게 사는 삶이 아닌 여유로운 삶을 지향하는 나이기 때문이다.

30대는 앞날을 생각하며 경제적인 준비를 하느라 일만 하고 살았다. 쉴 새 없이 달렸지만 소설 속에서나 나오는 줄 알았던 사기를 당하면서 최악의 경제 상태를 맞닥뜨리게 되었다. 절망적인 시간 속에서 나를 가장 괴롭혔던 것은 사라진 돈이 아니라 사랑하는 딸과 함께하지 못하고 나의 시간들을 희생하며 보낸 잃어버린 날들에 대한 후회였다.

그 후 경제적으로 힘든 혹독한 시간을 몇 년간 보내야 했지만 아무리 힘들어도 나에 대한 작은 보상들은 꼭 하고 지냈다. 새벽 여행이든 영화관람이든 열심히 나에게 선물을 주었고 지금 그 시간을 떠올리면 고생한 힘든 기억보다는 나름의 추억으로 기억된다. 그것은 최소한 내가 하고 싶던 일을 하고 살았기 때문일 것이다. 누구나 지나간 시간은 되돌릴 수 없다. 단 하루라도 내가 살고 싶은 삶을 찾아야 한다.

행복은 내가 어떤 상황에서 행복한지를 알면 쉽게 찾아질 수 있을 것이다. 나는 여행할 때, 새로운 것을 배울 때, 성취감 있는 일을 할 때, 더 없이 가슴 속이 따뜻해진다. 나의 자칭 '행복이'들이다. '행복이'들이 확실해지고 이들과 함께하는 인생을 살고 싶다면 산의 정상으로 올라가듯 행복 정상을 정하고, 한 걸음씩 정상으로 올라가면 된다. 순간의 선택들이 모아지면 정상은 더욱 가까워져 갈 것이다.

창업 시에도 자신에게 맞는 일을 해야만 오래 지속하게 된다. 빨래방을 16년 운영하였다고 하면 모두 깜짝 놀란다. 우리나라의 창업 시장을 생각하면 놀라운 유지 기간인 것은 사실이다. 긴 시간을 운영할 수 있었던 이유는 시간의 여유와 인건비 필요 없는 상황 등 나의 성향에 맞았기 때문이다.

열심히 일하고 부지런히 사는 것만이 바른 삶이고 느긋하게 살면 잘못사는 것은 아니라고 본다. 남에게 피해를 주지 않는 이상 자신이 행복한 대로 살면 제대로 사는 것이다.

30대 후반에 빨래방을 시작하여 40대에 빨래방만을 운영할 때 시간의 여유가 많았다. 취미 생활도 여행도 했지만 시간 되는 대로 짬짬

이 여러 강좌들을 들었다. 컴퓨터 강좌, 공정여행 기획자, 스피치 강의. 심리 강의, 경매, 영어, 피부 강좌, 여러 운동 등등….

배우면서도 이게 나에게 무슨 도움이 될까 했는데 조합을 설립할 수 있었던 용기의 바탕이 되어 주었다. 조합 운영을 하다 보니 어떤 방향으로든 전부 도움이 되었다.

조합 운영을 4년 정도 하면서 경영의 전문지식의 필요성을 절감하고 늦깎이 대학생으로 공부를 시작했다. 담당 교수님과 교수님의 출판에 대하여 대화하면서 누구나 할 수 있으니 한 번 도전해 보라는 조언을 듣기는 했지만 그 순간이었고, 마음속의 바람으로 희미해져 버렸었었다. 책을 읽기만 했지 내가 책을 쓰리라고는 생각해 본 적이 없었기 때문이다.

대학원에 입학하면서 출판 결정을 하고, 나의 인생에 하나의 새로운 도전이 시작되었다. 마치 가슴 뛰는 낯선 곳으로의 여행처럼, 나에게 책 쓰기는 새로운 도전이고 여행이다.

'누구와 만나느냐가 삶의 방향을 바꾸는 것이구나'를 다시 느낀다.

창업스토리는 성공한 사람들의 말 그대로 스토리인데, 나의 상황은 여러 사람에게 들려주기에는 큰 성공이 아니라는 생각에 망설여질 수밖에 없었다. 하지만 셀프빨래방을 준비하는 분들과 내가 협동조합을 설립하고 운영하는 과정이 누군가에게는 도움이 될 수도 있겠다는 생각으로 용기를 내보았다. 또한, 나 자신의 흥미로운 여행의 시작이기도 하다.

온라인 쇼핑몰 창업으로
빚에 점을 찍다

빚 덕분에 3년 만에
연 매출 15억 회사를 만들었다

1. 빚쟁이가 창업한 이유!
2. 빚쟁이가 연 매출 15억을 만들기까지
3. 누구나 할 수 있는 온라인 창업 시작하는 방법

최예성
온라인쇼핑몰창업전문가

온라인쇼핑몰창업전문가 | 최예성

◇ **학력**

POSCO 경영자 과정 수료

호서대학교 글로벌창업대학원 창업경영학 석사과정

삼육대학교 신학 학사

◇ **경력**

주식회사 최선 대표

드리다 대표

◇ **온라인 강의**

네이버 검색: 클래스유 최예성

◇ **이메일 / SNS**

yschoi0403@daum.net

돈 버는 창업왕 유튜브 채널 운영

살면서 한 번도 빚을 지지 않고 살 수 있는 사람은 아무도 없을 것이다. 우스갯소리로 태어나서는 부모님께 빚지고, 살면서는 은행에 빚진다는 말이 있다. 통계 자료에 따르면 20·30세대 절반 이상 63.5%의 사람들이 빚을 가지고 있다고 한다. 나 역시 예외는 아니었다. 의도치 않게 63.5%의 빚진 사람들에 속한 사람이 되었으니 말이다. 대학 졸업과 동시에 나에게는 졸업장 한 장과 수천만 원의 빚이 주어졌다. 5년이 흐른 지금, 나는 연 매출 15억을 만들어내는 회사의 대표로 성장해 있다. 이것이 어떻게 가능했을까?

빚이 있다는 것으로 내가 타고난 부자가 아니라는 사실을 미루어 짐작했을 것이다. 찢어지게 가난하지는 않았지만, 대학을 다니면서 아르바이트를 하지 않으면 생활비를 감당할 수 없는 학생이었다. 똑똑해서 성공한 것이 아니냐고 묻는다면, 나는 학자금 대출이 겨우 나오는 3.0(4.5 만점) 이상을 맞기 위해 노력했고, 3.0을 목표로 하는 극히 평범한, 아니 어쩌면 평범 이하의 학생이었다. 게다가 나는 목사님이 되기 위해 준비하던 신학생이었다. 그만큼 나는 아무것도 모르고, 그저 빚을 갚기 위해 사업을 시작했고 지금은 사업을 성공시켰다. 그 비결을 여기에 짧게 적었다.

20대 중반의 나이에 1억의 빚을 지고 살기란 그리 쉽지 않았다. 잠을 자려고 하면 깜깜한 방안이 내 미래 같아서 더 잠이 안 오곤 하던 그 시절, 대출 이자를 내라는 문자를 받고 돈을 구하기 위해 머리를 움켜쥐며 고민하던 그때, 나는 다 포기하고 월급 받아 빚 갚으며 직장 생활을 할 수도 있었지만 그럴만한 상황이 아니었다. 나에게는 지금의 아내인 여자친구와 결혼도 해야 했고, 시골에서 힘들게 농사지으시는 부모님께 용돈도 보내드리고 싶은 마음에 청춘을 오롯이 빚 갚는 데 쓰고 싶지 않았다. 그리고 보란 듯이 성공하고 싶었다.

여기에는 돈이 없어도 창업할 수 있는 온라인 창업 방법과 창업을 하면서 깨달은 것들을 정수精髓만 담아 적었다. 그리고 만약 당신이 그런 시절을 겪고 있다면, 내 글을 읽으며 위로를 얻기를 바라고 나아가 빚을 빛으로 만들기 바란다.

1. 빚쟁이가 창업한 이유!

무슨 일이든 간에 된다는 확신 90%와 반드시 되게 할 수 있다는 자신감 10%만 있으면 무슨 일이든 다 된다. 나는 '안 된다'는 식의 생각을 단 1%도 해본 적이 없다.

- 현대그룹 故 정주영 회장

① 온라인 창업을 하게 된 이유!

취업만 하면 모든 것이 해결될 줄 만 알았는데 막상 취업해 보니 그게 아니었다. 취업하면 돈이 그냥 저절로 모이는 줄 알았지만 돈은 전혀 모이지 않았다. 나의 월급 실 수령액은 200만 원이었는데 월세로 50만 원, 식비 통신비로 50만 원, 데이트 비용과 친구들 만나서 50만 원을 쓰고 나면 한 달에 적금 50만 원을 겨우 할 수 있었다. 그럼에도 나는 월급 200에 만족하며 2년간 직장 생활을 했다. 내가 창업한 이유는 월급이 적어서도 아니고 바로 빚 때문이었다. 열심히 성실하게 2년간 직장 생활을 했지만 통장 잔고는 늘 부족했고 빚만 늘어갔다. 그렇다고 내가 명품을 사거나 돈을 펑펑 쓰지도 않았는데 말이다.

직장 생활을 하다 보니 직장 동료들이 주식, 코인을 하는 것을 어깨너머로 보게 되었다. 취업하기 전에는 주식과 코인에는 전혀 관심이 없었지만, 직장에서 동료들이 하는 이야기를 듣다 자연스럽게 관심이 갔고 나도 어느새 주식과 코인에 투자를 하고 있었다. 이야기하자면 길지만 결과는 뻔한 이야기이다. 주식이나 코인 차트를 제대로 볼 줄도 모르고, 투자라는 것도 해본 적 없던 내가 투자로 돈을 버는 게 더 이상한 일이었다. 그런데 그때는 그걸 전혀 알지 못했고 근거 없는 자신감뿐이었다.

2021년 NH투자증권 연령대별, 성별 수익률 자료에 따르면 10대부터 70대까지 수익률을 조사했는데 20대가 남자가 -2.2%로 가장 저조했다. 그 사실을 알면서도 내가 투자하는 종목은 오를 것만 같고 곧 있으면 돈을 벌 것만 같았다. 그래서 직장 생활로 번 돈을 다 끌어모아 투자했고 실패했다. 하지만 나는 거기서 멈추지 않았다. 대출을 받아서 과감하게 투자했고 과감하게 돈을 날렸다. 지금 와서야 한 문장으로 덤덤하게 쓰지만 투자하고 돈을 벌기도 했지만, 결과적으로 잃는 시간은 정말 다 말로 다 표현할 수 없는 시간이었다. 아마 주식이든 코인이든 부동산 투자든 큰 실패를 경험한 사람이라면 이해할 것이다.

그렇게 창창하고 꿈 많은 20대 중반의 나이에 절망적인 빚을 지게 되었다.

당시 나는 오로지 빚 갚기에만 정신이 없었다. 빚을 지기 전에는 이래저래 쓰고 적금이라도 할 수 있었지만, 빚이 생긴 후로는 생활이 빠듯해졌다. 빚 갚는 것을 계산해보니 월급 받아서 쓰지 않고 악착같이 갚는다고 해도 적어도 5년은 갚아야 했다. 그러면 30살이 넘어야 빚을 다 갚고 그때부터 돈 모아서 차 사고 집 사고 할 수 있겠다는 생각이 들었다.

2021년 NH농협은행 연령대별, 저축 형태별 저축액 비중 자료에 따르면 20대 연평균 저축액은 875만 원이다.

넉넉잡아서 한 달에 100만 원씩 저축한다고 하면 누구나 다 타고 다니는 3천만 원짜리 소나타 차 한 대 마련하기까지 약 3년… 서울에 5억 원짜리 아파트 마련하기까지 대략 40년… 정말 말이 안 되는 계산이 나왔다. 그러면 나는 언제 결혼하고, 언제 효도하라는 말인가. 그 때 처음으로 직장 생활로는 답이 없는 것을 실감하게 되었다.

돈을 버는 방법이 크게 3가지가 있는데 근로소득, 사업소득, 투자소득이다. 그중에 근로소득과 투자소득으로는 답이 없는 것을 확인했으니 남은 건 사업뿐이었다. 그런데 사업을 하려고 보니 돈이 없었다. 그러던 차에 우연히 구매 대행이라는 무자본 창업을 알게 되었다. 처음에는 말이 안 된다고 생각했다. 무자본 창업 그런 게 있을까? 싶었지만 내가 처한 상황에서 그거라도 믿고 하지 않으면 아무것도 할 수 없는 상황이었기 때문에 거금을 들여 구매 대행 교육을 받고 2018년 11월 22일에 사업자를 냈다.

② 사업자금 5천만 원 빌린 이유!

내가 처음 시작한 사업은 중국 구매 대행이라는 사업이었다. 다음 장에서 자세하게 설명하겠지만 짧게 언급하자면 중국 쇼핑몰에 있는 물건을 한국 쇼핑몰에 올리고, 주문 들어오면 중국 쇼핑몰에서 물건을 구입해 배대지[15]라는 걸 이용해 고객이 받아 볼 수 있도록 돕고 수수료를 받는 사업이다.

중국 구매 대행 교육을 8명이 받았는데, 1명이 중간에 이탈하고 7명이 수료하였다. 교육이 완전히 끝이 나고 헤어지면서 교육생들끼리 한 가지 약속을 했다. 중국 쇼핑몰에 있는 상품을 한국 쇼핑몰(스마트 스토어)에 5개씩 무슨 일이 있어도 꼭 올리고 카톡 인증하기로 했다. 하지만 2~3일 인증하더니 다른 분들은 상품 등록을 하지 않았다. 하지만 나는 3개월 동안 하루에 5~10개 이상씩 상품 등록을 단 하루도 빠지지 않고 했다. 모르긴 몰라도 교육생들 중에 내가 가장 절박한 상황이었던 것 같다.

그렇게 3개월이 지나자 하루에 10개 이상 주문이 들어 왔다. 나는 상품 하나 팔 때 최소 마진을 1만 원으로 했는데 그렇게 단순 계산하면 한 달에 최소 300만 원 이상 수입이 되는 것 같았다. 이때부터 다니던 회사를 그만두고 사업에만 전념하기로 했다.

처음에는 일이 잘 풀리는 거 같았다. 이제 돈이 막 벌릴 것만 같았지만 그 기분도 오래 가지 못했다. 하나둘 문제가 터지기 시작했다. 중국에서 한국으로 물건이 오는 과정에서 대부분의 물건이 파손되는 바람에 제대로 물건이 넘어오지 못해 난리가 난 것이다. 나는 중국어 하나 못하는 상황에서 무작정 중국으로 가는 비행기를 탔다. 그렇게 배대지에 도착해 말도 잘 안 통하는 배대지 직원들과 내 물건을 정리

---

15 배송대행지의 준말. 배송대행지란 해외사이트에서 물품 구매시 국내까지 배송 안 되는 물품을 배송대행지를 이용해서 국내로 보낼 수 있다.

해 한국으로 문제없이 물건이 올 수 있도록 하고 돌아왔다. 그 일로 나는 사업을 시작하자마자 최소 천만 원 이상의 손해를 입어야 했다.

포기할 수도 있었지만 별다른 대안이 없었기 때문에 울며 겨자 먹기로 버틸 수밖에 없었다. 다행히도 버티다 보니 사업은 안정되어 갔다. 한편 운영에 필요한 사업 자금이 턱없이 부족했다. 은행을 찾아가 봤지만 더이상 나에게 대출을 해주지 않았다. 하는 수 없이 가족에게 돈을 빌리기로 마음먹었다. 짧은 인생 살면서 한 번도 돈을 빌려본 적 없는 내가 거금을 빌리는 것은 정말 죽기보다 싫은 일이었다. 하지만 아무리 머리 싸매고 고민을 해봐도 가족에게 빌리는 것 외에는 다른 방법이 없었다. '그래! 은행에서 빌리는 거와 마찬가지로 연 5% 이자를 드리고 빌리자.' 이렇게 다짐한 나는 계약서를 미리 작성하여 작은 아버지를 찾아갔다.

다행히 작은아버지는 나의 사정을 이해하고 믿어주셨다. 그리고 1년이 되기 전에 빌린 돈 5천만 원을 한꺼번에 모두 갚을 수 있었다.

나도 그랬지만 대부분의 창업자들이 초기 사업자금이 없어 허덕인다. 그럼에도 절대 대출을 받거나, 사업자금을 빌리지 않고 사업을 하려고 한다. 하지만 돈이 없으면 사업을 키우기란 거의 불가능하다. 사업에 대한 확신만 있다면 과감한 투자도 어느 정도는 필요하다고 생각한다. 단 빌린 돈은 더 알뜰하고 꼭 필요한데 사용한다면 말이다.

사업자금 마련하는 방법 5가지 방법

첫 번째, 근로소득이 있다. 창업 하기 전 근로 소득을 통해 시드머나 seed money를 확보하고 하면 가장 좋을 것이다. 하지만 사업하다 보면 시드머니는 금방 사용하기 마련이다.

두 번째, 은행 대출이다. 하지만 직장이 없고, 매출이 없는 이제 막 시작한 사업장에 대출을 잘 해주지 않기 때문에 이 점은 참고하기 바란다.

세 번째, 정부지원 대출이다. 대표적으로 신용보증재단, 기술보증재단, 중소기업진흥공단이 있다. 여기서 대출을 받으려면 매출이 반드시 필요하다. 월 1천만 원 정도의 매출이 1년 이상 꾸준히 발생한다면 1억 이상도 최저금리로 빌릴 수 있다.

네 번째, 3F 펀드이다. Family(가족), Friend(친구), Fool(바보처럼 착한 사람)에게 빌릴 수 있다고 해서 3F 펀드이다. 가족에게든 친구에게든 돈을 빌릴 때 그냥 빌리지 말고, 정확하게 계약서도 쓰고 이자도 주면서 빌리길 권한다. 그것이 서로 마음 편하다.

다섯 번째, 온라인 쇼핑몰 사업하는 사람에게 해당되는 선정산 서비스이다. 온라인 쇼핑몰은 고객이 물건을 받고 구매 확정이 되어야 돈이 정산되는데, 선정산 서비스는 구매가 일어나면 바로 돈을 지급해 주는 것을 말한다.

③ 창업을 성공시킬 수 있었던 이유!

창업을 시작하고 운이 좋게도 3년 차에 연매출 15억 원을 만들었다.

작다면 작고 크다면 큰 성과이다. 어떤 사람들은 '저 사람은 똑똑해서 가능했을 거야, 혹은 집에 돈이 많아서 가능했을 거야'라고 짐작만 하며 자신은 불가능한 일이라고 생각한다. 나 역시 도전하기 전에는 그랬다. 처음 중국 구매 대행을 배울 때 연매출 10억 20억 버는 분들은 큰 산과 같았고 내가 그 경지에 오르려면 최소 10년은 걸릴 줄 알았다.

3년 만에 이러한 결과를 만들어 낼 수 있었던 나만의 성공 방법을 정리하면 다음의 SLIPC의 5단계로 정리할 수 있다.

1단계, Start 시작해야 한다(선택)

시작하지 않으면 어떠한 일도 일어나지 않는다. 그런데 많은 사람들이 생각만 하고 고민만 하다 막상 시작은 잘 못한다. 시작이 반이라는 속담이 있듯이 그만큼 시작이 어렵고 중요하기 때문에 그런 속담이 나왔을 것이다. 나는 "생각은 짧게, 행동은 지금"이라는 말을 좋아한다. 대부분의 일들이 일단 시작하고 나면 어떻게든 하게 되어 있다. 내가 할 수 있을지 없을지? 돈이 될까? 안 될까? 생각할 시간에 일단 해보고 판단하는 것이다. 사업을 하면서 사장님들을 많이 만나는데 공통점으로 갖고 있는 것이 추진력이었다. 중국 배우 이소룡은 이런 말을 했다. "아는 것만으로는 부족하다. 반드시 실천해야 한다. 원하는 것만으로는 부족하다. 반드시 실행해야 한다." 나를 포함해 대부분의 사람들이 막연하게 부자가 되길 원한다. 하지만 그들은 부자가 되기 위해 어떠한 것도 시작하지는 않는다.

2단계, Learning 배워야 한다(공부)

어떤 분야에 창업한다고 하면 그 분야에 대해 배워야 한다. 잘 알지 못하고 창업하는 것만큼 위험한 것은 없다. 잘 알아야 재미있게 사업을 할 수 있다. 예를 들어 국민 보드게임 부루마블Blue Marble을 한다고 가정했을 때, 게임의 룰을 잘 모르는 상태로 시작한 사람과 잘하는 사람에게 자세하게 배우고 하는 사람이 있다고 가정하면 둘 중에 누가 더 게임을 재미있게 더 잘하겠는가? 당연히 게임에 룰과 이기는 방법을 잘 아는 사람이 훨씬 재미있게 게임을 리드하며 즐길 수 있을 것이다. 사업도 마찬가지다. 잘 알아야만 잘 할 수 있는 건 당연한 이야기일 것이고, 잘 알아야 재미있게 할 수 있고 재미있어야 꾸준히 할 수 있다. 가르쳐 줄 사람이 없다고 말한다면, 그것은 핑계일 뿐이다. 유튜브YouTube, 네이버에 많은 정보가 있고, 마음만 먹으면 배울 수 있는 곳이 정말 많다. 그런데 여기서 중요한 것은 한 번의 배움으로 끝나는 것이 아니라 끊임없이 배워야 한다는 사실이다. 왜냐하면 세상과 시장은 멈춰있지 않고 끊임없이 변하기 때문이다. 거기에 발맞추지 않으면 뒤처질 수밖에 없다. 그래서 나도 아직도 공부하고 있다.

3단계, Input 투입해야 한다(등가교환)

시작하고 배웠다면 나의 시간과 노력을 투입해 배운 것을 실행해 옮겨야 한다. 온라인 쇼핑몰 사업을 가르쳐 보면, 수강생 중에 실행하는 사람은 극히 소수다. 왜 그럴까? 절박하지 않아서일까? 성공하려면 포기도 해야 한다. 즉 드라마를 포기하고, 게임을 포기하고, 유튜브 시청을 포기해야 한다.

사업에 나의 시간과 노력을 투입해야 하는데 내가 즐기고 있던 것들을 포기하지 않는다. 사업을 하면서 느끼는 거지만 야속하게도 얻는 게 있다면 반드시 잃는 것이 있기 마련이다.

나 역시 온라인 쇼핑몰 창업을 한 후에는 영화 보고 드라마 보던 취미를 포기하고, 친구들 모임을 포기했다.

창업으로 많은 돈을 벌고 싶다면 내 여가 시간을 포기하고, 때론 건강을 갈아 넣으면서라도 투입해야 성공할 수 있다. 그런데 많은 사람들이 여가 활동도 하고 드라마도 보고 친구도 만나고 돈도 벌고 다 하려고 한다. 하지만 시간은 한정되어 있다. 반드시 인풋Input이 있어야 아웃풋Output이 있다.

4단계, Patience 끈기가 있어야 한다(견딤)

시작하고 배우고 투입했다고 바로 성공하면 참 좋겠지만 반드시 임계점을 넘어야 한다. 임계점이란 물질에 성질이 변하는 점을 말하는데 내가 말하는 사업에 임계점은 투입한 금액보다 더 버는 때를 말한다. 처음에 창업을 하면 편의점 알바보다 돈을 못 버는 게 사실이다.

사람들은 내가 온라인 쇼핑몰로 연매출 15억 이상 찍는데 가장 많이 기여한 나의 재능을 궁금해하며, 대부분 능력이라고 생각한다. 하지만 나는 컴퓨터도 잘 못했고, 쇼핑도 싫어하는 사람이었고, 심지어 돈도 없었다. 내가 가진 딱 한 가지 재능을 굳이 꼽자면 존버[16] 정신이

---

16 비속어인 존*+버티다의 합성어를 줄인말로 엄청 힘든 과정을 거치는 중이거나 참는 상황에서 사용하는 말

라고 할 수 있다. "가장 잘 견디는 사람이 무엇이든지 가장 잘할 수 있는 사람이다."라는 말이 있듯이 끈기를 가지고 임계점을 넘기 전까지 견뎌야 한다.

울며 겨자 먹기로 견뎌본 사람으로서 하루하루 견디다 보면 분명 좋은 결과 있을 것이라고 자신 있게 말할 수 있다. 요즘 사회는 끈기와 인내의 가치를 너무 싸구려 취급하는 시대지만 절대 그렇지 않다.

5단계, Confidence 확신이 있어야 한다.(확신)

시작하고, 포기하지 않고 꾸준히 하면 누구나 성공한다는데 우리는 왜 그 '시작'과 '꾸준히'를 못하는 것일까? 그것은 바로 반드시 된다는 확신이 없기 때문이다. 내가 가장 존경하는 분은 故 정주영 회장님인데 그분이 이런 말을 했다.

"무슨 일이든 간에 된다는 확신 90%와 반드시 되게 할 수 있다는 자신감 10%만 있으면 무슨 일이든 다 된다. 나는 '안 된다'는 식의 생각을 단 1%도 해본 적이 없다." 어떤 일을 시작할 때에는 반드시 될 거라고 믿어야 한다.

콩고의 어느 마을에 땅만 파면 금이 나온다는 이야기를 듣고 수많은 인파가 모였다는 기사를 본 적이 있다. 예를 들어 만약에 당신이 삽 한 자루를 들고 그곳에 갔다고 가정해 보자.

땅만 파면 90%가 금이라는 말에 일단 무작정 땅을 파보지만 금은 안 나온다. 그러자 이내 그들은 이런 생각에 잠긴다. '역시 과장된 기사였어. 말도 안 되지~ 어떻게 90%가 금이야.' '일단 시작한 게 있으니 좀 더 파보자.' 그런데 바위만 계속 나오고 지치고 희망이 보이지 않는다면 대부분의 사람은 그때 백이면 백 포기한다. 그런데 만약 최첨단 금 탐지기를 가지고 갔다면 어떨까? 금이 100% 있다는 걸 확인하고 땅을 팠다면 이야기는 달라진다. 아무리 큰 돌이 나오고 시련이 와도 절대 포기하지 않는다. 왜냐하면 100% 금이 있다는 확신이 있기 때문이다. 창업도 마찬가지이다. 창업을 통해 내가 꿈꾸는 것을 이룰 수 있다는 100%의 확신만 있으면 절대 포기할 일은 없을 것이다.

2. 빚쟁이가 연 매출 15억을 만들기까지

> 사람은 능력 하나만으로 성공하는 것은 아니다. 운을 잘 타야 하는 법이다. 때를 잘 만나야 하고 사람을 잘 만나야 한다. 그러나 운을 잘 타고 나가려면 역시 운이 다가오기를 기다리는 일종의 둔한 맛이 있어야 한다. 운이 트일 때까지 버텨내는 끈기와 근성이 있어야 한다.
>
> **- 삼성그룹 故 이병철 회장**

① 내가 해본 온라인 사업 5가지

구매 대행으로 사업을 시작해 운이 좋게도 2년 만에 자리를 잡았다. 자리를 잡고 나니 직원도 여럿 생겼다. 중국 구매 대행만으로는 안정적으로 사업을 이어 갈 수 없다고 판단해 온라인 쇼핑몰과 관련된 다양한 사업을 시도했다. 이번 장에서는 내가 시도한 온라인 사업 5가지를 소개하려고 한다. 참고로 내가 해본 5가지 사업은 초기 자본금이 2백만 원만 있어도 시작 가능한 무자본 창업에 가까운 사업이다.

첫 번째, 구매 대행이다

구매 대행이라는 사업을 시작하게 된 이유는 무자본 창업이라는 말에 혹해서였다. 대부분의 사업들이 자본이 필요한데 구매 대행은 큰 자본이 필요하지 않다.

그 이유는 구매 대행의 수익 구조에 있다. 구매 대행이란, 말 그대로 구매를 대행해 주는 것을 말한다. 먼저 구매 대행이 필요한 이유는 해외 쇼핑몰에 있는 물건을 일반 소비자들이 결제까지는 할 수 있지만, 해외쇼핑몰에서 한국으로 택배가 오질 않는다. 그렇기 때문에 대부분의 소비자들은 미국 아마존Amazon과 중국 타오바오淘宝 같은 해외 쇼핑몰에서 물건을 직접 사려고 하지 않는다. 그래서 우리는 해외 쇼핑몰에 있는 물건 중에 한국에 없고, 해외에서는 싸지만 한국에서는 비싼 상품을 네이버쇼핑, 쿠팡, 11번가 같은 쇼핑몰에 마진margin 붙여서 그대로 올린다. 그리고 주문이 발생하면 다시 해외 쇼핑몰로 가서 그 상품을 구입하고, 배대지라는 곳으로 보낸다. 여기서 배대지는 말 그대로 배송을 대행해 주는 곳을 말한다. 배대지에 고객 주소를 입력해 주면 배대지에서는 상품을 확인해 바로 고객에게 보내 준다. 소비자는 상품을 받고 구매 확정을 하게 되면 그때 내가 붙인 마진과 함께 상품 금액이 정산된다.

구매 대행이 매력적인 이유는 재고를 가지고 있지 않고, 주문이 발생하면 그때 물건을 사서 보내 주는 구조이기 때문에 리스크risk가 거의 없다. 그리고 노트북 한 대만 있으면 언제 어디서나 업무가 가능하다. 아마도 이러한 이유때문에 무자본 창업이라는 말이 나왔을 것이다. 하지만 정산을 먼저 받고 주문을 하는 것이 아니기 때문에 정확하게 따지자면 무자본 창업은 아니다. 고객이 주문한 상품을 먼저 사서 보내 줄 자금 정도는 필요하다.

두 번째, 온라인 위탁 판매이다

위탁 판매로 온라인 쇼핑몰 사업을 접근하는 사람들이 가장 많다. 그만큼 위탁 판매는 진입 장벽이 낮고 당장이라도 쉽게 시작할 수가 있다. 위탁 판매의 개념은 공장 같은 곳에서 위탁을 받아 판매를 대신해 주는 사업같지만 그 단계는 위탁 판매 사업자들이 가고 싶어 하는 마지막 단계이다.

대부분의 사람들은 '도매꾹'이나 '도매매' 같은 도매사이트에 있는 물건에 마진을 붙여서 네이버쇼핑, 쿠팡 같은 곳에 올리고 주문 들어오면 도매사이트에서 결제할 때 고객 주소 넣고 주문한다. 그렇게 되면 위탁사이트에서 바로 고객에게 물건이 가고 구매 확정하면 나에게 돈이 들어오는 구조를 말한다.

위탁 판매는 '3% 띠기'라는 말이 있다. 3% 이하로 마진을 붙여야 주문이 들어온다는 이야기이다. 그렇게 마진이 박한 이유는 도매사이트에 있는 물건을 네이버 쇼핑에 검색해보면 같은 상품을 100명 이상이 팔고 있는 것을 볼 수 있다. 이 시장에서 살아남으려면 마진을 거의 포기하거나 완전 다른 상품처럼 판매해야 한다. 위탁 판매를 하더라도 도매사이트에서 물건 그대로 가져다가 파는 것은 경쟁력이 없다. 공장을 직접 찾아가 도매사이트보다 저렴한 가격으로 받거나 독점 판매를 할 수 있는 제품을 발굴한다면 상당한 수익 구조를 확보할 수 있다. 사람을 만나 협상하는 것을 좋아하고 수완이 좋다면 추천하고 싶다.

세 번째, 병행 수입이다

병행 수입은 사입, 수입이라고도 부르는데 쉽게 말하면 중국에서 물건을 대량으로 한국으로 수입해 와서 판매하는 사업을 말한다. 중국에는 세계 최대 규모의 1688이라는 도매사이트가 있다. 거기에는 정말 다양한 상품을 말도 안 되는 저렴한 가격에 판매하고 있다. 잘만 찾으면 마진 100%는 기본이다. 하지만 이 사업에는 리스크가 존재한다.

왜냐하면 한국에서 잘 팔릴지 안 팔릴지도 모르는데 물건을 대량으로 구입해야 하고, 구입한 물건을 보관할 창고도 필요하다. 3PL업체라고 물건을 보관해 주고 대신 발송도 해주는 업체도 있지만 보관료도 만만치 않다.

앞서 설명한 구매 대행과 위탁 판매는 제품 촬영, 제품 발송 부분을 내가 직접 신경 쓰지 않아도 되었지만 병행 수입은 다르다. 대량으로 구입해 온 상품을 잘 팔기 위해 스튜디오에 가서 제품 촬영도 해야 하고 촬영한 사진으로 상세페이지도 잘 만들어야 한다. 그리고 상품을 포장해서 고객에게 직접 발송도 해야 한다. 이 과정을 하나라도 잘못한다면 주문과 고객관리에 문제가 발생할 수 있다. 하지만 온라인 쇼핑몰 사업 관련만은 경험해 볼 수 있고 잘만 하면 마진이 좋다. 초보자가 진행하기엔 어려움이 있으니 어느 정도 안정된 시스템이 갖춰졌을 때 진행하기를 추천한다.

네 번째, 해외 판매이다

역직구라고도 하는데 말 그대로 해외 소비자가 한국 물건을 구매 대행하여 구입하는 것을 말한다. 해외 소비자는 한국 쇼핑몰에 있는 물건을 사고 싶어도 살 수가 없다. 왜냐하면 쇼핑몰에서 해외 소비자에게 바로 가는 택배 시스템이 없기 때문이다. 우리는 중국 구매 대행과 같이 한국에는 있지만 해외에는 없고, 한국에서는 싸지만, 해외에서는 비싼 상품을 Q10, 아마존, 라자다Lazada 같은 곳에 물건에 마진 붙여서 그대로 올린다. 주문 들어오면 해외로 배송해 주는 곳에 물건을 보내고 거기에 해외 소비자 주소를 전달하면 해외 소비자가 받고 구매 확정하게 되면 돈이 들어오는 구조이다. 이 사업의 매력은 수입이 아닌 수출이기 때문에 외화벌이가 가능에 국가 발전에 이바지할 수 있다.

다섯 번째, 브랜딩branding이다

온라인 쇼핑몰 사업의 마지막 단계는 브랜딩이다. 브랜딩이 온라인 쇼핑몰 사업 중 마지막 단계인 이유는 자본이 가장 많이 필요해서이다. 브랜딩이란 내가 판매하고자 하는 상품을 기획하고 디자인해서 나만의 브랜드를 붙여 판매하는 일이다. 그렇기 때문에 제품 기획부터 제조까지 모든 것을 신경 써야 한다. 대부분 직접 제조를 하지 않고, OEM 제조를 진행하지만 이 또한 상당 부분 신경 써야 한다.

본인 공장이 없이 제품을 생산할 때 OEM과 ODM이 있다. 먼저 OEM(original equipment manufacturing)은 생산을 의뢰한 주체가 브랜드, 제조법, 설계를 제공한다. 따라서 생산자는 제작만 위탁받아 의뢰받은 대로 제작해준다. ODM(Original Development Manufacturing)은 생산을 의뢰한 주체가 브랜드만 제공한다. 따라서 생산자는 제조법을 개발하고 설계에 직접 참여하며 제작한다. 따라서 브랜딩을 처음 진행할 때 ODM으로 많이 진행하게 된다. 5가지 온라인 사업을 해보면서 느낀 것을 정리해 보면 다음과 같다.

첫째, 먼저 비교적 리스크가 적은 구매 대행 사업을 통해 온라인 쇼핑몰 시장과 판매감을 익힌다. 둘째, 어느 정도 온라인 판매 경험이 쌓이고 판매감이 생기면 조금씩 사입 판매를 해보면서 제품 기획, 촬영, 마케팅을 진행한다면 실패 리스크를 최소화할 수 있을 것이다.

마지막으로 셋째 자신만의 브랜드를 만들어, 동일 상품으로 여러 사람이 경쟁하는 것이 아닌 다른 브랜드들 간의 경쟁을 시작한다. 마지막 경쟁에서 살아남아 소비자들 머릿속에 브랜드를 각인시킨다면 큰 수익을 창출할 수 있을 것이다.

② 내가 해본 온라인 마케팅 3가지

사업을 성공시키기 위해서는 제품력과 마케팅이 필수 조건이다. 둘 중에 뭐가 더 중요하냐고 묻는다면 나는 마케팅이 더 중요하다고 말하고 싶다. 5년 동안 온라인 쇼핑몰 관련 사업을 하면서 마케팅이 얼마나 중요한지, 그리고 어떤 원리인지 알게 되었다. 마케팅을 알고 나니 어떤 사업을 해도 대박까지는 아니라도 적어도 먹고는 살 만큼 세팅할 수 있겠다는 자신이 생겼다.

마케팅의 사전적 의미는 '생산자가 상품 혹은 용역을 소비자에게 유통시키는 데 관련된 경영 활동. 더 정확하게는 개인 및 조직의 목표를 만족시키는 교환의 창출을 위해 아이디어나 상품 및 용역의 개념을 정립하고, 가격을 결정하며, 유통 및 프로모션을 계획하고 실행하는 과정'을 말한다.

나에게 마케팅이 뭐냐고 묻는다면 나는 한마디로 마케팅이란 상위 노출이라고 말하고 싶다. 우리는 물건을 살 때 대부분 컴퓨터나 스마트폰을 이용해서 물건을 산다. 요즘은 80% 이상 스마트폰을 이용하고, 스마트폰을 통해 검색한다. 두 가지 가정으로 설명해 보겠다.

첫 번째 경우는 가족들끼리 1박 2일로 캠핑을 가기로 한다고 가정하자. 캠핑에 사용할 캠핑 의자가 없어 네이버 쇼핑에 '캠핑 의자'라고 검색한다. 전체 상품 수가 200만 개 넘게 뜬다. 첫 번째부터 들어가서 상품 페이지와 리뷰를 확인하다가 지쳐서 보통은 구매 건수가 많거나 상위에 있는 상품을 구입한다.

두 번째 경우는 가평에 좋은 캠핑장을 예약하기 위해 네이버에 '가평 캠핑장 추천'이라고 검색한다. 상위에 노출되어 있는 블로그를 순서대로 쭉 확인하다가 좋아 보이는 곳을 선택하여 예약한다. 드디어 가평에 도착했는데 점심은 가평 맛집에서 먹고 싶어졌다. 다시 네이버 검색에 '가평 맛집'이라고 검색하고 찾아간다.

이쯤 설명하면 상위 노출이 얼마나 중요한지 느꼈을 것이다. 우리가 어떠한 소비를 하기 전 하는 행동은 검색이다. 검색을 통해 정보를 확인하고 소비를 하게 되는데, 우리는 AI가 아니기 때문에 수많은 모든 정보를 확인할 수가 없다. 우리는 일반적으로 검색했을 때 상위에 나오는 정보들만을 통해 소비한다. 인터넷쇼핑을 할 때도, 분위기 좋은 카페를 찾을 때도, 지역 맛집을 찾을 때 역시 상위에 노출되어있는 정보가 선택받을 확률이 높을 수밖에 없다.

사업하는 사람들을 상위 노출 전문가가 되어야 한다. 그렇지 않으면 카페를 차려도, 온라인 쇼핑몰을 해도 절대 성공할 수 없다.

상품(컨텐츠) 상위노출 방법

상위 노출이란 온라인 어디에든 검색했을 때 상위에 노출되는 것을 말한다. 상위 노출 기본 방법은 키워드를 잘 설정하고, 해당 플랫폼 로직에 맞춰서 등록해야 한다. 먼저 키워드란 데이터를 검색할 때에, 특정한 내용이 들어 있는 정보를 찾기 위하여 사용하는 단어이다. 키워드는 나의 상품이나 서비스를 가장 잘 나타내야 한다. 그리고 검색량은 많지만 상품 수(컨텐츠)는 적어야 한다. 한 달 검색량은 네이버 키워드 도구를 통해 확인할 수 있다.

다음은 로직을 잘 맞춰서 블로그에 글을 쓰거나, 네이버 스마트스토어와 같은 쇼핑몰에 상품을 올릴 때 거기서 원하는 방식에 맞춰서 꼼꼼하게 업로드해야 한다. 그렇게 올리고 나면 기본은 끝난 것이다.

온라인 쇼핑몰 상위노출 공식 = 클릭량 + 체류 시간 + 구입 건수

상위노출 로직은 클릭량 + 체류시간이라고 생각하면 편하다.

예를 들어 유튜브 영상을 업로드했다고 하면 많은 사람들이 클릭을 하고 이탈하지 않고 영상을 끝까지 시청하면 상위로 노출되게 되어 있다. 블로그, 인스타 다 비슷한 개념이다, 온라인 쇼핑몰은 클릭량 + 체류 시간 + 구입 건수라고 생각하면 된다.

좀 더 깊은 이해를 위해서는 전환 채널과 유입 채널을 알아야 한다.

첫째. 전환 채널은 유입된 소비자들로 결제를 일으키는 곳을 말한다. 온라인 쇼핑몰이나 오프라인 장사를 하고 있다면 온라인 사전 예약할 수 있는 사이트를 생각하면 될 것이다.

둘째. 유입 채널은 결제는 할 수 없지만 소비 전 단계에 정보를 얻는 곳을 말한다. 유튜브, 인스타그램, 네이버 블로그 등이 있다.

대부분의 사람들이 한 가지 플랫폼만 사용해서 상위노출을 하려고 한다. 네이버쇼핑으로 판매를 한다고 하면 네이버 쇼핑몰 즉, 전환 채널만 사용한다. 유입 채널 즉, 유튜브, 블로그, 인스타그램을 통해 유입하고, 전환 채널인 스마트스토어로 고객을 전환시킨다면 클릭량과 체류시간은 자연스럽게 올라갈 것이다. 그렇게 되면 상위노출은 자연스럽게 일어난다.

좀 더 이해하기 쉽게 예를 들면, 도마 공방을 차리고 온라인으로는 도마를 제작해 판매한다고 가정하자. 먼저 도마를 예쁘게 제작해 촬영하고 상세페이지 만들어서 스마트스토어를 통해 키워드와 로직을 잘 맞춰 네이버 쇼핑에 올릴 것이다. 아마 본인이 올린 상품을 찾기 위해 도마라고 네이버쇼핑에 검색했을 때 100위권 밖일 것이다. 주문 들어올 확률은 희박하다. 네이버 쇼핑몰(전환 채널)에 노출이 전혀 되지 않았기 때문에, 소비자를 유입시키기란 유료 광고 없이는 불가능하다. 이때 돈을 들이지 않으면서 고객을 유입시키기 위한 채널로 블로그와 유튜브를 개설할 수 있다.

도마 관련된 유익한 글을 적고 영상을 찍어 꾸준히 업로드하는데 이때 글 마지막에 전환 채널(스마트스토어) 링크를 반드시 넣어 두자. 그러면 유튜브와 네이버에서도 고객이 자연스럽게 내 상품으로 유입될 것이고, 결제로 연결될 가능성이 높다. 도마 관련된 글을 매일 한 개씩 꾸준히 적는다면, 유입 채널이 성장하면서 온라인과 오프라인은 자연스럽게 활성화될 것이다.

오프라인 장사를 하는 분이라면 메인 유입 채널을 정하는 게 좋다. 블로그 글을 보고 내 오프라인 매장으로 오게 할지 유튜브 영상을 보고 오게 할지 정해야 한다. 만약 블로그로 정했다면, 유튜브, 인스타그램 글 마지막에 블로그 링크를 걸어 두어야 한다.

정리하면 마케팅이란 상위 노출이고 상위 노출을 시키기 위해서는 키워드 세팅과 로직에 맞게 업로드하는 게 중요하다. 그리고 유튜브, 인스타그램, 블로그와 같은 유입 채널을 통해 쿠팡, 네이버 쇼핑과 같은 전환 채널로 고객을 유입시켜 판매해야 한다. 그렇게 되면 상위 노출되고 주문은 꾸준히 들어오게 될 것이다.

③ 온라인 쇼핑사업의 가장 중요한 한 가지

창업에 관심 있는 분이라면 사업을 본격적으로 시작하기 전에 온라인 쇼핑몰을 부업으로 창업해 보는 것을 권하고 싶다. 카페 창업을 꿈꾸는 분이라면 카페 관련 용품을 판매해보고, 반려동물용품 브랜드를 만들고 싶다면 반려동물용품을 판매해본다면 내가 원하는 창업을 했을 때 실패 확률을 낮출 수 있을 것이다. 구매 대행이나 위탁 판매로 온라인 쇼핑몰 창업을 한다면 큰 리스크 없이 관심 분야에 수많은 상품을 판매해 볼 수 있다. 그 과정에서 그 시장에 이해가 생길 것이고 시장분석, 고객 니즈 등을 자연스럽게 파악하게 될 것이다.

온라인 쇼핑몰 부업으로 매달 추가로 100만 원 버는 방법은 생각보다 간단하다. 끈기만 있다면 누구나 3개월이면 가능하다. 하지만 많은 사람들이 끈기가 없어서 돈을 벌지 못한다. 나는 수많은 사람들에게 온라인 쇼핑몰을 가르쳤다. 100명 중 10명 정도가 큰맘 먹고 온라인 쇼핑몰 부업을 시작한다. 90명은 시작도 못 하고 생각에 그친다. 시작한 10명 중 포기하지 않고 꾸준히 하는 사람은 1~2명 정도밖에 되지 않는다.

영국의 위대한 정치가인 윈스턴 처칠이 하루는 한 대학의 졸업식에서 3분 정도의 졸업 연설을 부탁받았다고 한다. 그 짧은 시간 동안에 어떤 연설을 해야 그 젊은이들에게 꿈과 희망을 심어줄까 며칠간 고민을 하였고 드디어 졸업식 당일이 되었다. 졸업식에는 수많은 사람들이 참석하였고, 영국의 위대한 정치가인 처칠의 연설을 기대하는 눈빛으로 기다렸다. 처칠은 천천히 강단으로 올라와서 아무 말도 없이 한참을 청중(졸업생들)을 바라보았다. 청중들은 조용한 분위기 속에 처칠이 입을 열길 기다리고 있었다. 이윽고 그는 아주 작은 목소리로 "You, Never give up(절대 포기하지 마라)!"라고 말했다. 그리고 잠시의 뜸을 들인 후에 좀더 큰 목소리로 "You, Never give up(절대 포기하지 마라)!"라고 말했다. 그리고 다시 잠시의 뜸을 들인 후에 이번에는 아주 큰 목소리로 "you!, Never give up(절대 포기하지 마라)!"라고 외치고 강단에서 내려왔다. 수많은 사람들은 긴 강연이 아닌 짧은 몇 마디에 큰 감동을 받았고, 아직도 많은 사람들에게 명강연으로 기억되고 있다.

어떤 일을 시작했을 때, 포기하지 않고 끝까지 해보는 것이 중요하다. 온라인 쇼핑몰 부업도 마찬가지다. 시작하는 사람은 많지만, 꾸준히 하기란 정말 어렵다. 그만큼 꾸준히 하는 사람이 없기 때문에 아직 돈 벌 수 있는 시장이다. 중국 구매 대행 부업을 한다고 가정하면 매일 한국에는 없고, 중국에만 있는 상품을 찾아서 네이버 스마트스토어에 5개씩 업로드한다고 가정하자. 한 달이면 150개가 등록된다. 3달이면 450개가 등록된다. 100개당 하루 1개씩만 주문 들어와도 4개는 들어올 것이다. 그러면 하나 팔아서 1만 원 남는 상품을 하루에 4개만 팔아도 한 달이면 120만 원이다.

나는 이 단순한 원리로 온라인 쇼핑몰을 15억 매출로 성공시켰다.

3. 누구나 할 수 있는 온라인 창업 시작하는 방법

> 해보기나 했수?
> 많은 대중 앞에서 발표할 수 있습니까?라고 물으면 대부분 사람들은 못 한다고 이야기를 한다. 이런 분들에게 3분 발표를 부탁하면 5분 이상 발표를 한다. 못해서 안 하는 것이 아니라 안 해서 못 하는 것이다.
>
> — 현대그룹 故 정주영 회장

① 온라인 창업 시작부터 차근차근 준비하는 방법!

창업이라고 하면 뭔가 어렵고 거창하게 생각하는 사람들이 많은데 사실상 10분이면 창업이 가능하다. 창업의 사전적 의미는 「사업 따위를 처음으로 이루어 시작함」이다. 사업을 처음으로 시작하려면 '사업자 등록증'이라는 게 필요하다. 서류적으로는 사업자 등록을 발급받으면 창업한 거나 마찬가지이다. 그런데 이 사업자 등록증을 발급받는 데 걸리는 시간은 10분이면 충분하다. 온라인 국세청 홈택스에 들어가서 발급이 가능하다. 쉽게 발급이 가능하고 쉽게 폐업도 가능하다. 또한 온라인으로 가능하니 너무 어렵게 생각하여 시작도 못 하고 있다면 과감하게 시작해 보길 권한다.

사업자 등록증을 발급받기 위해서는 딱 한 가지 사업장 주소지만 있으면 된다. 자택으로 가능하니 집 주소로 작성하면 된다. 집이 내

소유가 아니라면 임대차 계약서 한 장만 있으면 가능하고, 가족 소유라면 무상 임대차 계약서를 작성해서 진행하면 된다. 이 또한 여의치 않다면 해당 지역을 설정하고 네이버에 '소호사무실', '비상주 사무실'이라고 검색하면 저렴한 가격에 사무실을 구할 수 있다.

사업자를 낼 때 주의 사항은 두 가지가 있는데, 첫 번째는 예비창업 패키지와 같은 창업을 하지 않은 예비 창업자에게 주어지는 혜택을 받기를 원한다면 예비창업패키지를 먼저 준비한 후에 창업하면 좋다. 두 번째는 일반사업자를 내기 전에 간이 사업자로 먼저 해 보는 걸 추천한다. 왜냐하면 간이사업자는 세금 혜택이 큰데 그것을 굳이 하지 않을 이유가 없다. 단 직원을 고용하거나 국가 창업 자금이나 대출 받기를 원한다면 일반사업자로 해야 할 것이다.

그렇게 온라인 쇼핑몰 창업을 하기 위해 사업자 등록증을 발급 받았다면 다음은 '통신판매 신고증'만 있으면 된다. '통신판매 신고증'을 받기 위해서는 '구매안전서비스 이용확인증'이라는 게 필요한데 이는 스마트스토어를 먼저 가입하면 어렵지 않게 발급받을 수 있다. 통신판매 신고증은 인터넷 '정부24'에서 발급이 가능하다. 사업자 등록증과 통신판매 신고증이 준비되었다면 온라인 쇼핑몰 사업은 당장이라도 일이 가능하다.

위에서 말한 사업자 등록증 만들기, 스마트스토어 가입, 구매안전서비스 이용확인증 받기, 통신판매 신고증 받기와 같은 것을 할 때 모든 것이 처음이기 때문에 분명 헷갈리고 모르는 부분이 생길 것이다. 그 때 당황할 필요가 없다. 네이버 검색 한 번이면 보기좋게 정리해 가르처 주는 글들이 정말 많다. 앞으로 창업을 한다면 모르는 것 투성이일 것이다. 그때마다 검색하고 공부하는 것을 생활화하길 바란다. 공부한 것을 사업 노트를 만들어 정리하거나 네이버 블로그에 정리해서 꾸준히 올린다면 그것도 분명 큰 자산이 될 것이다.

사업 초기, 창업의 길로 나를 인도해 주신 박남규 교수님께서 그것을 강력하게 권했지만 나는 꾸준히 하지 못했다. 창업을 해 보니 알겠다. 지금까지 공부하고 있었던 일들을 정리했다면 또 다른 기회가 찾아 왔을 것이라고 생각한다.

21세기를 사는 우리는 몰라서 못 한다는 것은 말도 안되는 핑계에 불과하다. 인터넷에 많은 정보들이 있고, 없는 정보도 가르쳐 줄 사람들의 정보가 있다. 그렇다면 찾아가서 배우면 그만이다. 물론 내가 여기 글에서 잘 설명한다면 좋겠지만 지면상 한계로 자세한 설명이 어려운 점 양해 부탁드린다. 좀 더 자세한 설명을 원한다면 내가 운영하고 있는 '돈 버는 창업왕' 유튜브 채널을 통해 확인하길 바란다.

요즘은 클래스101, 클래스유와 같은 강의 플랫폼이 정말 많다. 내가 구매 대행을 배울 때만 하더라도 온라인 강의 플랫폼이 활성화되기 전이라 거금을 들여, 먼 거리를 왔다갔다 하며 오프라인 강의를 들어야 했다. 하지만 지금은 당장이라도 내가 원하는 강의들을 들을 수가 있다. 인클이라는 곳에서 나의 강의를 찍고 싶다고 제안이 와서 강의를 찍은 적이 있다. 찍고 나서 내 강의를 보고 다른 사람들 강의를 뒤적이며 봤는데 정말 다양하고 유익한 정보들을 말도 안 되는 가격에 들을 수 있었다. 온라인 강의는 오프라인 강의 가격의 10분의 1 이하면 충분히 들을 수가 있다. 그래서 나는 온라인 강의가 정말 다양하다는 사실을 알고부터 어떠한 새로운 일을 하거나 모르는 것이 있다면 종종 온라인 강의를 찾아본다. 유튜브를 시작할 때도 어떻게 해야 할지 단 하나도 몰랐는데 온라인 강의를 통해 어렵지 않게 배울 수 있었다.

② 온라인 쇼핑몰 창업 성공시키는 방법!

온라인 쇼핑몰 성공시키는 방법은 생각보다 간단하다. 많이 팔면 된다. 많이 팔기 위해서는 3가지만 기억하면 된다.

첫 번째, 구매 전환율을 높여라!

구매 전환율이란 자신이 판매하려고 올린 상품을 사기 위해 고객 100명이 유입되고, 결제는 2명만 했다고 치자. 그러면 구매 전환율을 2%이다. 그리고 통계적으로 평균 구매 전환율이 2%라고 한다. 만약 10%로 올린다면 2개 주문이 10개 주문이 되는 것이다. 구매 전환율을 올리는 방법은 다양하고 정해져 있지 않지만 대표적으로 좋은 상품과 사고 싶어지는 상세페이지를 만들면 된다. 초보 사장 입장에서는 이도 어렵게 느껴질 것이다. 그러면 더 간단한 방법으로 접근하면 된다.

두 번째, 상품 수를 늘려라!

네이버 스마트스토어를 만들고 상품을 1개 등록했고, 내 상품을 사기 위해 매일 100명이 유입된다고 가정하자. 그러면 평균 구매 전환율이 2%이니 하루 2건의 주문이 들어올 것이다. 주문량을 늘리는 방법은 구매 전환율을 올리는 방법도 있지만 상품 수를 늘리는 방법도 있다. 상품 10개를 등록하면 구매 전환율은 올라가지 않아도 20건의 주문이 들어올 것이다.

그러니 상품 수를 많이 늘리면 늘릴수록 주문은 많이 들어올 것이다.

세 번째, 닥등! 하라

온라인 쇼핑몰사업 하는 사람이라면 '닥등'이라는 말을 한 번쯤은 들어 봤을 것이다. 닥등은 '닥치고 등록'이라는 뜻이다. 사람들은 온라인 쇼핑몰에 상품 1~10개 정도 올리고 주문 안 들어온다고 궁시렁거리며 포기하는 사람이 많다. 닥등은 그럴 시간에 등록이나 하라는 뜻이다. 경험해 본 입장에서 정말 100% 맞는 말이다. 3개월만이라도 하루도 빠지지 않고 단 한 개 이상의 상품만이라도 등록한다면 분명 작은 성공은 경험할 것이다.

사업 용어 중에 '데스밸리death valley'라는 말이 있다. 데스밸리의 사전적 의미는 「창업한 기업들이 3년쯤 지나면 자금난에 빠지는 현상」을 말한다. 창업 기업들은 사업화 과정에서 자금 조달, 시장 진입 등 어려움을 겪게 되고 통상 3~7년차 기간에 주저앉는 경우가 많은데 이를 두고 '데스밸리'라 한다. 데스밸리는 실제로 존재하는 미국 캘리포니아주(州) 남동부, 아마르고사산맥과 페너민트산맥 사이에 끼어있는 죽음의 골짜기로 불릴 만큼 척박한 곳이다.

사업 용어의 데스밸리는 거창하지만 내가 생각하는 데스밸리는 좀 다르다. 일반적으로 창업을 하고 임계점을 넘기까지를 데스밸리라고 말하고 싶다. 왜냐하면 온라인 창업은 100명이 시작하면 80명은 땡전 한 푼 못 벌고 그만두기 때문이다. 그 이유는 임계점을 넘기 전까지는 나의 노력과 시간이 돈이 되지 않고 그저 고생으로만 느껴지기 때문이다.

그러면 임계점이라는 것을 빨리 넘으려면 어떻게 해야 할까? 그것은 생각보다 간단하다. 물의 임계점은 100도인데 빠르게 100도까지 가까워지기 위해선 화력을 최대치로 높여야 한다. 비행기가 연료를 가장 많이 사용할 때가 언제인지 아는가? 하늘을 우아하게 날 때가 아니라 땅에서, 즉 활주로에서 연료를 가장 많이 사용한다. 비행기가 활주로에서 뜨려면 땅에서 많은 연료를 소모해 비행기가 낼 수 있는 최고 속력을 내어야 한다. 연료를 아껴서 천천히 달린다면 평생을 달려도 비행기는 뜰 수 없을 것이다.

우리는 이미 날고 있는 사람을 보면서 나도 저 정도 에너지를 투입하는 거 같은데 왜 안 되는 거지?라는 생각을 할 때가 많다. 하지만 날고 있는 사람들도 다 임계점을 넘기 위해 엄청난 투입이 있었다. 반드시 기억해야 하는 것은 무슨 일이든 임계점을 넘어야 성공할 수 있다.

온라인 쇼핑몰로 어느 정도 성공을 하고 나니 주변에서 어떻게 쇼핑몰로 돈 잘 버는지 노하우를 물어볼 때가 종종 있다. 그러면 나는 이렇게 답변한다. 일단 시작하고 꾸준히! 시장에 맞게 발전하면서 하면 된다. 그리고 많이 벌고 싶다면 많은 투입을 하면 된다.

사람들은 특별한 비법 같은 걸 원한다. 왜냐하면 비법으로 조금 일하고 많이 벌고 싶어 하기 때문이다. 하지만 그런 건 없는 것 같다. 단기적으로는 있을지 몰라도 장기적으로는 절대 있을 수 없는 이야기이다. 왜냐하면 조금 일하고 많이 버는 게 있다면 많은 경쟁자가 금방 생겨나기 마련이기 때문이다. 큰 목표가 있다면 반드시 큰 투입이 따라와야 한다.

③ 내가 깨달은 성공의 마지막 단계 - 사업과 투자 같이하는 방법

직원 10명에 연매출 15억 회사를 운영했지만 사람들이 생각하는 것만큼 큰돈을 벌지 못했다. 그 이유는 사업과 투자를 하나로 보지 못했기 때문이다. 당시는 사업 따로 투자 따로 해야 하는 줄로만 알았다.

단순하게 온라인 쇼핑몰 사업으로만 돈을 벌려고 급급해 돈이 생기는 대로 직원을 뽑았고, 직원이 늘어남에 따라 월세로 사무실 확장 이전을 여러 차례 감행했다. 지금 와서 생각해 보면 무리하게 회사를 확장하기보다는 차라리 사옥을 구입했더라면 어땠을까? 생각한다. 지금은 사업소득과 부동산 투자소득도 얻고 있을 것이다. 뒤늦게 사무실 공간을 구입하긴 했지만 이미 부동산은 잔뜩 오르고 난 다음이었다.

사업 매출만 한 건물

만약 연매출이 10억이라면 10억짜리 건물을 살 수 있다. 여기서 한 가지 더 놀라운 사실은 내 돈이 거의 없어도 가능하다.

물론 대출을 받아서 사는 거지만 그래도 대출 이자와 월세는 거의 비슷하다. 대출을 받아서 건물을 사는 것과 월세로 매달 나가는 돈은 비슷하지만 5년 후 10년 후 결과는 너무나 다르다.

매출이 10억 원이라고 가정하면 매출의 20% 즉, 2억 원 정도는 무보증으로 정부 지원 대출을 받을 수가 있다. 주로 신용보증기금과 기술보증기금에서 받는다. 정부 대출받아 2억 원이 있다고 가정하자. 10억 원짜리 건물을 경매로 시세보다 저렴하게 구입한다면, 건물 가격에 90%까지 대출이 나온다. 그렇게 되면 내 돈 전혀 들어가지 않고 10억 원짜리 건물 구입이 가능하다. 연매출 10억 원이라면 10억 원 이자 정도는 충분히 납부할 수 있을 것이다. 월세 대신 이자 잘 내면서 사업 유지만 해도 향후 큰돈을 벌 수 있을 것이다. 나는 사업만 생각했지 투자는 전혀 생각하지 못했다. 하지만 사업과 투자는 반드시 같이 가야 한다.

창업을 고민하는 많은 분들이 사업을 해야 하는 이유보다는 하지 말아야 하는 이유를 찾는다. 그리고 주변에서도 해야 하는 이유보다는 하지 말아야 하는 이유를 말할 것이다. 하지만 해보지 않은 사람은 어떠한 말도 할 수 없다.

故 정주영 회장님은 직원들에게 "이봐, 해봤어?"라는 말을 많이 했다고 한다.

아마 그런 이야기를 많이 했던 이유는 직원들에게 무슨 일을 시켰을 때 못하는 쪽으로 이야기했기 때문이리라. 안 되는 것만 생각하면 될 것도 안 된다. 일단 되는 쪽으로 생각하고 과감하게 작은 도전부터 꾸준히 시도해 보자. 당신의 꿈을 향해.

꿈꾸는 시골살이
또 다른 창업의 시작

· ·

1. 준비되지 않은 귀농
2. 준비 없는 창업
3. 함께하는 우리, 꿈을 기르다

안혜정
농업예술치유사

농업예술치유사 | 안혜정

◇ **학력**

호서대학교 벤처대학원 벤처경영학과 경영학 박사
문학석사

◇ **경력**

이안아트팜 대표
한국열린사이버대학교 디지털비즈니스학과 특임교수
한국벤처창업학회 이사
천안시 임업후계자
천안명물호두생산자협회 영농조합법인 이사
천안시 농촌문화체험협의회 회원
충남6차산업자립연구회 회장
충남문화예술연구회 임원

◇ **이메일 / SNS**

메일: hochzeit21@naver.com
홈페이지: 이안아트팜.com
블로그: https://blog.naver.com/hochzeit21
인스타그램: https://www.instagram.com/walnut7998
페이스북: https://www.facebook.com/profile.php?id=100003092207119

천안이 고향인 나는 광덕산을 놀이터 삼아 뛰어놀며 자랐다. 어렸을 때부터 호두 농사를 짓는 아버지의 모습을 보고 자라 호두가 친숙했고 대학을 진학하고 전공 분야에서 일을 하다 중년이 지난 나이에 귀농을 결심하게 된 이유도 호두에 있다. 반백 년 돌고 돌아 다시 호두로 귀결되는 것 같다. 남자도 농사일이 만만치 않은데 여자인 내가 귀농을 한다고 하니 주위의 반대가 많았다. 사실 체험 농장을 운영하기까지 많은 우여곡절이 있었다. 농부로서의 생활은 어느 하나 녹록지 않았다. 하지만 힘든 과정을 이겨낼 수 있었던 원동력은 팔십 평생을 한 자리에서 농사를 지으신 아버지 모습을 보고 자란 추억 때문이다.

나도 모르게 농부가 된 초보 농부. 준비 없이 시작된 귀농. 그러나 현실은 농부가 아닌 서비스 종사자. 농작일보다는 체험일을 더 많이 하는 무늬만 농부인 50대 초보 농사꾼이 바로 나다.

나이가 들고 도시의 꽉 막힌 빌딩에서 벗어나 푸른 초록이 어우러진 탁 트인 시골살이를 꿈꾸는 귀농을 준비하는 사람들에게 농촌은 또 다른 창업의 기회이다. 이전 직업에서 경험을 바탕으로 여유로운 전원생활을 즐기며 할 수 있는 일로는 자신의 적성과 취미를 직업으로 전환하는 것이 좋다. 이때 농촌 체험 농장이나 치유 농장은 새로운 직업이 될 수 있다. 농촌에서 농사짓는 일 외에도 6차 산업을 통해 직접 생산한 농산물을 가공할 수도 있고, 유통 채널의 일환으로 체험 농장을 운영한다면, 농촌의 경험이 적은 분에게 새로운 창업, 창직의 좋은 대안이 될 수 있다. 농촌의 환경개선과 농업 자원정책의 확대로 요즘 화두가 되는 치유 농장이 새로운 창업 아이템이라 할 수 있다.

필자가 농촌에서 창업한 동기는 어떻게 보면 외길 인생 호두 농사를 지으신 아버지를 오마주hommage하기 위함일 수도 있다. 여든이 넘으신 나이에도 여전히 농사를 짓고 계신 우리 아버지가 자랑스럽고 진심으로 존경한다. 오마주는 프랑스어로 '존경, 경의'를 칭하는 단어로 주로 예술작품이나 영화에 많이 사용하는 용어이다. 브랜드 네임brand-name을 '파파호두'라고 정한 연유도 아버지의 삶을 존경하는 뜻의 함축이다. 호두의 장점이나 효능은 누구나 손쉽게 검색 키워드만으로도 알 수 있다. 필자가 운영하는 치유 농장의 호두 활용 치유 프로그램으로 현대인들의 스트레스가 생활문화 예술 체험 과정을 통해 건강한 마음으로 변화될 수 있길 바라며 개개인의 삶 속에서 문화 예술을 가까이에서 마음껏 누리며 향유할 수 있기를 희망한다.

농업 자원을 기반으로 농업 창업을 통해 선진농업과 미래 산업을 연계하는 6차 산업으로서 발전시키는 것이 나의 1차적 목표이다. 미래 농업과 예술을 접목하여 힐링 치유 농장을 운영하며 공동체와 더불어서 함께 살아가는 것이 나의 인생의 종착점이자 최종 목표이다. 그러기 위해서는 오늘도 꾸준히 농업 치유 프로그램을 연구하고 개발하는 것에 최선을 다하며 시간을 보내고 있다. 이 글을 읽는 독자에게 나의 작은 일상이 힘이 되길 바란다.

광덕 호두농장

수확기 호두

캔버스 회화작품(호두염색&껍질)

1. 준비되지 않은 귀농

당신이 할 수 있거나 할 수 있다고 꿈꾸는 모든 일을 시작하라.
새로운 일을 시작하는 용기 속에 당신의 천재성과 능력, 그리고 기적이 숨어 있다.

- 괴테Johann Wolfgang von Goethe

① 나도 모르게 농부가 되었다

2018년 어느 날 언니에게서 전화가 왔다.

"혜정아, 상의할 이야기가 있으니 집에 한 번 와라."

"알았어, 언니."

머리가 복잡했다. 그동안 우리는 유량동 언니 건물에서 레스토랑을 운영했다. 여기서 우리는 가족이 함께 레스토랑을 운영하면서 여러 가지 문제로 힘들었다. 그런 문제로 서로 지쳐 갔고, 그 후 각자 자기 본업에 충실하며 나름 잘 지내고 있었던 터였다. 그즈음 나는 마침 새로운 일을 준비하고 있었기에 언니가 다시 함께 서로 잘하는 거 하면서 같이 하자는 말이 부담됐다. 다시 전에 겪었던 일들이 되풀이될까 지레 걱정도 됐다. 언니 집에 도착해서 차 한잔을 마시며 언니의 이야기를 들었다.

"혜정아, 그동안 하기 싫은 일 하느라 고생했다. 이제부터 네가 싫어

하는 음식점 말고 각자 잘하는 것으로 바꿔서 너 먹고살도록 언니가 도와줄게."

"…"

"네 전공 살려 힐링 뷰티센터 운영하면 어떻겠니?"

고마웠지만 한편 망설여지기도 했다. 언니는 마음먹으면 바로 실행하는 성격이라 계획이 이미 끝나 있었다. 나는 아무런 말도 못 하고 듣기만 하다 집에 왔다. 안 하겠다고 하면 언니의 성의를 무시하는 것이고, 한다고 하자니 내키지 않고 이러지도 저러지도 못하는 중에 시간은 흘러 어느새 리모델링 공사가 끝났다. 그런데 문제가 생겼다. 우리에게 운영권을 주기로 한 언니 선배가 연락을 피하며 시간을 끌더니 결국 운영권을 못 주겠다고 한 것이다. 친한 사이라 구두 약속만 한 상태라 뭐라 말도 못 하고 손해만 잔뜩 보고 마무리했다. 언니는 일이 이렇게 된 것이 오히려 잘 된 것 같다며 처음 우리가 하려고 했던 미술관을 운영하자고 했다. 2층을 미술관으로 바꿔서 운영하자며 젊은 신인 작가 발굴 및 여러 사람이 함께 이곳을 이용할 수 있게 하면 좋겠다고 했다. 결정되면 일사천리로 빠른 실행이 우리 언니의 매력이다. 건축사와 상담하며 설계도면을 그리고, 순조롭게 일이 진행이 되어 예쁜 설계도가 나왔다. 운영이 문제였다.

"네 형부와 나는 하는 일이 있으니 네가 책임지고 잘 해봐. 알겠지?"

"…"

나는 묵비권을 행사하였으므로 무언의 긍정. 그냥 자연스럽게 같이 할 수밖에 없는 처지가 됐다. 미술관은 지역 주민에게 환원 사업으로 비영리로 운영될 것인데 무엇으로 수익을 낼 것이냐가 화두가 되었다. 언니 지인이 운영하는 L미술관 운영 프로그램 중 요즘 체험 프로그램이 인기가 많다고 했다. 그때까지는 관심이 없던 분야라 전혀 감이 안 왔다.

"혜정아, 주말에 시간 있니?"

"네. 왜요?"

"우리 잘하는 체험장 견학하고 배워서 체험해 보자."

"그래. 그런데 뭐 가지고 체험해? 체험은 누가 와?"

"나도 모르지. 이제부터 생각해 봐. 니가 할 거잖아."

"…알겠어."

"그리고 미술관 이름은 무엇으로 할까? 생각 좀 해봐."

"뜻이 담긴 이쁘고 외국인이 부르기 쉬운 이름으로 하면 좋을 듯하네."

"다음 주에 만나서 더 이야기하자."

"그래, 그러자."

고민이 시작됐다. 며칠이 지났다. 고민 끝에 우리가 농사짓고 있는 농산물을 가지고 운영하자고 합의가 되어, 그냥 우리 셋(언니, 형부, 나)이 운영하니까 성씨를 따서 영어로 이안 아트팜LeeAn ArtFarm이라는 사업자명이 탄생하였다. 미술관은 이안 갤러리, 체험장은 이안 아트팜, 카페는 이안 카페로 각각의 아이템 앞에 '이안'을 붙였다. 나름 마음에 들었다. 이렇게 나의 의지와는 상관없이 이안 아트팜은 나의 몫이 되었고, 이안 아트팜을 운영하게 되었다. 수익사업으로 체험 프로그램 운영을 하면서 천연 염색체험이 서비스 농업으로 6차산업이란 것을 난생처음 알게 되었다.

요즘 농부는 생산만 하지 않는다. 농사를 지어 생산한 농산물로 가공하여 가공품을 판매하고 체험도 한다. 나도 이렇게 6차 산업을 배우기 시작하였다. 6차산업을 준비하며 나도 모르게 어쩌다 농부가 되었다. 농촌 융복합산업이라고도 하는 6차 산업이란 1차 산업인 농업을 2차 가공산업 및 3차 서비스업과 융합하여 농촌에 새로운 가치와 일자리를 창출하는 산업이다.(네이버 지식백과) 그러니 내가 농사지은 농산물로 체험 농장을 운영하는 나는 6차 산업을 하는 것이다. 지금은 어설픈 농부, 무늬만 농부지만 이제는 진짜 농부가 되고 싶다.

2023년에는 새로운 계획이 있다. 1차 생산을 하며 호두 가공식품의 시제품을 만들어 보고 판매를 시작해 보려고 한다. 많은 노력이 필요하겠지만 우선 농장에서 체험에 소모되는 허브 및 꽃나무 묘목을 생산할 계획이다. 요즘은 유튜브를 보면 아보카도 키우기, 커피나무, 용과. 파파야 등을 파종하여 집안에서 키워 보고 있다. 집에서는 화초로, 농장에선 생산성 있는 작물로 활용해 보려 한다. 이제는 무늬만 농부가 아닌 전문 농부가 되기 위해 오늘부터 다시 뛰어본다. 언니의 권유로 시작하여 어쩌다 농부가 됐지만 하고 싶은 꿈을 찾아 떠나는 지금이 난 행복하다.

② 다시 쓰는 창업 일기: 귀농 계획서

보통 사업을 시작할 때 제일 먼저 하는 일이 세무서를 방문하여 사업자등록증을 내는 일부터 한다. 나 또한 그랬다. 2018년 체험장을 운영해야 하니까 무조건 사업등록증을 등록하고 길 잃은 고양이처럼 이쪽저쪽 헤매고 있을 때 지인들은 6차 산업을 하라고 조언했다. 이유는 지원을 많이 해주니까! 가진 것 없이 무언가 한다는 건 힘든 일이다. 그래서 당연히 지원사업을 해야 하는구나 하는 생각을 하게 됐고 그래서 6차 산업을 하기로 했다. 그런데 지원사업은 어떻게 어디다 하는 건지 뭘 알아야 할지 막막했다. 여기저기 알아보니 6차 산업을 지원받기 위해서는 소정의 교육을 이수해야 하고 사업계획서를 써서 제출하고 심사를 받아야 한다고 한다. 사업계획서는 또 뭐야. 한 번도 써 본 적도 없는데. 갈수록 태산이다.

우선 6차 산업 밴드에 가입하고 지원사업의 필수 교육을 들어야 하는 것이 제일 먼저 할 일이었다. 순서에 의하여 밴드 가입을 하고 교육 신청을 했다. 교육비도 이동 거리도 나에게는 부담됐으나 교육을 받으러 예산까지 다니며 조금씩 준비를 했다. 지원금을 많이 준다는 6차 산업 지원금을 받기 위한.

그러나 사업계획서는 한 번도 써 본 적이 없어 사업계획서 작성법을 우선 배우고 싶었다. 어디에 가면 배울 수 있을지 찾아보는데 6차산업 교육 중 사업계획서 작성법 강의가 떴다. 잘 됐다 싶어 2박 3일의 적지 않은 강의료와 시간을 투자하며 수강 신청을 하였다. 열심히 천안과 예산을 오간 교육과정 중에서 정말 열심이고 열정이 대단한 사장님들을 만났다. 짧은 시간의 교육이지만 6차 지원사업을 준비하는 정말 대단한 사장님들과 교류하며 자괴감이 들었다. 정말 돈이 없으니

할 수 있는 것도 없고, 내가 생각한 6차산업[17]은 쉽지 않은 일로 1차 생산 없이 할 수 없다는 생각이 들었다. 그래서 난 고민이 더 많아졌다. 돈도 없고 땅도 없고 농사도 모르는데 어쩌나, 무엇부터 해야 할까? 그래, 처음부터 다시 천천히 시작하자. 내 힘으로 좀 시간이 걸려도 돌아가도 천천히 가보자. 이렇게 결심하고 우선 순위를 정했다. 첫째, 모든 6차 산업 교육 취소. 둘째, 귀농 준비. 모든 6차 산업 관련 교육을 포기하고 귀농 준비를 하려니 누구에게 물어봐야 하는지 알 수가 없었다. 동생은 농대를 졸업하고 농사를 짓고 있으니 동생에게 물어보았다.

"귀농하려면 어디다 알아보면 되니?"

동생이 하는 말 "농업기술센터 가봐. 풍세면에 있어."

"아! 그래. 알았어."

집은 아산시이고 사업장은 천안시라서 우선 천안에 있는 기술센터로 찾아갔다. 시골 면에 있는 농업기술센터 풍세광덕지소에 갔다.

"안녕하세요? 귀농하려고 하는데요. 상담받고 싶어 왔어요".

"네 여기가 아니고요. 천안시 농업기술센터 2층 도시농업과로 가보세요."

여기가 아니라고…. 다시 왔던 길을 돌아 천안시 농업기술센터에 방문을 했다.

"귀농하려고 합니다. 무엇부터 해야 하나요. 저는 거주지는 아산시

---

17 1차 유·무형 자원 * 2차 제조가공 * 3차 체험관광= 6차산업. 잘 키운 우리 농산물로 농부가 직접 제품을 만들어 농촌과 제품을 체험하고 즐기는 가치가 곱해져 6차산업이라 한다. 6차산업은 농촌의 부가가치창출과 지역경제 활성화에 기여한다. (출처 https://www.6차산업.com)

이구요. 귀농하려는 곳은 천안시 광덕면입니다. 현재 체험 사업장을 운영하고 있는데 천안시 유량동에서 합니다."

"네. 선생님은 이미 귀농을 서류상 하신 거예요."

충격이었다. 난 이미 법적으로 귀농을 했다고 한다. 이게 무슨 소리람.

"저는 지금껏 농사 한 번 안 짓고 직장을 다녔는데요."

"동에서 읍, 면으로 주소지가 바뀌면, 즉 전입 신고를 하면 그날부터 귀촌이 된 거예요."

동에서 읍, 면으로 주소지가 바뀌면 그것이 귀촌이란다. 그리고 이주 후 5년 이내, 경영체 등록 2년 이내여야 귀농 창업지원금을 신청할 수 있다고 담당 선생님이 아주 친절하게 설명한다. 처음 알았다. 어쩌나. 난 모르는 것이 너무 많다. 그래도 시골 사람인데 아는 것이 이렇게 없나. 내 자신이 너무 한심했다.

"그럼 귀농 준비는 어떻게 해야 하나요?"

"동에서 지속적으로 1년 이상 세대주로 거주한 후에 읍, 면으로 거주지를 옮기면 귀농 창업지원금을 신청할 수 있어요. 그리고 농업 관련 교육을 100시간 이상 받아야 합니다."

아! 무엇부터 해야 할까? 정리해 보자.

우선 농업 관련 교육을 신청하고 시간을 보내기로 했다. 귀농 교육은 새로운 네트워크의 장으로 비슷한 사람들이 모여 학습을 하니 재미도 있고 여러 정보도 얻을 수 있었다. 교육을 받으며 무엇을 해야 좋을까 계속 고민이 되고 조바심은 더해갔다. 흐르는 시간도 아까웠다. 귀농이 쉬운 줄 알았다. 난 시골살이를 해 봤고 농부의 딸이고 50

살이 되면 귀농을 하려고 생각했으니까. 그런데 현실은 너무 달랐다. 교육을 받을수록 내 마음속 갈등은 커져 갔다. 어떤 작물로 얼마큼의 규모로 시작하면 좋을까? 또 내가 할 수 있을까? 귀농 선배들은 저마다 한마디씩 한다.

"선배님 어떤 작물이 좋아요?"

"제일 빠른 건 쌈 채소지."

"아냐. 투자비가 들더라도 시설 하우스로 딸기나 토마토를 해."

"나는 산에 산나물을 심을 거야. 한 번 심으면 계속 수확이 가능하잖아. 산나물이 좋아."

이야기를 들으면 들을수록 헷갈렸다. 교육 중 귀농하여 성공한 성공 사례를 듣는 시간이 있었다. 성공한 사람은 다 이유가 있었다. 귀농 교육을 받으며 준비를 최소 2년을 하며 철저히 계획을 세우고 본인에게 잘 맞는 작물을 선택, 유통계획까지 끝내고 귀농을 한단다. 많은 준비를 해도 계획대로 안되고 정착하는데 많이 힘들었다고 했다. 막상 부딪혀 보면 현실은 생각과 많이 달랐다고. 평균 자리 잡는데 2~3년 정도 걸리는 것 같다. 그런데 나는 이제 준비를 하니 언제 자리 잡나 걱정만 한가득 밀려왔다. 그래도 이제라도 잘 해보려고 곰곰이 생각하고 생각해 봤다. 우선 내가 가지고 있는 것이 무엇이며 잘할 수 있는 것이 무엇인가를.

작물 선택도 고민이 됐다. 우선 작물 선택이 제일 중요하다고 했다. 그래서 선택한 나의 작물은 우리 집에 많은 어려서부터 늘 보아온, 우리 집에 있던, 아버지께서 평생 길러온 호두로 정했다. 호두나무는 산에 많이 있으니까. 우선 호두로 무엇을 할 수 있을까? 호두 원물 판매, 비품 호두로 호두오일 생산, 호두 부산물인 호두청피로 호두 천연염색을 할 수 있다. 그럼 체험장에서 체험 프로그램으로 호두 천연염색 체험을 하자. 그런데 문제가 있다. 호두는 알러지가 있어 옻을 타는 사람이 있고 호두가 생산되는 시기가 정해져 있어 사계절 상시 체험이 좀 어려울 것 같은 생각이 들었다. 호두로 안될 때는 대체할 작물이 하나 더 필요했다. 농장을 둘러보니 평소에 즐겨 길러 왔던 애플민트, 페퍼민트, 로즈마리, 메리골드 등 허브들이 눈에 들어왔다. 그래 결심했어. 난 이제부터 먹을 수 있고 염색 가능한 것만 심을 거야. 나의 작물은 호두와 허브. 먹을 수 있고 염색 가능한 작물이다. 작물이 결정되니 마음이 한결 가벼웠다.

이제 작물에 맞춰 심고 키우며 체험 프로그램을 개발하고 운영하면 된다. 농작물 식재를 마치고 비로소 갈팡질팡하던 마음이 바로 서는 듯 했다. 처음 1년은 밭에서 작물을 직접 기르며 기본 생산을 하고 체험객을 받아서 체험 프로그램을 운영해보고, 2년 차에는 체험장을 제대로 운영해 보기로 계획을 세웠다. 일단 해보자. 농장 운영 계획을 세우고 하나씩 실행하다 보니 어느덧 체험장 모습을 갖춘 창업 4년차가 됐다. 어떤 일을 시작할 때 이렇듯 계획을 세우는 일이 중요함을 깨달았다. 다시 한다면 좀 잘할 수 있을 것 같다. 다시 창업을 계획하는 분들이 있다면 부디 철저한 준비를 하고 일을 저지르길 바란다. 개고생 덜 하려면.

2. 준비 없는 창업

① 알아야 면장을 하지: 농부가 되기 위한 역량 강화

혼히 쓰는 말에 "알아야 면장도 한다."라는 말이 있다. 즉 배워야 한다는 뜻이다. 농사의 농(農)자도 모르는 애가 농부가 됐다. 좀 걱정되고 스스로 답답했다. 그래서 무엇을 공부해야 자립할 수 있을까 생각해 봤다. 시간이 허락하는 한 궁금하고 알고 싶은 것은 다 해보자 결심했다.

처음 받은 교육은 귀농 교육이었다. 교육 중 SNS를 하는 것이 중요하다 했다. SNS에 1일 1포스팅posting 1년 하면 생산한 물건을 다 판다는 강사의 말에 열심히 SNS 1일 1포스팅하며 실천했다. 6개월쯤 지나니 페이스북 친구가 200명에서 4,500명이 되고 정말 주문이 들어 왔다. 정말 신기했다. 아버지께서 생산하고 있는 호두랑 호두 오일, 내가 만든 호두 염료가 주문이 하나씩 들어오는 것이다. 갑자기 겁이 났다. 준비 없이 물건을 팔다 난처한 상황이 일어날까봐 일단 멈췄다. 시제품 준비를 잘해서 팔자. 먼저 시제품을 만들어 보자고 계획을 세웠다. 농번기에는 바쁘니까 모든 식재가 끝나고 5월 말, 그동안 만들어 보았던 감잎차, 허브차, 장미꽃 차를 제품으로 직접 만들어 포장까지 할 수 있는 선에서 만들어 보았다. 그동안 도와준 고마운 분들에게 선물도 할 겸 팔아볼 욕심으로 많이 만들어 나누며 홍보도 했다. 카페에서 팔아도 되고 선물도 하며.

하루는 그동안 여러모로 도움을 준 고마운 언니에게 감사 인사를 갔다.

"언니. 이 감잎차 내가 만든 거야. 먹어봐요."

"이거 파는 거야?"

"이제 팔아 보려고 시제품을 만들어 보았어요."

"그러면 시제품 만드는 지원사업 있어. 지원해. 내가 사이트 문자로 보내 줄게."

"어머, 그런 게 있어요? 보내주세요."

"그래. 보냈으니까 잘 해봐."

"알았어요. 고마워요."

정보를 받았다. 내가 말로만 듣던 지원사업을. 들뜬 마음으로 얼른 집에 돌아와 컴퓨터를 켰다. 사이트를 열어 낮에 들은 지원사업을 찾아보았다. 정보 찾는 일도 쉽지 않았다. 어찌하여 정보를 찾아 지원서를 다운로드하고 내용을 보니 지원사업도 중요했지만 교육 내용이 나를 유혹했다. 내가 모르는 사업계획서 작성법을 알려준다는 내용이었다.

1차 20명을 선정하고 교육 후 10명에게 지원한다는 내용이다. 난 너무 20명 안에 뽑히고 싶었다. 그런데 1차 선정이 되려면 지원서 사업계획서를 써야 한다. 어떻게 쓰지. 고민이 시작 됐다. 문득 전에 사용하던 사무실 옆방 선배 언니가 생각이 났다.

"언니, 잘 지내세요? 상의할 게 있는데 찾아가도 되나요?"

"그럼. 나 사무실이야. 지금 와도 돼."

옆방 사무실을 쓰고 있던 선배 언니는 정부 지원사업으로 회사를 운영하고 있어 조언을 얻기로 했다.

"언니, 내가 호두염재 개발로 지원사업을 하려고 하는데 나 좀 도와줘. 언니는 지원사업 많이 했잖아. 나 사업계획서 쓰는 것 좀 알려줘."

"사업계획서 작성은 내가 도와줄 수 있지. 준비해서 일요일 10시 사무실로 와. 일요일은 시간 괜찮으니까."

"고마워요. 그럼 일요일에 올게요."

선배 언니는 선뜻 도와준다며 일요일 10시 사무실로 오라 했다. 약속한 시간에 찾아갔더니 사무실 문이 잠겨 있다

"언니, 어디세요?"

전화를 했다.

"어머나. 깜빡했다. 지금 수원 집에 있는데, 미안한데 내일 올 수 있어? 5시 이후 아무 때나 와".

"네. 알겠어요. 낼 봐요."

이게 뭐냐. 나도 나름 바쁜데. 목마른 사람이 우물 판다고 내일 다시 오자. 그리고 다음 날 다시 찾아갔더니 또 자리에 없는 게 아닌가.

마감 시간은 다가오고 쓸 줄은 모르고 조바심이 났다. 할 수 없다. 아는 만큼 써보자. 지원서를 열었다. 지원서에는 아주 친절하게 파란색으로 써야 할 내용에 대해 설명이 잘 되어 있었다. 파란색 질문에 하나씩 대답하는 형식으로 한 칸씩 채워갔다. 다행히 첨부 사진은 그동안 SNS 한다고 찍어놓은 것이 많아서 골라서 썼다. 잘 썼는지는 모르겠지만 교육을 받을 수 있는 20명 안에 꼭 뽑히길 기도하며 지원서를 제출했다. 기도가 통했는지 결과는 1차 합격했다. 너무 좋았다. 교육을 받고 멘토링을 받으면서 조금씩 욕심이 났다. 20명 중 10명이면 50%의 확률인데 꼭 선정될 것 같은 근거 없는 자신감이 생겼다. 잘 모르지만 내가 할 수 있는 것을 짜내며 성의껏 준비했다.

결과는 최종 과제 선정. 기관의 많은 칭찬을 받으며 1,000만 원의 지원금을 받았다. 난생처음 정부 지원금을 받고 사명감에 불타 정말 열심히 과제 수행을 했고, 2019년 가을 호두 수확을 시작으로 체험 농장 운영도 시작됐다. 체험 프로그램을 운영하려니 갖춰야 할 것이 너무 많았고 배워야 할 것도 많았다. 보험도 들어야 하고 체험장 인지도를 높이려면 인증도 받아야 했다. 체험장도 여러 형태가 있다. 농촌 체험장, 진로 체험장, 교육청에서 인증해주는 교육농장. 그중 교육농장 인증을 받으려면 농촌교육 농장교사 양성과정 기초, 심화 과정 32시간을 수료해야 하고 프로그램 개발에 필요한 문서 작성 능력도 갖춰야 했다. 변화하는 시대에 맞게 정보화 교육은 필수가 됐고 지원을 받기 위해서는 사업계획서 작성 능력이 시급했다. 모르는데 하려니 너무 답답하고 물어볼 곳도 없어 힘들었다. 많은 교육을 따라다니며 배우는데 강의실에서는 알겠는데 혼자 하려면 도통 모르겠다. 같이 교육을 받고 나면 동기생들도 나와 같은 생각을 한다는 것을 알았다. 그래서 눈높이 교육을 받고 싶었다. 우리 농업인들을 위한 눈높이 교육을 해주는 기관이 있다면 정말 대박이겠다는 생각이 들었다. 옛말에 '목마른 사람이 우물 판다'고 내가 모르니 내 눈높이에 맞는 강사를 찾아야겠다고 생각했다. 그러던 중 대학원 입학 동기인 박남규 교수님을 만났다.

"우리 대학 창업 동아리 학생들이 창업하고 싶어 해요. 그런데 아이디어가 없어 고민입니다. 어떻게 하면 효과를 높일 수 있을까요?"

"교수님, 요즘 내가 농산물을 잘 팔기 위한 정보화 교육을 받고 있어요. 그런데 눈높이 교육이 안돼요. 우리 농민들과 학생들이 같이 콜라보 해보면 어떨까요? 학생들은 우리 농민에게 정보화 교육을, 우리 농업인은 농업을 기반으로 새로운 경험으로 아이디어 제공을 한다면 서로 좋을 것 같은데 교수님 생각은 어떠세요?"

"좋은데요. 당장 해보죠."

"교수님. 제가 농업인 대표님 모집을 할게요. 교수님은 교육을 책임져 주세요."

"네. 그럼 다음 주에 만나서 계획을 정리하고 시작해요."

"알겠습니다."

박 교수님도 좋은 생각이라며 함께 해 보자고 하였다. 이렇게 해서 만들어진 모임이 지금의 충남 6차 산업 자립연구회다. 2019년 10월. 열심히 공부하는 10명의 농부와 호서대학교 학생, 박 교수님을 시작으로 협의체를 결성했다. 회원 모집은 배우기 위한 모임으로 공부하려는 사람과 내가 함께 하고 싶은 사람으로 회원을 직접 모집했다. 그 당시 '밤농'이라는 모임이 있었다. '밤을 잊은 농부들의 모임'으로 정보화 교육 모임이었다. 몇 번의 '밤농' 참관수업을 통해 열정 있는 분 5명을 우리 모임에 영입했다. 나머지 회원은 교육을 받으며 알게 된 청년 농부와 개인적으로 함께 하고 싶은 선배 농부 4명을 영입, 10명의 회원을 모집하여 교육을 시작했다.

처음 교육은 농업인들이 배우고 싶어하는 박남규 교수님의 사업계획서 작성법을 시작으로 동영상 강의를 받았다. 현장감 넘치는 방정옥 교수님의 강의는 정말 우리 농부들의 눈높이에 딱이었다. 열정 넘치는 회원들도 필요한 교육을 받고 실생활에 활용하니 정말 좋아했다. 우리 회원들은 이렇게 매월 한 번씩 3시간 풀 강의를 받으며 100% 출석률과 10분 전 강의실 입장을 하는 모범생들이다. 누구의 도움도 받지 않고 지역 농업인들로 구성된 모임의 특색 때문인지 호서대학교 링크사업단에서 강의실 대관 및 식사 제공 후원도 받기 시작했다. 호서대학교 학생들과 워크숍도 하면서 대학생들과의 카드뉴스 cardnews 만드는 과정도 농장 홍보에 많은 도움이 됐다. 이렇듯 박 교수님의 열정과 노력 봉사로 우리 농민들도 호서대학교 링크사업단의 지원을 받으며 짧은 시간 많은 성과도 내며, 우리가 원하는 우리 눈높이에 맞는 정보화 교육과 각종 유익한 수준 높은 교육도 받으며 즐겁게 한 해를 마무리했다.

새해가 되어 호서대학교에서 워크숍 장소로 비즈니스호텔을 제공해 줬다. 우리 협의체는 처음 합숙 워크숍을 진행하였다. 그러나 이 행사를 끝으로 집합 금지가 시작됐다. 우리가 힘들게 버티고 있는 코로나가 발생된 것이다. 매달 정기 모임을 통해 열심히 농장주 역량 강화 교육을 실시하며 조직력을 갖춰 나가고 있는데 좀 지나면 괜찮을 거라 생각했다. 1주, 2주, 3주… 1달, 2달, 3달…. 시간은 점점 흐르고 도무지 끝이 보이지 않았다. 시간이 지날수록 점점 무기력해지고 시름도 늘어 갔다.

힘들게 만든 협의체가 무너질까 걱정도 되고 가만히 있으면 안 될 것도 같아 틈틈이 모임을 할 수 있을 때 모여서 사업계획서 작성 실무 교육을 대면과 비대면으로 강의를 받고 실천하면서 지원사업에 선정되는 등 각자 능력을 키우는 시간을 가졌다. 그 시간이 모여 우리 회원은 어느덧 두 배가 됐고 2021년 3월에 고유번호증을 받아 지금은 좀 더 조직력을 갖춘 단체가 됐다. 이제는 우리 후배들과도 함께하며 배움의 터를 넓이고 함께 더 큰 꿈을 향해 조금씩 조금씩 성장하고 있다.

② 지원사업을 통하여 디딤돌 쌓아 올리기

나는 농사지을 땅도 아직은 준비하지 못했지만 아버지께 호두나무밭을 임대했고 언니의 도움으로 언니 건물을 무상으로 사용하며 농촌 체험장을 하나씩 준비하고 있다.

2019년 처음 받은 정부 지원사업으로 충남 콘텐츠코리아 랩Content Korea Lab의 리스타트업restartup 지원사업에 호두를 활용한 염재 개발 및 컨텐츠 개발이란 주제로 1,000만 원의 지원금을 받아 체험을 시작했다. 호두 천연염색 체험으로 출발하여 시제품을 만들기 위한 여러 가지 생각에 잠겼고 하나씩 실천하며 정말 열심히 과제를 수행해서 전시까지 끝냈다. 덕분에 체험도 많이 해서 2020년 나도 선배님들 농장처럼 체험으로 자리를 잡을 수 있겠단 생각이 들었다. 2020년 홍보 계획도 새롭게 세우고 우리 농부님들과 협의체도 만들어 열심히 공부하며 정보도 교류하고 농부 흉내도 내기 시작했다. 협의체도 회원들과의 화합이 잘됐고 호서대학교 링크사업단에서 지원하는 지원사업을 통해 많은 결과물을 냈다. 학교에서는 비즈니스호텔에서 워크숍도 열어줬다. 그런데 이 모임이 2020년의 공식 마지막 모임이 되고 말았다. 코로나로 집합 금지가 시작됐다. 거짓말 같았고 며칠 지나면 괜찮을 거야 했는데 하루, 이틀, 한 달, 두 달⋯. 정말 무기력 그 자체였다. 부푼 꿈을 안고 2020년을 계획했는데 너무 어이가 없다. 이제 자리 좀 잡나 했는데 이러다 자립은커녕 거지 될까 두려웠다. 무엇을 해야 하나 고민을 하고 있는데 두 번째 도전 과제가 생겼다. 충남 콘텐츠코리아 랩에서 지원 사업으로 재도전, 1,000만 원 지원사업으로 비대면 천연염색 체험키트 개발이 선정되었고 다시 열심히 준비했다. 시간이 흘러 10명 이내는 모임을 할 수 있었고 50명 이내 집합도 가능해지기도 하고 코로나로 인한 비대면 교육도 조금씩 익숙해져 갔다.

열심히 체험장을 준비하던 중 나는 치유 농업을 알게 되었다. 치유 농장은 내가 잘할 수 있을 것 같았다. 치유 농장을 준비해야겠다는 생각으로 지금의 체험장과 치유 농장의 차이점이 무엇일까 생각해 보았다. 농장 환경 조성은 돈이 있으면 가능할 것 같은 생각이 든다. 그럼 치유농장은 무엇보다 농장주의 역량이 중요할 것 같았다. 나만의 체험 프로그램의 완성이 중요할 것으로 생각됐다. 무엇보다 현재 하고 있는 단순 체험이 아닌 차별화된 체험, 농업을 매개로 한 여러 회기 체험이 중요했다. 그래서 여러 회기 체험을 해보기로 했다.

사회복지사 자격 과정을 하면서 어려웠던 과목 중 하나가 프로그램 개발이었다. 그래서 재능기부도 하고 새로운 아이템 개발도 할 겸 천안에 사회복지로 특화되어 있는 나사렛대학교 학생들과 프로그램을 개발해 보고 싶었다. 그런데 마침 나사렛대학교 링크사업단 팀장님이 함께 일을 하자고 제안을 했다. 그래서 이 기회에 내가 하고자 하는 일을 학생들과 하고 싶다는 의사를 보였다. 나의 계획을 이야기하고 학생들을 소개해 달라고 했다. 흔쾌히 받아주어 나사렛대학교 사회복지과 마인드 동아리 학생들과 프로젝트를 하게 됐다. 나는 학생들에게 프로그램 개발 지도 재능기부를 하면서 사회복지학과 학생들과 1주일에 1번씩 만나며 메리골드를 활용한 마음치유 4회기 프로그램을 개발하고 운영했다. 학생들도 실무를 경험하면서 너무 좋아했고 2021년에도 계속 같이하기로 했다. 또 호두 천연염색을 하면서 작은 소책자도 만들었다. 이런 노력으로 2021년 농촌진흥청 지원사업인 2021 치유농장 육성 시범사업비로 충남에서 단 한 농가를 선정했는데 바로 내가 선정되는 영광을 얻었다, 무려 7,000만 원의 지원금이었다. 이 지원금에 자부담을 2,000만 원을 더하고, 또 형부의 1,000만 원 지원을 더해 농장 디자인을 바꾸고 프로그램을 문화 예술의 그림과 판화로 접목하여 개발하였다. 잘 되려고 하니 충남 정보 문화 산업 진흥원에서 지원하는 문화도시 워킹그룹 지원사업에 선정되어 3,000만 원의 지원금도 받아 더욱 풍성한 프로그램을 완성하는 계기가 됐다. 또 충남 경제진흥원에서 지원하는 중장년 창업 지원사업비도 받아 시제품 호두 쿠키 밀키트 '호키토키'도 개발했다. 코로나로 모두에게 힘든 시기지만 '위기를 기회로'란 말처럼 누군가에게는 기회를 준다. 나도 코로나로 인한 모든 경제 활동이 멈춘 상태에서 비대면 키트를 생각했고 코로나 덕분에 만들어 봤고 치유 농장도 설계할 수 있었던 것 같다. 절망의 순간 지치고 힘이 없을 때 함께 하는 사람이 있어 용기와 새로운 힘을 얻는다.

내가 개발한 치유농장의 치유 프로그램은 크게 3가지로 나뉜다. 하나는 우리 농장의 대표 작물인 호두를 활용한 '호두야 놀자'로 호두를 활용한 먹거리 체험과 호두 공예, 호두 천연염색, 호두 천연염색 캔버스에 아크릴 물감을 이용하여 그림을 그리는 활동이다. 두 번째는 판화 놀이로 '나는 자연인이다'란 프로그램으로 자연을 관찰하고 좋아하는 것을 판화 작품으로 표현하는 판화 작품 만들기라 생각하면 된다. 세 번째는 농작 활동으로 농장에서 키우는 허브와 농작물을 활용한 요리 체험 및 수확 체험과 농장에서 즐기는 팜파티farm party 프로그램이다. 2021년에 프로그램 12개를 개발하고 운영하였다. 프로그램을 개발하고 운영할 수 있었던 것은 지원사업을 통해 이뤄낸 나의 성과이다. 나는 지원사업을 통하여 한 해 한 해 목표한 것을 이뤘고 지금도 도전 중이다.

이안 아트팜 치유 농장 치유 프로그램

호두캔버스(그림그리기체험)

치유 프로그램(판화)

꽃 따기 체험

호두 체험

2022년에는 천안시 농업기술센터에서 지원하는 마을 사업의 농촌 어르신 복지프로그램 운영을 수주받아 농촌 어르신들과 농업 치유 프로그램을 10회기로 운영하였다. 마을 사업은 참여도가 매우 낮다. 2021년 천안 문화도시에서 지원하는 마을 사업에 우연한 기회에 문화 기획자로 3개 마을의 마을 사업에 참여한 경험이 있기에 참여율이 낮을까 많은 걱정을 하였다. 참여율을 높이기 위한 방법으로 재미와 선물을 생각했다. 농촌에는 홀로 지내는 어르신이 생각보다 많다. 그래서 먹거리와 새로운 경험을 제공하려 노력했고 예상은 적중했다. 처음 그려보는 그림이라며 그리는 시간을 너무너무 재밌다 하며 행복해하셨다. 허브를 이용한 건강 음료는 처음 먹어보는 맛인데 너무 맛있고 호두로 만든 쿠키는 귀한 호두로 만든 것이라고 하며 귀히 여기셨다. 귀한 것은 역시나 손주, 아들, 딸 준다고 꽁꽁 싸서 보따리 깊숙이 넣는 모습은 우리 할머니를 생각나게 했다.

프로그램이 끝나는 날에는 수료증을 수여했다. 학교를 가보지 못하신 어르신은 난생처음 졸업장을 받는다며 감격하셨고 프로그램이 끝남을 아쉬워했다. 어르신들은 시골에서 혼자 지내며 우울감이나 자존감이 떨어지고 거동이 불편하여 이웃 간의 교류도 많지 않았다. 치유 프로그램을 운영하는 동안 어르신들의 모습은 마치 어린아이와 같이 즐거워 보였다. 프로그램을 준비하고 운영하는 동안 행복해하며 즐거워하시는 어르신들을 보며 지치고 힘들었던 순간을 잊을 수 있었다. 이런 벅찬 감정을 느낄 수 있었던 경험도, 많은 프로그램을 개발할 수 있었던 것도 모두 지원사업을 통해 이뤄낸 성과이다. 나는 지원사업 과제를 수행하며 한 걸음씩 성장하였다.

지원사업은 나에게 한 해의 나의 목표다. 나는 지원금을 받기 위한 지원을 하지 않는다. 한 해의 목표를 세우고 목표 달성을 위한 지원을 한다. 이것이 내가 지원 사업에 지원하는 원칙이다. 이 원칙은 처음 지원한 2019년을 시작으로 지금까지 지키고 있다. 이것이 농장을 발전시킬 방법이라 생각했다. 잘 지켰기에 빠른 성장을 할 수 있었다는 생각

이 든다. 지금도 난 지원사업의 과제 수행에 최선을 다하며 한 계단
또 높이 올라 본다.

정부지원과제 선정 증빙자료

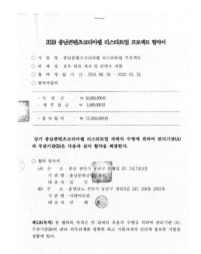

충남 콘텐츠코리아랩 2019 리스타트업 프로젝트

충남 콘텐츠코리아랩 2020 재도약 지원사업

충남정보문화산업진흥원 문화도시 워킹그룹 운영지원

농촌체험분야(진흥청) 2021 치유농업육성 기술시범사업

　나를 브랜딩하고 새로운 세상이 시작됐다

3. 함께 꾸는 우리의 꿈

빛을 퍼뜨릴 수 있는 두 가지 방법이 있다.
자신이 촛불이 되거나 촛불을 비추는 거울이 되는 것이다.

- 이디스 워튼Edith Wharton

① 다시 꾸는 꿈

준비 없는 창업에 좌충우돌 농업 치유농장을 준비한 지 어느덧 4년이 지나가고 있다. 창업 후 1년은 허송세월로 2년 차에 작물 선정과 농촌 체험을 시작으로 농부 아닌 농부가 되었고 그럭저럭 자리를 잡을 수 있는가 했더니, 코로나로 힘든 3년 차를 보내며 4년 차 2022년에 조금씩 치유농장 준비가 되어 간다. 4년 전 아무것도 준비가 안 되었던 농부는 충남 6차산업 자립연구회를 만들어 함께하는 농업인에게 여러 정보와 지식을 전달하는 협의체를 운영하며 그들과 함께 가는 꿈을 키우고 있다. 협의체를 만들며 함께 해야겠다는 생각을 하게 된 것은 혼자 농사일을 하다 보니 가끔 옆에 누군가 함께해 줄 때 힘이 되고 능률이 올랐던 경험 때문이다. 아! 그래서 예부터 품앗이, 두레가 농촌에 있었구나 하는 생각이 들었다. 그리고 언제부터인가 지원사업도 공동체로 지원하는 형태가 많아졌다. 그렇다면, 나도 우리 회원들과 함께해야 한다는 생각이 들었다.

공동체는 또 새롭게 준비해야 하는 영역이다. 그래서 다시 공동체 교육을 찾아 배우고 실천하고 있다. 지금은 같은 마음으로 함께 하는 회원들이 옆에 있어 덜 외롭고 덜 힘들다.

우리 모임에는 정말 대단한 분들이 많다. 외길 인생 농업 철학으로 잡초 제거를 위한 제초제 쓰지 않고, 과일을 크게 만들기 위한 성장 조절제를 사용하지 않고 과일의 이쁜색을 내기 위한 착색제 및 화학 비료 사용하지 않고 농사를 짓는, 다섯 가지를 안하는 농법이라 하여 5무 농법을 홀로 지키는 분이 있다. 이 농법으로 포도 재배와 직접 생산한 포도로 와인까지 생산하시며 후계농까지 길러낸 포도 박사가 있고, 3대째 배를 재배 생산하며 판매를 위해 홀로 해썹[18]시설을 갖추고 6차 인증사업을 준비하는 당찬 배 아낙네 농부도 있다. 톡톡 튀는 아이디어로 성실하게 내일을 꿈꾸는 젊은 청년 농부들, 직접 기른 인삼으로 홍삼까지 제조하여 유통하는 인삼 아재, 임업 경영인으로 숲에서 안전한 먹거리 생산을 위해 농약 한 방울 안 하고 온몸으로 농작물을 생산하는 임업인, 다양한 재능을 가진 전문 멘토들, 예술 재능으

---

18 해썹(HACCP)은 위해 방지를 위한 사전 예방적 식품안전관리체계를 말한다. 해썹(HACCP) 제도는 식품을 만드는 과정에서 생물학적, 화학적, 물리적 위해요인들이 발생할 수 있는 상황을 과학적으로 분석하고 사전에 위해요인의 발생 여건들을 차단하여 소비자에게 안전하고 깨끗한 제품을 공급하기 위한 시스템적인 규정을 말한다. 결론적으로 해썹(HACCP)이란 식품의 원재료부터 제조, 가공, 보존, 유통, 조리단계를 거쳐 최종소비자가 섭취하기 전까지의 각 단계에서 발생할 우려가 있는 위해요소를 규명하고, 이를 중점적으로 관리하기 위한 중요관리점을 결정하여 자율적이며 체계적이고 효율적인 관리로 식품의 안전성을 확보하기 위한 과학적인 위생관리체계라고 할 수 있다. 해썹(HACCP)은 전 세계적으로 가장 효과이고 효율적인 식품 안전 관리 체계로 인정받고 있으며, 미국, 일본, 유럽연합, 국제기구(Codex, WHO, FAO) 등에서도 모든 식품에 해썹를 적용할 것을 적극 권장하고 있다.(출처:https://fresh.haccp.or.kr/haccp/introduction/haccpIntroduction.do?tp=1)

로 기부해주시는 작가님 등 농업인 20명과 전문가 10명의 충남 6차 산업 자립연구회 회원들과 나는 함께 멀리 가는 꿈을 꾼다.

첫째 우리가 생산한 농산물의 가치를 인정받고 잘 알려 소득을 올리는 것, 둘째 함께 가공시설을 운영하며 품격있는 농산물 꾸러미 사업을 시작해 보는 것, 셋째 우리의 재능으로 새로 시작하는 농업인들에게 도움이 되는 농업 학교를 운영하는 것이다. 처음에는 혼자 꾸는 꿈이었다. 그러나 지금은 함께 꾸는 꿈으로 성장하고 있다. 시간이 갈수록 같은 생각 같은 마음으로 한 곳을 향해 가는 우리는 진정 서로를 아끼며 사랑하고 나눌 줄 아는 행복한 농부들이다.

우리의 꿈을 위해 마음과 몸으로 부딪혀 가며 충남 6차 산업 자립연구회 회원들과 함께할 수 있는 많은 것을 공유하며 연습하는 농부 연습생으로 오늘도 만나고 있다. 매달 셋째 주 월요일에는 나사렛대학교에서 제공해 주는 강의실에서, 서울에서부터 한달음에 달려오는 호서대학교 글로벌창업대학원 후배님들의 재능기부로 정보화 교육을 받으며 농장주 역량 강화를 위해 땀을 흘리고 있다. 지역 행사도 함께 한 팀으로 참여하면서 친목도 다지고 가끔은 회의를 핑계 삼아 맛있는 밥도 먹고 각 사업장에서는 각자 생산에 최선을 다하는 우리 충남 6차 산업 자립연구회 회원들과 함께 꾸는 이 꿈이 꼭 이루어지길 바란다.

행복한 꿈을 꾸며 노력하며 오늘도 우린 함께한다. 함께 한다는 것은 많은 시간과 연습이 필요하다. 서로를 이해하고 뜻을 모으는 연습. 나는 우리 회원들과 함께 꿈을 이루기 위해 많은 연습과 도전을 한다.

회원들과 함께 힐링 팜파티를 운영하고 마운틴 마켓을 열어 농산물을 홍보하고 공동체 지원사업에 지원도 하며 하나씩 연습하는 중이다. 힐링 팜파티는 그동안 농장에서 운영한 경험을 바탕으로 좀 더 규모 있게 기획하여 실행 중이며, 마운틴 마켓도 천안시 신활력플러스 지원 사업의 로컬 푸드 장터 참여로 경험을 쌓아나가고 있다. 공동체 또한 참여만 하면 되는 것은 아니라 교육과 연습이 필요하여 열심히 배우고 있다. 이렇게 우리는 한 곳을 행해 달리는 중이다.

꿈을 이루기 위한 기초 준비는 끝났다. 이젠 실행을 하려 한다. 2023년 귀촌 지원센터를 위한 사무실을 운영할 계획이다. 이젠 다른 기관의 지원을 최소화하고 우리 충남 6차 산업자립연구회를 운영해보려 한다. 처음에는 호서대학교에서 후원해주었고 지난 2021년은 한국교육기술대학교에서 1년간 우리 정규 모임의 정기 교육 행사비를 지원해 줬다. 덕분에 1년간 좋은 환경에서 편안한 양질의 교육을 받았다. 올해는 나사렛대학교에서 마련해준 강의실에서 정규 모임을 진행하고 있다. 이젠 우리가 마련한 장소로 이동할 계획이다. 아직 준비할 것은 많지만 하나씩 준비 중이다. 이 또한 같은 마음으로 함께 가는 회원이 있어 가능한 일이다.

한 방울의 물방울이 모여 큰 강물을 이루듯 지금 우리 모임도 한 사람 한 사람의 뜻이 모여 꿈을 키워 가는 중이다. 내년에는 함께 가는 첫 단계로 우리 충남 6차 산업자립연구회 공간이 마련되고 연구실도 운영할 계획이다. 가슴 뛰는 2023년이 되겠지. 농작물은 농부의 발걸음 소리를 들으며 자란다 했다. 나의 꿈은 우리 회원의 마음 마음이 모여 자라고 있다.

② 꿈을 위한 준비: 힐링 팜파티, 마운틴 마켓, 공동체 지원사업

우리 회원들과 함께 꿈을 이루기 위해 오늘 우린 준비한다. 우선 힐링 팜파티로 다양한 가능성을 테스트하고 마운틴 마켓을 열어 우리 지역 농산품을 알리고 판매하며 공동체 지원사업으로 공동의 수익을 얻으려 한다.

힐링 팜파티는 한 달에 한 번 운영하며 도농 교류의 장을 만들고 안전한 먹거리와 농촌의 문화, 농촌의 가치를 알리기 위해서다. 농부는 농장을 운영하며 내 가족이 먹는 안전한 농산물을 생산하기 위해 봄부터 구슬땀을 흘리며 먹거리를 생산하고 있다. 그러나 소비자는 잘 모른다. 그냥 농사지으니 파는가 보네 한다. 왜 색이 이러냐, 이쁜 거 없나. 크기가 작네. 모양이 이상하고 울퉁불퉁해 등등 불만을 쏟아낸다. 농부는 농약을 줄이고 한시도 쉬지 않고 자연과 싸우며 생산한 것인데 항상 제값을 받지 못하는 것 또한 지금 우리 농촌의 안타까운 현실이다. 그래서 힐링 팜파티를 통해서 우리 농장을 보여주고 농업을 알려주고 농촌다움을 알리려 시작했다.

2021년 10월, 가을 소풍이라는 주제로 시작하여 3회를 운영하였고 바쁘다는 핑계로 힘들다는 핑계로 미루다 다시 2022년 7월부터 3회째 힐링 팜파티로 새롭게 운영하고 있다. 프로그램 운영의 전반적인 순서는 1부에는 도시민 리뷰단을 초청하여 농가와 참여자들이 소통할 수 있는 농촌 치유 프로그램을 체험하고 농가가 생산한 로컬의 안전한 먹거리로 점심 식사를 한다. 2부는 참여 농가의 농산물 생산과정 및 농장소개를 한다. 3부는 참여자와 함께 의견 나눔의 시간으로 운영된다. 모든 행사 일정이 끝나면 리뷰단은 본인의 블로그에 참여한 소감이나 제품을 포스팅하고 별도로 마련된 장터에서는 농장에서 소개받은 농산물을 구매할 수 있다. 이 마운틴 마켓을 발전시켜 꾸러미 사업으로 성장시킬 생각이다. 행사를 하면서 조금씩 가능성을 느끼며 완성도를 높여가고 있다. 또 한 회원들과 행사를 하면서 조금씩 공동체의 중요성도 배우며 알아가고 있다. 함께하는 꿈을 이루기 위한 공동체 배움을 위해 우리 회원들과 나는 각 농장의 관심사 별로 천안시에서 지원하는 공동체 사업을 지원하고 과제를 수행하고 있다. 신활력플러스 장터에도 자연회[19] 이름으로 참여하고 각 농장 관심사별로 체험, 가공으로 나눠 200만 원 소액 지원사업, 500만 원 중액 지원사업을 수행하였다. 이제 키움 지원사업 3,000만 원 과제에 도전할 계획이다. 무엇이든 목표를 이루려면 많은 시간과 노력이 필요하며, 함께 이루려는 목표는 더 많은 힘과 시간이 필요하다는 것을 알게 되었다. '빨리 가려면 혼자 가고 멀리 가려면 함께 가라'[20]는 말처럼 우린 멀리 가고 싶다.

창업은 누구나 잘한다. 그러나 기업을 오래도록 유지하는 것은 누구나 잘하는 것은 아니다. 창업을 하고 사업체를 유지하기 위해 사업

---

19 자연회: 충남 6차산업연구회(고유번호가 있는 비영리 자율 모임체) 애칭
20 『빨리 가려면 혼자 가고 멀리 가려면 함께 가라 - 위기의 시대 경영의 전설들에게 해답을 구하다』, 김병완, 루이앤휴잇, 2013.

주는 누구보다 열심히 노력할 것이다. 농촌에서의 창업도 그러하다. 귀농을 결심하고 많은 준비를 하고 피나는 노력을 해도 자연이 주는 선물이 따라 주지 않는다면 성공 확률은 더욱더 떨어진다. 가뭄과 태풍, 홍수에 따라 수확량이 줄고 한 해의 농산물이 다 날아가는 경우도 있다. 어쩌면 농업 창업은 다른 창업보다 더 어려울 수 있다. 그래도 우리가 귀촌을 하고 귀농을 하는 이유는 농업의 가치와 자연이 주는 고마움을 알기에 도전하는 것이라 생각된다. 귀농, 귀촌하는 많은 사람이 함께 같은 꿈을 꾸며 함께 한다면 우린 분명 멀리 갈 수 있을 것이다. 자연을 사랑하는, 귀촌을 꿈꾸고 귀농을 꿈꾸는 분들이 나와 같은 꿈을 꾸길 바란다. 우리 함께 가자. 같은 꿈을 꾸자고.

충남 6차산업자립연구회 활동

호서대학교 지원 - 자연회 역량 강화 교육

한국기술교육대학교 지원 - 자연회 역량 강화교육

협의체 발대식 후 단체사진

협의체 팜파티 단체 사진

자연의 아름다움과 풍요로운 농촌

농부가 흘린 땀방울의 고마움을 알아주길 바라며

꼬마 농부가

평범한 직장인에서
준비된 직업인이 되기 위한
실행 노하우

장영희
연금자산큐레이터

연금자산큐레이터 | 장영희

◇ **학력**

호서대학교 글로벌창업대학원 경영학 석사예정
한남대학교 교육학과 학사

◇ **경력**

현재직급 차장
향후 지역(충청) 연금마케터 활동 예정
2022. 10월 충청영업그룹 소속 발령, 연금사업부 파견
2022. 8월 연금영업전문인력 행내공모
2000. 4월 H은행 입사이후 일반영업점 근무

◇ **이메일**

youngheejang@hanafn.com
midori02mh@naver.com

나는 현재 행복한가? 요즘 나한테 던지는 화두이다.

나의 과거는 열정과 긍정으로 가득했다. 그것이 지금 나를 이 자리에 있게 했다. 나는 인생의 절반을 한 직장에 올인했다.

내 나이 만 46세. 친한 지인들의 명퇴와 선배들의 정년퇴직을 보면서, 준비되지 않은 퇴직 이후의 불안한 나의 모습이 그려졌다. 직장을 나오는 순간 나는 무엇을 해야 할까? 현실적인 고민이 되기 시작했다. 그렇다고 당장 직장을 때려치우고 찾는다는 것은 무모한 일이다. 마음으로는 이미 출사표를 던졌지만, 반평생 다녀온 직장에서의 전문지식과 경험을 살리면서 나만이 할 수 있는 일을 찾는 것이 현실적인 대안이라 생각했다.

변화를 위해 선택한 첫 번째 방법은, 그동안 한 직장의 정해진 업무에 몰입되어 세상의 변화에 둔감해진 나를 개선하기 위한 공부이고, 두 번째는 변화된 세상에 능동적으로 자신을 찾아가기 위해 다른 영역의 사람들과 네트워킹을 늘려가는 것이었다. 이것은 결국 나의 직장생활에도 좋은 영향을 주는 선순환의 결과로 이어졌다.

호서대학교 글로벌창업대학원의 경영학 석사과정은 나에게 새로운 가능성을 열어주는 터닝포인트turning point가 되었다. 어느 날 대학원 수업에서 사례로 제시된 '세바시(세상을 바꾸는 시간)'의 인생 질문에서 '더랩에이치(THE LAB h) 김호 대표'의 강의를 듣고 뒤통수를 맞은 듯 잠시 멍해졌던 기억이 난다.

"나의 연봉이 나의 몸값이 아니다."는 말은, 나로 하여금 다시 한 번 직장과 직업의 의미를 생각하게 했다. 직장을 나와서도 현재의 연봉을 계속 유지할 수 있다면, 현재 받는 나의 연봉은 몸값이 맞다. 그러나 대다수의 직장인들은 다른 직장으로 옮기는 것이 아닌 이상, 준비 없는 퇴직을 하고 나오는 순간 경제생활이 멈춘다.

직장에 다니는 동안 직장 안에서의 연봉은 계속 오를 수 있지만, 반대로 나의 몸값은 계속 떨어지고 있는 것이다. 더랩에이치 김호 대표는 그렇게 되는 이유가 대부분 시키는 일만 하다가 빈손으로 퇴사하는 직장인들, 즉 자신만의 특화된 기술이 없어서라고 말한다. 공감한다. 앞으로 중요해지는 직업(기술)의 가치는 긴 시간을 일하는 것이 중요한 것이 아니라 결과물을 만들어 줄 수 있는 기술을 갖고 있느냐 없느냐가 중요하다. 이것은 나에게 직장에 있는 동안 돈과 교환할 수 있는 나만의 기술 즉, 직업(분야)을 만들어서 나가야겠다는 생각을 하게 된 계기이다.

직장인으로 살면서 잘 버티면 되지 않나? 물론 나는 직장이 나를 밀어내지 않는 이상 끝까지 버텨낼 것이다. 그러나, 정년까지 버틴다는 것도 요즘 같아서는 쉽지 않은 일이다. 하지만 내가 나만의 기술을 가지고 있다면, 직장에서도 살아남을 수 있고, 직장에서 버틸 수 있는 가능성이 높아지는 것은 당연하다.

직장에서 근무하는 동안, 나만의 직업(기술)을 찾아 갈고 닦자. 이것저것 찔러보면서 나의 열정을 테스트해 보자. 내 현 직무에서 내가 잘할 수 있는 것을 찾아보는 것, 나는 그것을 실천하려고 한다. 내가 실천하려고 하는 것을 3가지로 요약할 수 있다.

첫째 커리어 확장, 둘째 다양한 업무 경험, 셋째 자기 계발.

다시 말하지만, 지금 바로 퇴사해서 창업하라는 얘기가 절대 아니다. 내 자리에서 할 수 있는 실험들을 해보는 것이 중요하다.

직장에서 월급을 받으면서도, 나만의 기술 영역을 만들어서 인정받고, 나의 가치를 계속 업그레이드할 수 있는 것. 그것이 나만의 퍼스널브랜드가 되는 것 아닐까?

이 글은 한 직장에 오래 다니며 자기 분야의 한 가지 경험만 했지만, 곧 다가올 퇴직을 고민하는 4050 직장인들에게 직장을 유지하면서 자기 계발을 하는 나의 경험을 나누고자 썼다. 나 역시 현재진행형이지만 좋은 사람들과 긍정의 경험을 나누고 꾸준히 노력하는 과정에서 하나씩 나만의 성공 경험을 쌓아나가고 있다.

그동안 직장인으로 살아왔다면, 지금부터는 직업인으로 살아보려고 노력하자.

덧붙여, 오랜 은행원의 경험을 살려 100세 시대를 살면서 놓치면 안 되는 금융상품들과 은행거래 시 도움이 되는 꿀팁 이야기도 편하게 풀어보고자 한다.

1. 언제까지 다닐 수 있을까?

> 인생에 뜻을 세우는 데 있어 늦은 때라곤 없다.
>
> - 제임스 볼드윈James Baldwin

① 나는 은행원이다

처음으로 은행이란 곳을 경험한 것은 대학교 1학년 때이다. 카드의 마그네틱 손상으로 출금이 되지 않았기 때문이다. 친구는 은행에 여러 번 가본 경험이 있는지 들어가자마자 능숙하게 대기표를 뽑는 방법을 알려 줬다. 또한 어떻게 돈을 찾아야 할지 막막했던 나를 이끌어 출금전표에 가져온 통장계좌번호를 적게 했고, 찾을 금액과 도장을 찍을 수 있도록 도와줬다. 내가 은행에 가서 무언가를 했던 첫 경험이었다.

당시에는 은행원이 될 것이라곤 꿈에도 생각 못했다. 임용고시 준비를 하던 중에 우연히 은행의 구인 광고를 보게 되었고, 혹시나 하는 마음에 냈던 원서가 23년 외길 은행원으로 살게 되는 계기가 된 것이다.

은행에 들어가면 3-3의 고비가 온다고 한다. 그게 무슨 말인고 하니, 그만두고 싶은 고비가 3개월, 3년 단위로 온다는 징크스를 두고 하는 말이다.

작심삼일처럼, 무엇인가 뜻을 정하고 지키려고 할 때도 마찬가지로 고비가 온다.

나 역시 고비가 많았다. 숫자에 약했던 나는 시재관리(입출금 및 수수료 수납, 공과금 납부, 보관어음 수기 계산 등)를 하는 마감 시간이 늘 두려웠다. 신입 때는 시재가 틀려 사비로 돈을 채워 넣은 것이 트라우마가 될 정도였다.

때로는 '이 일이 내게 맞지 않는 것일까?' 혼란스럽고 그만두고 싶은 날이 더 많았다.

그 당시에는 내가 정말 하고 싶은 일을 찾지 못했던 것 같다. 누가 뭐라고 해도 흔들리지 않을 만큼 하고 싶고, 잘하는 일이 있었다면, 아마 도전했을지도 모른다. 그러나, 그때의 난 용기가 없었다.

② 신입사원이 던진 사표의 다른 이름 '도전'

9월에 입사한 신입 부하직원이 불과 6개월 만에 그만두겠다고 했다. 안정적인 직장을 버리고, 왜 그만두려 하냐며 말리기도 했고, 회사에서는 다시 한 번 생각해 보라는 유예의 시간을 주기도 했다.

나는 그 직원의 책임자였지만, 더 이상 잡을 수가 없었다. 그가 했던 말이 떠올랐기 때문이다.

"조금 더 버틴다고 버티면 자기가 정말 좋아하는 일을 영영 못 하게 될 것 같아요. 한 살이라도 어렸을 때 도전해보려고 합니다."

그는 이렇게 말하고는 결국 퇴사했다. 아쉬운 마음도 컸지만, 한편으로는 그 직원의 젊은 패기가 부럽기도 했다.

힘든 일도 많았지만, 그것을 이겨내고 여기까지 오게 해준 힘은 무엇일까? 나의 젊은 날, 나의 가족을 지탱해 준 힘! 그것은 나의 일터가 있었기 때문이다. 나는 현재 내 직장에 감사한다.

물론 지금도 그만두고 싶을 정도로 힘든 날이 많다. 요즘 나의 걱정은 평생 나의 일터로 생각해온 이 직장을 언제까지 다닐 수 있을지에 대한 두려움이다.

모든 것이 디지털화되면서 사람이 하는 일을 로봇이 대신 하는 시대가 되었다. 내가 입사할 때와는 판이하게 은행도 달라졌다. 빠르게 변하는 세상 속에서 변화에 적응하지 않으면, 밀려날 수밖에 없다. 세상이 변했다.

③ 세상에 던지는 출사표, 나만의 퍼스널브랜딩에 도전하다

일반회사 정년은 60세이지만, 은행은 임금 피크peak가 만 56세부터 시작된다. 그래서 대부분 만 56세에 퇴직을 결정하게 된다.

올해로 46세인 나와 같은 나이대 동료 중 아직 10년이 더 남았다고 안심할 수 있는 사람이 몇이나 될까? 아마 거의 없을 것이다. 빠른 변화는 영업 현장에서도 자주 실감한다.

핀테크fintech[21]가 우리 생활의 일상이 되었다. 이제 대면 영업을 하는 은행은 개인 고객들을 만나는 일이 점점 줄어들고, 꼭 필요한 업무를 보기 위한 소수의 인원만 남길 것이다. 점포 통폐합을 하고, 스마트폰smart phone 영업이 일상이 되고 있다. 자연히 나와 같은 금융직종에 종사하는 사람들의 일자리가 사라질 것이고, 넋 놓고 있던 사람들은 준비 없는 퇴직에 직면해야 할 수도 있다.

2026년 초고령사회를 목전에 두고, 고령사회를 살아가고 있는 요즘. 수명은 길어지는데, 나의 정년이 임금 피크를 기다리지 못하고, 생각보다 빨리 다가온다면?

이런 고민을 하던 차에 우연한 기회로 은행에서 신탁 상속 설계 과정을 이수하면서 시니어 비즈니스 컨설팅Senior business consulting에 관심이 생겼다. 2021년에는 관련 수업이 개설되어 있는 호서대학교 글로벌 창업대학원을 알게 되어 입학을 결정했다. 대학원 졸업 학점 이수를 위해 여러 가지 다양한 수업을 듣는 중에 창업 생태학자 박남규 교수님의 컨설팅방법론이란 수업을 듣게 되면서 퍼스널브랜딩의 필요성을 알게 되었다.

'아, 이거구나! 현업에 종사하면서 나의 퍼스널브랜딩을 완성시키자!'

유레카를 외치듯 막혔던 무언가가 뻥 뚫리는 듯했다.

---

[21] 금융(financial)과 기술(technique)의 합성어로, 정보기술(IT)을 기반으로 한 새로운 형태의 금융 기술을 말한다.

불안한 미래를 무작정 걱정만 하고 있을 것이 아니라, 현업에 종사하면서 셀프 브랜딩으로 나를 브랜드화하자. 이렇게 만들어진 퍼스널 브랜드를 업그레이드하기 위해 꾸준히 자기 계발로 무장한다면 같은 일을 하면서도 좀 더 즐겁고, 나 자신에게 특별함을 부여할 수 있을 것이란 생각이 들자 가슴이 뛰었다. 퍼스널브랜딩 출판을 결심하게 된 계기도 직장을 다니는 동안 지금까지의 경험을 점검하고, 그 안에서 앞으로 내가 잘할 수 있는 일을 찾아 나만의 퍼스널브랜드를 찾기 위함이었다. 미래의 안정적인 삶을 영위하기 위한 본격적인 도전이 시작된 것이다.

2. 세상도 변하고, 은행도 변하고

> 작은 기회로부터 종종 위대한 업적이 시작된다.
>
> -데모스테네스Demosthenes

① 금융 환경의 변화

나는 H은행 차장급 은행원이다. 올해 8월 행내 연금영업 전문인력 공모를 통해 퇴직연금 지역 담당으로 선발되어 10월부터는 본점 연금 사업부에서 연금마케터의 소양을 갖추기 위한 다양한 연금 관련 연수를 받고 있다. 직전까지 일반영업점에서 지점의 수신(연금포함 등) 파트 실적을 관리하고, 목표 달성을 위해 계획 및 추진하는 중간 관리자 역할을 하는 후선 책임자였다.

은행은 금융회사이다. 은행에서 하는 일은 매우 다양하지만, 일반영업점에서 하는 일은 크게 두 가지로 나뉜다. 예금을 받는 행위와 돈을 빌려주는 행위를 한다고 봤을 때 예금을 받는 행위는 수신이라고 말하고, 돈을 빌려주는 행위는 여신이라고 말한다. 직전 근무지였던 일반 영업점에서 수신 파트 후선 책임자였지만, 그렇다고 은행원은 한 가지의 업무만 하지 않는다.

나도 여러가지 업무를 해보았지만, 대부분의 직원들은 영업점이 바뀔 때마다 그 영업점이 처한 환경에 따라 주 업무가 바뀌는 경험을 한다. 은행원은 한 영업점에서만 근무하는 것이 아니라 2~3년마다 새로운 영업점으로 발령을 받는다. 내가 발령받아 간 영업점의 점주 환경도 내 업무에 크게 영향을 미친다. 은행 영업도 업무 영역에 따라 세분화되어 있다. 여수신 상품을 팔고, 상담, 마케팅을 하는 경우, 은행원의 기본 업무 외에도, 전문성을 더해, 특화된 업무를 하기 위해 자격증을 취득하고, 자기 계발을 꾸준히 한다면, 나의 일이 좀 더 다양해지고 폭넓은 경험도 할 수 있게 된다. 자산관리 쪽으로 내 커리어를 쌓는다면, PB²² 쪽으로 전문성을 키워갈 수도 있다. 기업금융을 오래 경험했다면, RM²³ 전담역이 되어 대출 전문성을 확보할 수도 있다.

20년 이상 은행에 근무하면서 각종 다양한 거래와 관련해서 무수한 질문들을 받아왔다. 상속, 증여, 절세(비과세포함)상품 등 세금과 관련된 상담과 펀드, ELT 등 투자상품 문의, 해외직접투자, 개인 및 소상공인, 기업 대출 상담 등 이외에도 고령사회에 들어서면서부터는 연금에 대한 질문들도 부쩍 많아짐을 느낀다.

상품에 대한 기본적인 내용들은 인터넷 검색을 통해 이미 대략은

---

22 Private Banking의 약자로 고객의 다양한 수요를 충족시키는 금융서비스로, 거액의 재산을 보유한 고소득층의 부호들을 주 대상으로 하는 맞춤서비스를 뜻한다. 이들에게 자산운용 컨설팅을 해주는 금융포트폴리오 전문가(Private Banker)를 의미하기도 한다. 자산이 일정 규모 이상 되는 회원 고객에게 자산 수익률을 극대화하고 리스크를 최소화할 수 있도록 예금, 대출에서부터 주식, 채권, 선물옵션, 부동산, 리츠 등에 이르는 다양한 상품들을 대상으로 포트폴리오를 짜고 관리를 해주는 일이다.

23 RM은 은행에서 기업고객의 자금 수요를 적기에 제공할 수 있도록 기업 대출에 관련된 제반 실무를 진행한다. 신규 기업고객을 섭외하여 거래처를 창출하고, 거래중인 기업고객과 지속적인 관계를 유지하며 수시로 경제지표를 분석하여 은행과 기업고객과의 관계를 재정립하는 일을 주로 한다.

알고 오는 경우가 많다. 손님들이 원하는 것은 그 상품에 대한 제대로 된 비교 판단을 요구한다. "이 상품 가입해도 되나요?" "뭐가 좋아요?" 비교 상담이 들어가야 한다. 이때 우리 회사의 상품뿐 아니라 타 회사의 상품에 대해서도 두루 정보를 섭렵하고 있는 것은 객관적인 상담을 하는 데에 꼭 필요하다. 구글 알리미google alerts에 관심 있는 분야를 등록해 놓으면 손쉽게 정보를 받아볼 수 있으니 참고하면 좋겠다.

은행원은 은행 상품을 판매하면서 거래 관련해서 기본적인 지식을 갖추고 있어야 한다. 즉 일상생활에서 빈번히 일어날 수 있는 상속, 청약, 집 담보 대출, 등기전 대출 등 돈, 거래, 계약, 세금 관련 내용들이 그것이다. 같이 근무했던 여신책임자 P씨는 평소에도 꾸준히 금융과 경제 공부를 하고 정보수집 및 탐색도 게을리하지 않아 투자 상품과 세금에 꽤 박식했다. 그는 대출 상담할 때 이해하기 쉽게 큰 그림으로 풀어주면서도 회사 운영에서 놓치기 쉬운 세금 발생 부분까지 꼼꼼하게 챙겼고, 금융거래 팁도 제안해 주어 어딜 가나 단골 고객이 많았다. 그의 모습은 나를 비롯한 다른 직원들에게도 귀감이 되었다.

예전에는 은행에서 주력으로 하는 상품 판매에만 열을 올렸다면, 지금은 분위기가 사뭇 다르다. KPI[24] 실적을 위해서 노력하는 것은 그때나 지금이나 은행원에겐 숙명 같은 일이지만, 이제 박학다식한 금융 전문가가 되지 않으면 이 업에서 오래 살아남을 수 없는 분위기다. 이젠 간단한 금융업무는 은행에 오지 않아도 비대면으로 가능하기 때문

---

24 KPI는 Key Performance Indicator로 핵심성과지표라고 한다. 은행원 실적 평가를 위한 일종의 채점표로, 승진, 성과급의 기준이 된다. 은행마다 영업 목표와 직무 등에 따라 배점을 달리하는데 주로 수익성, 잔액 규모, 고객 유치 등 상품 판매 관련 요소 비중이 높다.

에, 전문적인 영역인 기업금융 전담역으로 번역되는 RM(Relationship Manager)과 PB만 살아남는다는 분위기이다. 그야말로 전문적인 상담력이 필요한 업무로 승부해야 할 때이다.

② 디지털은 기회인가? 위기인가?

최근에 손님에게 이런 소리를 들었다.

"요즘 은행 가면 은행원이 자꾸 나를 디마케팅[25]하는 느낌이 든다. 왜 자꾸 스마트폰으로 하라고 하느냐?"

뒤통수를 한 대 맞은 기분이 들었다. 손님의 입장에서는 그럴 수 있겠구나 싶었다.

인터넷 은행이 생겨나고, 코로나19로 그 시기가 당겨지긴 했지만, 점점 비대면 영업이 활성화되고, 온라인으로 거의 모든 업무가 가능하다 보니, 은행에 오는 손님도 많이 줄었다. 이런 흐름에 편입하여 은행에서 평가하는 KPI 항목에서도 디지털 상품 가입 점수가 큰 비중을 차지하게 되었다. 그러다 보니 점점 스마트 뱅킹smart banking 쪽으로 업무가 옮겨갈 수밖에 없는 상황이다.

내가 직전에 속해 있던 영업점은 충남 서해안에 위치한다. 2021년 9월경 경쟁 은행인 S은행 영업점이 폐점되면서 우리는 들떠 있었다. 앗싸~ 영업 기회가 늘어나겠구나. S은행 거래손님이 영업점이 없어져서

---

25 demarketing. 기업들이 자사 상품에 대한 고객의 구매를 의도적으로 줄이는 마케팅 기법

불편하다고 인근에 있는 당행으로 몰려오겠구나 하는 생각을 했던 것 같다.

그런데 예상과는 달리 손님이 생각만큼 늘어나질 않는 것이다. 그러던 어느 날 차를 타고 폐점된 은행 옆을 지나갈 때였다. S은행이 철수하고 간 자리에 'S은행 디지털라운지digital lounge'라는 새로운 간판이 떡하니 붙어 있는 것이 아닌가?

얼핏 보고 '스크린 설치에 티 테이블 같은 것도 놓고, CD기 몇 대 들여놓고 디지털라운지라 붙여놓았나?'라는 생각에 피식 웃음이 났다. 궁금하면 못 참는 성격이라 직접 찾아가 보게 되었는데, 아니 이게 웬일인가? 화상 상담이 가능한 창구가 파티션partition으로 분리되어 2개 창구로 운영되고 있는 것이 아닌가? 청경 한 명만 안내 차원에서 배치되어 있었고, 통장이월과 OTP(One-Time Password) 발급까지 가능한 시스템으로 은행 직원 없이도 모든 금융업무가 가능한 시스템으로 작동하고 있었다. 이제 대면 영업점이 없어질 수 있는 상황이 점점 눈 앞에 펼쳐지고 있었다. 말로만 듣던 위기를 실감하는 순간이었다.

'앞으로 은행원이 설 자리가 점점 없어지겠구나.'

스마트폰으로 모든 것이 가능해지면서, 내점하는 손님 수도 확실히 줄었다. 디지털 라운지의 등장으로 경비 절감, 생산력 향상 등 모든 것이 가능해진 금융혁신의 시대가 도래한 것이다.

③ 관점을 바꾸면 보이는 기회들

1) 1인 디지털 영업점 'My(마이) 브랜치' 서비스 구축

당행에서는 작년부터 준비한 마케팅 도구가 있다. 다수의 불특정 고객에게 똑같은 상품과 서비스를 제공했던 기존 비대면 서비스와 달리 마이 브랜치를 통해 기업 브랜치, 각종 커뮤니티 브랜치 등 다양한 고객군별 특성에 맞춘 상품을 구성해 특화된 금융서비스 및 컨텐츠를 영업점 직원이 템플릿template을 통해 직접 제작할 수 있다. 특정 고객군을 대상으로 메일, LMS, 카카오톡, 리플릿leaflet 등의 캠페인 카드를 직접 제작하고 통합 메시징 시스템(UMS: Unified Messaging System)으로 발송한다. 발송 후 피드백 트래킹을 통해 참여, 구매전환율 등을 확인하며 고객의 브랜드 인지도, 충성도, 브랜드 연상 등을 측정한다.

기업 단체마케팅을 할 때 임직원에게 맞는 상품을 담아서 마이 브랜치를 제작하고, 만들어진 URL이나 QR을 리플릿에 담아서 업체 방문 시에 그 리플릿만 가지고 방문해도 바로 상담이 가능하게 된 것이다. QR코드만 찍어도 웬만한 은행 업무는 할 수 있다. 은행 사이트에 접속하지 않아도, 손님이 은행에 오지 않아도, 스마트폰으로 전송이 가능하고, 상품도 가입할 수 있게 된 것이다.

스마트폰과 본인을 확인할 수 있는 신분증만 있으면 상품상담 및 가입이 모두 가능한 시스템이다. 나 역시 찾아가는 서비스인 마이 브랜치를 잘 활용하고 있다. 이렇듯 새롭게 생겨나는 마케팅 도구를 잘 활용하면 기회가 생긴다.

2) 손님 관리

2022년 신년사에서 H금융그룹 회장은 "우리는 종합 금융그룹으로서 훨씬 많은 자산을 보유하고 많은 이익을 내고 있음에도, 시가 총액이 카카오뱅크, 카카오페이 등 두 회사의 5분의 1에도 미치지 못한다."는 냉혹한 평가를 하며 변화의 중요성을 강조했다.

그는 빅테크big tech가 가지지 못한 강력한 오프라인 채널을 우리는 보유하고 있다며 이를 고객 중심의 옴니채널omnichannel로 탈바꿈하고, 금융의 전문성을 바탕으로 사람이 꼭 필요한 영역에서 차별화된 상담 서비스를 제공할 수 있어야 한다고 했다. 이어, 빅테크의 진출이 어려운 기업 고객을 위한 디지털 맞춤 서비스와 그룹이 가진 자본력을 바탕으로 미래 성장기업들에 대한 투자와 협업을 적극적으로 추진해야 한다고 말했다.

기업금융 전담역인 RM의 영역과 손님의 종합자산관리 포트폴리오를 담당하고 있는 PB의 역할이 더욱 중요해진 요즘이다. 직원들도 이제 손님 관리, 즉 손님 개개인의 자산 관리를 통해 금융의 질을 더 높여갈 수 있도록 업무 스타일이 바뀌어야 할 것이다.

그룹 입장에서도 많은 이들이 우리의 글로벌 파트너가 되고 싶도록 그룹이 가진 글로벌 인적, 물적 인프라infrastructure를 더욱 공고히 하고, 글로벌 스탠더드global standard에 부합하는 ESG(환경, 사회, 지배구조) 경영을 실천해야 할 것이다.

3. 100세 시대를 대비하는 변화를 향한 발걸음

> 나는 힘이 센 강자도 아니고 그렇다고 두뇌가 뛰어난 천재도 아닙니다. 날마다 새롭게 변했을 뿐입니다. 그것이 나의 성공 비결입니다. Change(변화)의 g를 c로 바꿔보십시오. Chance(기회)가 되지 않습니까? 변화 속에는 반드시 기회가 숨어 있습니다.
>
> — 빌 게이츠Bill Gates

① 초고령사회를 준비하는 자세

일단 나만의 퍼스널브랜드를 만들자

직장인으로 살아왔던 나의 인생을 되돌아보며 앞으로도 이 전문성을 바탕으로 내가 제일 자신 있게 할 수 있는 부분을 찾아서 퍼스널브랜드를 만들어보자는 것부터가 시작이었다. '내가 가장 잘할 수 있는 건 뭐지?' 이런 생각을 갖는 것부터 초고령사회를 준비하는 기본 자세가 될 것이다. 나는 은행에서 요구하는 금융 지식을 바탕으로 복잡하고 다양한 금융 관련 실무를 담당했고, 내가 알고 있는 이런 금융 지식들은 은행 밖에서, 또는 교육의 현장에서 잘 풀어낼 수 있는 자신이 있다. 현장 실습으로 다져진 실무 경험은 어떤 난제가 있거나 두려움이 있더라도, 헤쳐 나갈 수 있는 자신감이 있다.

연금 부자가 될 수 있는 습관을 기르자

나의 현재 연금자산을 지속해서 점검하고 수치화해서 미래소득을 계산해보는 작업이 필요하다. 평생 죽을 때까지 다 못 쓰고 갈 현금 부자이거나, 죽을 때까지 수익이 발생할 수 있는 건물주라면 내 말을 안 들어도 된다. 들을 필요가 없다.

그러나 이것 하나만 기억하면 좋겠다. 예금으로 많이 가지고 있어도 이걸 깨서 다달이 얼마씩 사용한다는 구체적인 계획을 세워야 할 것이고, 만약 건물주라도 건물 팔고 나면, 세금 제하고 내 수중에 들어온 돈을 어떻게 종신토록 운용할지 구체적으로 생각해 봐야 한다. 이런 것을 한 번에 해결할 수 있는 것이 종신형 연금이다. 죽을 때까지 나에게 꼬박꼬박 월급을 줄 수 있는 연금은 내가 지금 조금 힘들어도 노후에 행복하게 살 수 있는 밑거름이 되어줄 것이다.

"잘 키운 연금 하나, 열 아들딸 안 부럽다." "애들 학원비에 돈 쓰지 말고, 네 연금이나 하나 더 들어둬." 이 말은 74세인 우리 엄마가 젊었을 때부터 나에게 쭉 해주시던 말씀이다. 이제 이 말뜻을 조금은 알 것 같다.

② 경영학 석사, 창업대학원 도전

"혹시 은행을 그만두고 바로 창업을 하시려고요?"
"언젠가 그만둘 때를 대비하여 창업 아이템을 미리 준비하시려고요?"

이것은 대학원 동기들이 처음 인사말을 주고받을 때 나에게 물었던 질문들이다. 사실 그에 대한 대답은 둘 다 NO이다.

40대 중반이 넘어가면서 서서히 동료 중에도 명예퇴직으로 그만두는 사람, 정년을 맞아 퇴직하는 사람들을 가까이 보게 되었고, 불현듯 '나는 언제까지 은행에 근무할 수 있을 것인가?' 하는 불안이 엄습해왔다.

직장 안에 있으면서 내가 할 수 있는 일을 3가지로 요약해 보았다.

첫째, 현재 직장에서의 전문성을 살린 커리어career 쌓아가기

둘째, 관련 직종의 전문성을 높이는 레퍼런스reference 만들기

셋째, 나만의 퍼스널브랜드 만들기

앞서도 언급했지만, 전통적인 금융체계에서 디지털 혁신으로 탈바꿈하고 있고, 금융당국에서도 제2차 금융규제혁신회의 결과를 발표하며 금융 생태계가 빠르게 바뀌고 있음을 실감하고 있다. 지금도 오프라인 점포가 계속 통폐합하면서 그 수가 빠르게 줄어들고 있다.

평균 수명이 예전 75세에서 100세까지 늘어난 요즘의 메가트랜드megatrend에서는 성장 지향적 창업에서 내실을 다지는 행복 창업으로 트랜드가 바뀌고 있다. 직장에 소속되어 있으면서도 기업가정신으로 스스로를 무장하고, 나만의 퍼스널브랜드를 만들면서 전문성을 더해가는 준비는 반드시 필요하다.

이런 준비과정에서 나는 은행원으로서는 개인 고객 및 기업 고객의 연금 자산을 관리(연금제도 도입, 상품 선택, 리밸런싱rebalancing, 수익률 관리

등)하면서 그 분야의 전문성으로 포지셔닝해 갈 것이다. 여기에 더해 개인적으로는 100세 시대에 포커스를 맞추어 연금 금융경제교육 전문가가 되기 위한 목표를 가지게 되었다.

③ 현업에서 할 수 있는 나의 역할과 비전

호서대 글로벌창업대학원 선택은 '내가 오랫동안 행복하게 할 수 있는 일은 무엇일까?'에 대한 답을 찾아가는 과정이며 계기가 되었다. 현재 내 자리에서 할 수 있는 실험부터 차근차근히 시도하며, 나를 퍼스널브랜딩 하는 것이다.

내가 무엇을 좋아하고 잘하는지 잘 모르겠다면, 일단 주변의 작은 변화부터 실천해 보기를 바란다. 그리고 나만을 위한 시간을 할애해야 한다. 자기계발을 꾸준히 해야 내가 직업인으로서 한 발 나아가게 된다고 생각한다.

직장생활을 유지하면서, 직업인이 되기 위한 노력을 계속해나가야 한다. 현업에서 지속적으로 전문적인 능력을 키워서 나만의 퍼스널브랜드를 만들고, 그것에 살을 입히고, 경험을 살려서 향후 금융 교육, 연금 교육, 퇴직 교육을 지속적으로 해나가는, 결국 직업인이 되는 것이 나의 큰 그림이다.

④ 새로운 나, '연금자산 큐레이터'

현재 나는 창업대학원 마지막 학기를 남겨두고 있다. 사실 내가 처음 대학원을 소개받을 때는 우리 사회에서는 아직 레퍼런스reference 인정이 되는 과정 중에 석·박사학위를 원하기 때문에, 미래 먹거리를 위해서라도 석사학위는 꼭 필요할 것이라는 설득과 권유로 대학원의 문을 두드리게 되었다. 그러나, 대학원에 들어오고 보니, 먼 미래가 아닌 지금 현재 나의 포지션을 확실히 하고, 나의 전문성을 살려 퍼스널브랜드를 만드는 일이 시급하다는 것을 인지하게 되었다. 이것은 나에게 새로운 도전이었다.

내가 현재 하고 있고, 앞으로 전문성을 살려 계속 잘할 수 있는 일이 무엇일까?

늘 하던 업무였지만, 이 분야에서 전문성을 키워 할 수 있는 업무로의 도전! 직장 안에서 연금영업 전문인력 공모는 나의 생활을 바꾸어 버리는 계기가 되었다.

연금영업 전문인력이 하는 일을 3가지로 정리해 보면 다음과 같다.

첫째, 향후 근로자의 노후 소득 보장이라는 퇴직연금 본래의 목적을 널리 알려 제도 도입을 적극 홍보하고 마케팅하며 고객사를 유치한다.

둘째, 현장에서 가장 효율적인 업무 실행을 위해 은행 본점에 있는 연금사업부의 지원으로 고객사 마케팅 및 관리 지원업무, 영업점 현황 분석 및 제도 변화 등에 발 빠르게 대응할 수 있도록 영업점 직원 교육 및 영업점 현장 지원을 한다.

셋째, 흩어져 있는 연금자산들을 한데 모아서 연금자산 관리 방법을 제안하고 유치한다.

평범한 직장인에서 준비된 직업인이 되기 위한 실행은 이미 시작되었다. 나의 퍼스널브랜드는 "연금자산큐레이터"이다.

4. 은행원이 알려주는, 은행 200% 활용 꿀팁

① 은행원이 알려주는 은행 잘 이용하는 노하우

아직도 높게만 느껴지는 은행 문턱. 은행원이 알려주는 은행 문턱 낮추고 활용하는 노하우라고 하면, "은행원과 친해지시라~"라고 말하고 싶다. 은행원과 친해지려면 일단 나를 케어해줄 사람을 한 명 지정하자. 여러 직원이 있지만, 상담하면서 이야기를 잘 경청해주고, 믿음이 가는 직원이 있을 것이다. 그 직원에게 상품을 가입하자. 직원이 상품 가입을 부탁하는 경우가 있으면 실적이 급한 경우이다. 이럴 때 한 번씩 내 자산을 늘린다고 생각하고 한 번씩 응답해주자. 그 직원이 감사해서 하나라도 더 챙겨주려고 할 것이다.

이미 그렇게 하시는 손님들도 생각 외로 많다. A라는 직원이 고객에게 무엇을 가입하라고 권하면, 손님이 직접 B직원 앞으로 해달라고 하는 경우도 종종 있다. B직원이 고마워하지 않을 수가 없고, 좋은 게 나오면 꼭 챙겨드리게 되는 것은 인지상정이다. 더하여 가입되어 있는 상품 관리도 받게 된다. 손님 관리의 중요성 때문에 직원들도 손님의 자산을 관리하는 것을 목표로 하고 있지만, 실제로 모든 손님을 한마음으로 관리해드린다는 건 사실 어려운 일이다. 하지만 은행원과 관계가 돈독하면 그분의 자산은 당연히 다른 분보다 더 우선해서 관리해

드릴 수밖에 없다. 예를 들어 대출이 필요할 경우, 안되는 것을 억지로 할 수는 없지만, 어떻게 하면 될 수 있을지 같이 고민하고 솔루션을 드릴 수 있고, 그래도 안될 경우 할 수 있는 다른 방법을 알려드린 예도 있다. 은행도 사람이 하는 일이라 관계를 잘 쌓아놓는 것은 중요하다. 이 모든 것은 서로 관계성이 생겼을 때 더 유연하게 작동한다.

② 은행원이 하고 있는 투자 방법

은행원도 은행원마다 개인적인 투자성향이 각각 다르므로 내 개인적인 이야기를 하겠다.

입사 초기부터 전업주부이셨던 친정엄마의 적극적인 연금 가입 권유로 연금을 1개, 2개 들기 시작해서 금액은 많지 않아도 가입되어 있는 연금 가짓수가 많은 편이다. 은행에서 보험상품을 판매할 수 있는데, 방카슈랑스(bank + assurance의 합성어)로 1개, 2개 가입했던 연금 가짓수가 5~6개 이상은 되는 것 같다. (변액연금, 개인연금 등 보험사별로 다양하다.) 사회초년생(20대 중후반)은 연금을 드는 것 자체가 향후 목돈으로 찾을 수 없다는 생각에 불입을 꺼린다. 당장 젊을 땐 결혼 자금, 자동차 및 주택 구입 자금 등 목돈 들어갈 일이 많은데 연금에 가입하면, 만 45세 혹은 만 55세 이후에 연금으로 수령해야 하는 조건이 따라 붙으니, 당장 쓸 돈도 부족한데, 미래에 받게 될 연금으로 적립되는 돈이 아깝다는 생각이 들 수도 있다. 그러나, 지금은 초고령사회가 빠르게 다가오기 때문에 연금에 대한 인식이 점차 바뀌고 있다. 한 살이라도 어렸을 때 가입하는 것이 유리하고, 남들보다 절세도 빠르게 시작할 수 있다는 인식이 점점 커지고 있다. 절세할 수 있는 연금 상품 중에 단연코 top은 개인형 IRP라고 말하고 싶다. 이 상품은 개인의 성향에 따라 다양한 상품(원리금 보장상품, 실적 배당형 상품 등)들로 운용자산을 구성할 수 있다. 이처럼 한 살이라도 어렸을 때부터 연금통장(또는 연금주머니)을 만들어서 꾸준히 불입하는 습관을 들여야 한다. 은행원이 하는 공식적인 투자 방법은 연금통장, 비과세통장을 꾸준히 관리하여 연금자산을 지속해서 늘리는 것이다. 물론 부동산 투자, 주식투자 외 여러 가지 투자 방법들이 있겠지만, 은행원이 자신 있게 권할 수 있고, 제일 많이 하는 기본 투자는 연금투자일 것이다.

③ 초고령사회, 돈 없이 오래 살 위험에 대비한 각종 연금 제도 활용하기

우리나라 3층 연금 제도를 잘 이용해보자. 노후생활이 든든해진다.
은퇴와 관련된 책이 무수히 쏟아져 나오지만, 사람들은 직장에서 은퇴할 시기가 되어서야 관심을 갖는다. 사회초년생들은 연금에 가입하면 목돈을 만들어도 사용을 못 하니, 아까운 생각이 들고, 급기야는 중도인출하거나 해지하기에 이른다. 그럼 나의 노후는 누가 책임져 줄 것인가? 심각한 문제이다. 안정적인 노후생활을 위해 미리미리 알아보고 준비하자.

우리가 준비해야 하는 연금 종류를 알아보기 위해 인터넷 검색창에 연금이라고 검색하면 3층 보장제도, 노후대비 3인방이란 말이 많이 언급되는 것을 볼 수 있다.

연금하면 짝꿍처럼 따라붙는 세 가지 연금이 있다.

[개인보장]
개인연금
여유있는 생활보장

[기업보장]
퇴직연금
안정적인 생활보장

[국가보장]
국민연금
기본적인 생활보장

연금의 종류: 3층 보장제도
국가보장: 국민연금 "기본적인 생활 보장"
기업보장: 퇴직연금 "안정적인 생활 보장"
개인보장: 개인연금 "여유 있는 생활 보장"

이중 은행에서 가입하고 관리할 수 있는 항목은 개인연금과 퇴직연금이 있다.

개인연금의 종류에는 세제 적격 연금과 세제 비적격 연금이 있다.

세제 적격 상품은 납입하는 기간 중에는 세액공제 혜택을 받게 되나 연금을 수령할 때에는 연금소득세(5.5%~3.3%)를 내야 한다. 세제 비적격 상품은 과세대상에서 제외되는 관계로 납입시 세액공제 혜택이 없다. 연금을 받을 때도 일정 조건을 충족할 때는 연금소득세가 면제(비과세)된다는 장점이 있다.

퇴직연금제도는 회사(사용자)와 직원(가입자)의 니즈를 충족하여 사외기관 예치를 통해 나의 퇴직금을 보호하는 제도로 생각할 수 있다. 퇴직금은 내가 직장에서 1년 이상 일하다가 그만두었을 때 나라(고용노동부)에서 법으로 정하여 무조건 지급하게 되어 있는 위로금과도 같다. 정년까지 일하고 퇴직금을 받는 경우도 있지만, 경력을 살려 이직을 하는 경우에도 기존 회사에서 1년 이상 일했다면, 퇴직금을 지급받을 수 있다.

우리 회사에서는 나의 퇴직금을 어떻게 관리하고 있는지 관심을 가져보자.

대기업이고, 재무건전성이 탄탄한 기업이라면 나의 퇴직금을 떼일 염려가 없을 수도 있다.

하지만, 내 퇴직금이 얼마 정도고, 이 정도의 규모라면 내가 퇴직 후 노후 생활을 안정적으로 유지할 수 있을지에 대한 것들을 미리 고민하고 계획해두면 좋다.

중소기업이나 개인사업체의 직원이라면 '내 퇴직금을 받을 수 있을까?'에 대한 고민도 해보는 것이 나쁘지 않다. 우리 회사가 어떤 퇴직급여제도를 도입하고 있는지 질문을 던져보는 것도 내 퇴직금을 지키고, 늘릴 수 있는 첫걸음이 될 수 있다고 생각한다.

사장님 입장에서의 장점, 가입자 입장에서의 장점 등에 대해서 알아

보고, 무슨 제도가 우리 회사에 맞는 것인지 고민하고 제안해보는 것이 필요하다. 퇴직연금 제도를 도입하면 중간 정산을 못 한다고 생각하는 기업이 아직도 꽤 많다. 그러나, 제도 도입 여부와 상관없이 현재 법상으로는 특별한 사유 없이 퇴직금 중간 정산을 할 수 없도록 하고 있다.

그러나 공공연히 사장(사용자)이 직원(근로자)에게 퇴직금 중간 정산 각서 양식을 받고 중간 정산해 주기도 한다. 사용자와 근로자가 합의했다는 핑계로 법을 어기고 있는 것이다. 물론, 고용노동부에서는 인정을 안 해주기 때문에 나중에 직원이 사장과 사이가 안 좋아져 퇴직할 때 직원이 받은 적 없다고 하면 기나긴 법정 싸움이 될 가능성도 발생할 수 있다. 많은 사람이 설마 하며 놓치는 부분이다.

개인연금은 국가, 회사 말고 나 스스로 나의 노후를 위해 미리미리 상품을 통해 가입해두기를 권한다. 다양한 개인연금 상품들이 있다. 10년 이상 가입유지 시 비과세되는 연금보험 상품도 있고, 소득이 있는 동안엔 세액공제를 받고, 소득이 없는 기간엔 불입을 일시 정지할 수도 있는 세액공제형 연금 상품도 있다. 만기가 없는 개인형 IRP 상품이 대표적인 세액공제형 연금상품이다. 개인형 IRP 상품은 원리금보장상품 (정기예금, GIC, ELB 등) 및 다양한 펀드나 ETF로 운용할 수도 있는데, 기본적으로 투자 상품으로도 운용이 가능한 이러한 상품들은 비예금상품[26]이라고 한다.

---

[26] 각종 펀드, 신탁, 연금, 장외 파생상품, 변액 보험은 모두 원금손실 위험이 있는 비예금상품 적용 대상이다. 다만 안전자산으로 운용되는 MMF, MMT와 같이 원금손실 위험이 낮은 상품은 적용 대상에서 제외된다.

이렇게 다양한 연금 제도를 잘 가입하고 있었다면, 점검하는 시간을 꼭 가져보자.

분기별, 반기별, 연간 등 개인 성향에 맞게 상품을 선택하면 되고, 만약 내 성향이 투자 상품을 할 수 있는 성향이라면, 연금의 성격에 맞게 오랜 기간 나의 노후자산을 관리해 나갈 수 있도록 하기 위해서는 시장의 테마적인 성격의 투자 상품보다는 장기적인 관점으로 접근하는 연금 상품에 맞게 TDF(Target Date Fund)로 운용하는 것을 추천한다.

④ 마치는 글

나의 삶은 늘 도전이었다. 도전하고 실패하고 그 속에서 또다른 기회를 찾고….

인생살이가 그런 것 같다. 매너리즘에 빠진 것 같다는 생각이 든다면 잠깐만 시간을 내서 자신의 미래를 그려보자. 그리고 미루지 말고 지금 당장 시작해 보자. 늦었다고 생각한 순간이 가장 빠른 때다.

생각해 보면 도전하는 삶은 늘 고되고, 어려웠다. 하지만 기대하고 준비하는 시간은 늘 행복했다. 지금도 물론 도전 중이다. 나를 퍼스널 브랜딩하고 직업인이 되기 위해 준비하고, 도전하고 있다.

직장에서 근무하는 동안, 나만의 직업(기술)을 찾는 노력을 해 보자. 직장에서 월급을 받으면서도, 내가 잘할 수 있는 분야에서 전문성을 키워서 나의 포지셔닝을 확실히 하고, 나의 가치를 계속 업그레이드할 수 있도록 도전하고 준비하는 것, 그것이 결국 나만의 퍼스널브랜드가 되는 것 아닐까?

직장인으로서 나와 같은 현실적 고민을 하고 있는 동년배, 후배님들에게 내가 도전하고 실천하는 모습들이 좋은 롤모델이 되기를 바라고, 그들에게 나도 할 수 있다는 용기를 줄 수 있는 길잡이가 되기를 희망한다.

실패에서 배우는
성공 노하우!
존버의 창업 생존 이야기

1. 도전과 실패, 나를 발전시키는 원동력
2. 기업가정신, 나의 능력을 키우는 힘
3. 기업가정신, 나의 또 다른 도전
4. 설렘, 나를 재촉하는 힘

이현상
실전창업역량강화전문가

실전창업역량강화전문가 | 이현상

◇ **학력**

호서대학교, 글로벌창업대학원 창업 컨설턴트 석사과정
한라대학교 전자공학과 졸업

◇ **경력**

유퍼스트㈜ 대표이사
한국공학대학교 겸임교수
한국열린사이버대학교 디지털비즈니스학과 산업체 주임교수
NIPA 평가위원, 창업 중심대학 전담 멘토, 창업진흥원 평가위원

◇ **창업 관련 경력**

특허: 국내 8건, 국외 4건
인증 이력: K-Global 300, 디자인 혁신 유망기업 100, START-UP Nest, KOTRA 유망
　　　　　수출기업, HIT 500, SCA Fellowship 외 다수
수상 이력: 아시아 소셜벤처 금상, INPEX 국제 발명 전시회 금상, 바이오 창업 경진대
　　　　　회 대상, MWC top 10, K-Global START-UP 우수상 외 다수
국제 박람회 참석 이력: MWC 2017, CES 2019 외 다수

◇ **강의 분야**

기업가정신, 비즈니스모델, 린스타트업lean startup, SDGs, ESG, 마케팅, 크라우드펀딩,
고객 가치, 비즈니스 혁신, 수익 모델, 사업 개선, 사업계획서, 정부 과제 등

◇ **차체 교안 특허**

비즈니스 모델 카드 No. 10-2022-0082295 / SDGs 카드 No. 10-2022-0069924

◇ **이메일**

hs.lee@theufirst.com

'기업가정신' 교과의 첫 수업 시간, 나는 학생들에게 본인의 꿈과 함께 본인의 소개를 해 달라고 주문했다. 약 100여 명의 학생이 차례대로 발표하였다. 그중 20여 명의 학생은 현재 꿈이 없다고 말했는데, 어떤 학생은 조용한 목소리로 자책하듯 "저는 꿈이 무엇인지 모르겠어요."라고 말했고, 어떤 학생은 자신 있고 당당한 목소리로 "제 꿈을 아직 찾지 못했습니다! 이번 학기에 제 꿈을 찾는 게 제 목표입니다!"라고 말했다.

어찌 보면 대학생들에게 꿈이 없는 것이 당연하다. 본인의 자아를 찾기보다는 12년간의 초중고교를 부모님과 사회적인 강요 속에 학습했고, 대학까지 이어졌다. 대학에서는 누구나가 취업을 위한 스펙 만들기를 한다. 이런 당위적인 통일된 학습 패턴 속에서 청년들에게는 열정과 창의력을 바탕으로 청년창업을 권고한다. 어떤 학생이 본인의 삶을 사는 것일까?

코로나19 이후, 청년 실업률은 10%를 유지하다가 2022년 8월, 5.4%라고 발표하였다. 하지만 실질적인 구직 단념자, 단기간 아르바이트, 취업준비자 등의 수치가 반영이 된 지표는 27.2%에 달한다고 한다. 청년 실업 문제는 사회적으로도 큰 이슈이다. 이 대응책으로 정부는 청년 창업을 권고하고 지원하고 있다. 다행히 어렵지 않게 '창업지원센터' 등의 이름으로 다양한 창업 지원기관들을 접할 수 있다. 하지만 중장년층보다 사회적 경험과 경제적인 여유가 부족한 청년층이 치열한 경쟁이 이루어지고 있는 창업 시장에서 버텨내고 성공하기란 매우 어렵다는 문제점이 대두된다.

이 때문에 많은 청년은 취업도 창업도 그 결정이 힘든 것 아닐까?

나의 첫 창업은 대학교 2학년 때였다. 그때부터, 20여 년간 창업을 12번 시도했고, 13번째 도전 중이다. 창업의 가장 좋은 점은 내가 직접 목표를 세우고 그 꿈을 이루어가는 과정이라는 점이다.

창업을 꿈꾸거나, 꿈이 명확하지 않은 청년들에게 필자의 경험담이 기업가정신을 이해하고, '본인의 삶'을 살아가는 의지에 조금이라도 보탬이 되었으면 한다.

1. 도전과 실패, 나를 발전시키는 원동력

> 처음에는 우리가 습관을 만들지만 그 다음에는 습관이 우리를 만든다.
>
> - 존 드라이든John Dryden

① 12번의 도전

처음으로 시작했던 것은 창업(創業[27], start-up[28])이 아닌, 투잡two job이었다. 나는 1997학번인데 이때 당시는 오프라인으로 대학입시 서류를 접수했다. 그해 11월 우리나라는 IMF 구제금융을 신청하는 국가 부도 상태에 놓였다. 이 당시 많은 사람이 그랬듯 나 역시 군대를 선택했다. 군대에서 나의 첫 사업을 기획하게 되었는데, 입시생을 타깃으로 하여 전국 대학입시 원서를 Door to door(지금의 택배 시스템) 시스템으로 대학 입시원서 접수를 대행해 주는 서비스였다. 전국 대학의 지역 분포와 접수 기간을 분석하고, 이를 차량이 있는 56명의 아르바이트생을 동원하여 전국 각 지역을 커버하는 것이 목표였다.

이 계획은, 2000년 전역 후 바로 해당 아이템을 본격적으로 시작할

---

27 創業: 사업 따위를 처음으로 이루어 시작하다.
28 start-up: [명사] 신규 업체(특히 인터넷 기업)

생각이었지만, 그때는 이미 대학입시 접수가 온라인으로 전면 개편이되어 있었다. 이것이 시작도 못 해보고 실패한 나의 첫 번째 창업 이력이다.

지금 생각하면, PEST[29] 분석을 하지 않고 접근한 것이 패인이었다. 세상은 변하고 있었지만, 나의 생각은 멈추어 있었다.(당시 군대는 휴대전화 및 인터넷이 불가했었다.) 비록 '대학 입시원서 접수대행'이라는 아이템은 실패였을지 몰라도, Door to door 시스템에 착안했던 발상은 칭찬해 주고 싶다. 왜냐하면 현재의 택배 시스템의 근간이 된 시스템이기 때문이다. 다양한 창업 경험이 쌓인 지금은 어떤 것이 비즈니스 모델이 될 수 있는지 대략 봐도 보이는 경지에 어느 정도 이르렀다. 하지만 나 역시 처음은 어리숙하고 실패투성이었다.

싸이월드는 1999년 시작되어 대한민국 대부분의 젊은 층이 사용한 소셜 네트워크 서비스social network service이다. 오픈마켓open market이 없던 당시, 나는 싸이월드의 채널에서 은으로 만든 쥬얼리를 판매하였다. 또, G마켓 및 옥션 등이 서비스를 시작한 2000년도에는 의정부 청바지공장에서 청바지를 사입仕入하여 양재역 사거리에서 1주일 만에 완판한 뒤, 온라인 밴더vendor로 판매하기 시작하였다.

이렇게 온오프라인 판매를 거쳐 온라인 플랫폼, 앱, 소프트웨어, 하드웨어, 마케팅에 이르기까지 다양한 창업 활동을 시작하게 되었다.

---

29 거시환경분석(PEST) (Political, Economic, Social and Technological analysis)은 전략관리 구성 요소 중 환경 파악에 사용되는 거시적 환경 요소를 묘사한다. 일부 학자들은 이 내용에 법적(Legal) 특성을 추가하여 STEEP로 부르기도 하며 환경(Environmental) 분야를 추가하여 PESTEL로도 칭한다. 시장 조사나 전략 분석을 할 경우 특별히 거시경제 요소에서 기업이 의사결정을 내려야 할 시 사용하는 기법이다. 시장 성장과 축소, 사업 포지셔닝, 사업 방향 등을 파악하는 데 효과적인 도구이다.

② 핀란드의 '실패의 날'

세계 휴대전화 40%의 점유율, 핀란드 수출 물량의 20%, 핀란드 국내총생산(GDP)의 약 25%를 담당하던 세계적 기업 노키아는 애플과 삼성의 경쟁에서 뒤처지면서, 2013년 마이크로소프트에 인수당하는 불명예를 안게 되었다.

이같은 노키아의 몰락은 핀란드의 대량 실직 사태로 국가적 경제 위기로 이어졌다. 실패에 대한 두려움으로 도전을 멈춘 핀란드를 보며, 대부분 경제학자들은 핀란드의 경제는 회복 불가능할 것이라고 예측했다. 하지만 핀란드는 정면으로 맞서는 방법을 택했다. 매년 10월 13일을 서로의 실패 경험을 공개적으로 이야기하는 날인 '실패의 날'로 만든 것이다.

'실패'를 두렵고 부끄럽고 피해야 할 것이 아닌, 다음 실패를 막는 최선의 방어책이며 성공을 위한 필수 경험이라는 인식의 전환을 하면서 핀란드는 다시 경제를 일으켜 세울 수 있었다. 더 나아가 실패의 가치를 자산화하여 3대 창업 국가로 부상하게 되었다.

경제학자들은 이제 그들을 가리켜 '노키아의 몰락은 핀란드의 축복이다.'라고 말한다. 핀란드의 '실패의 날'은 우리에게 실패는 도전의 또다른 얼굴이며, 그 자체로 가치 있는 자산이라는 명확한 메시지를 던져준다.

실패에서 무엇을 배웠는가?

- 위기 상황은 누구나 당황스럽고 어렵다. 우리는 그것을 어떻게 극복하고, 고치고, 처리하는지에 대한 통찰을 얻게 되었다.

  - 前 노키아 명예회장 요르마 올릴라Jorma Ollila

- 실패라는 단어의 진짜 뜻은 '나는 매우 많이 실패했고 그럼에도 불구하고 여전히 노력하고 있다.

  - 51번의 실패를 겪고 52번째의 대작을 성공시킨 앵그리버드 게임 제작사인 로비오의 공동창업자 피터 베스터바카Peter Vesterbacka

- 우리는 실패할 때마다 무언가를 배우는 과정이라고 생각하고 실패를 축하하는 샴페인을 터트립니다.

  - 클래시 오브 클랜 게임 제작사인 슈퍼셀 CEO 일카 파나넨Ilkka Paananen

실패라는 단어가 부정적 의미가 아닌 긍정적 의미로 바뀔 때, 도전은 두려움이 아닌 설렘의 대상이 된다. 다양한 실패는 계획된 실패도 있고 예상치 못했던 실패도 있다. 이런 실패들이 밑거름이 되어 지금의 '나'를 만들게 되었다.

나는 가끔 나에게 자문해 본다. 왜 수많은 실패와 힘든 경험을 겪고도 계속 창업하는가?

그에 대한 나의 대답은 항상 같다. "꿈을 실현하고 주체적인 나의 삶을 살기 위해, 그리고 나의 인생을 즐기기 위해 창업하고 있고, 앞으로도 할 것이다."라고 말이다.

③ 나를 만든 도전

과거로부터 나는 수많은 경험을 했다. 아르바이트로는 대학생 때 가구점, 신발 매장, 편의점 등을 거처, 직접 창업한 은 쥬얼리 온라인 판매, 석고 유아 손발 제작 및 유통 판매, 카페, 인플루언서까지 다양하다.

항상 어떤 일을 하던, 그 순간만큼은 그 일에 최선을 다하려고 노력했다. 그 덕분에 많은 경험을 하면서도 대학 7학기 전액 장학금을 받을 수 있었다. 하지만 처음부터 그런 사람은 아니었다, 꿈이 명확하지 않았던 군 입대 전까지만 해도 공부하기 싫어하는 보통의 사람이었다.

기본적으로 할 일들을 하는 상태에서 온라인 밴더, 온라인 마케팅, 온라인 커뮤니티, 종합 마케팅 대행사, 트위터 인플루언서, 앱 제작, 웹 제작, 플랫폼 제작, 다양한 기획, 하드웨어 제작, 소프트웨어 제작 등 다양한 분야에서 여러 가지 시도를 하였다.

도전 경험이 쌓일수록, 그때마다 하나씩 욕심이 생겼다. 누가 시켜서 한 것이 아니고 스스로 하다 보니 자연스럽게 확장되어갔다. 힘들지만 한편 재미있는 경험이었다.

자본금은 초기 대학생 때는 최대 50만 원으로만 진행했으나 점차 늘어나기 시작했다. 7번째 창업까지는 지속해서 성장했지만, 8번째 창업(종합 마케팅 대행사)을 하면서는 연쇄 부도가 발생하기도 했다. 9번째부터 다시 초기 자금을 모으기 시작했고 12번째 창업은 정부 과제의 도움까지 더해서 좀 크게 사업을 진행할 수 있었다.

나는 돈을 따라서 창업하지는 않았다. 다만 트렌드trend를 볼 수 있는 촉이 있었다고 할까? 당시 트렌드라는 것을 따로 공부하거나 배우지는 않았지만, 관심을 갖고 보다 보니 자연스럽게 만들어진 능력 같다. 과거에 내가 행했던 크고 작은 모든 경험은 현재의 나를 만들게 된다. 나의 대학 시절 전공은 전자공학이었지만, 지금 내가 하는 분야는 전자공학만이 아니다. 물론, 전자공학의 배움을 활용한 9년간의 직장생활과 현재 보청기 사업에 필요한 전자 관련 능력에는 당연히 큰 도움이 되었다.

지금의 나의 개인적인 역량은 기획(사업 기획, 마케팅 기획, 제품 기획, 전략 기획, 서비스 기획 등), SW/APP 개발(파이선, 안드로이드 개발), 마케팅(온라인), PM(프로젝트 매니저)의 기능은 평균보다 조금 더 잘하는 것 같고, 사람을 파악하는 기술이 조금 있는 것 같다. 이런 사유로 스타트업start-up을 유지하고 버티는 것 같다. 4년 전쯤부터는 컨설팅과 특강을 시작했고, 현재는 사업을 하면서 대학 겸임교수로 '기업가정신'과 '창업'이라는 교과를 가르치고 있다.

지금의 나를 만든 것은 나의 경험과 스스로에 대한 믿음과 노력, 그리고 끊임없는 성찰이었다. 스티브 잡스Steve Jobs는 대학 시절 철학을 전공하였으나, 학교라는 시스템이 마음에 들지 않아 1학기 만에 중퇴하고, 18개월간 본인이 좋아하는 공부를 했다. 이 시기에 그는 캘리그라피calligraphy에 집중했고, 이 경험으로 매킨토시에 본인의 트루타입 폰트를 적용하게 되었다. 이것이 그가 스스로 세상을 바꿨다고 말하는 매킨토시의 탄생이다. 매킨토시와 캘리그라피는 전혀 다른 영역이지만. 이런 과거의 스티브 잡스는 미래의 스티브 잡스가 되기 위한 인생의 기초 과정이었을 것이다.

2. 기업가정신, 나의 능력을 키우는 힘

> 배는 항구에 있을 때 가장 안전하지만, 배는 항구에 머물기 위해 만들어진 게 아닙니다.
>
> - 파울로 코엘료Paulo Coelho

① 혁신성 - 보청기 같지 않은 보청기, 역발상 유니버설 디자인 '누구나 보청기'

2015년 청년창업사관학교에서 나의 아이템은 청각 약자를 위한, 고음의 방향을 알려주는 넥밴드neckband 타입의 보청기였다.

누구나 보청기

나를 브랜딩하고 새로운 세상이 시작됐다

2013년부터 구글 글래스의 하드웨어HW를 이용하여 몇몇 소프트웨어를 개발했다. 그중 하나가 'Live Vision'이라는 제품이었는데, 구글 글래스의 전면 카메라가 의료진의 1인칭 시점으로 활용되었다. 환자의 정보 보호를 위해 보안 네트워크를 거쳐 사전에 허용된 관계자(협력 의료진, 보호자 등)에게 시술 장면을 중계하여 직간접적으로 시술에 참여할 수 있도록 개발하였다. 이 아이템은 의료진뿐만 아니라, 소방 및 군사 등에서도 활용할 수 있도록 개발되었으나, 구글 글래스의 시장 진입이 무산됨에 따라 어쩔 수 없이 접을 수밖에 없었다.

이 실패로부터 HW를 외부에 의존하면 안된다는 것을 깨닫게 되었고, 이 경험으로부터 사물인터넷(IoT, Internet of Things) 기술과 의료의 융합은 사람을 돕고 이롭게 할 수 있는 비즈니스의 연속성을 보장해 줄 수 있겠다고 생각되어 '누구나 보청기'가 탄생하게 되었다.

청각 약자는 모두 '보청기'를 사용한다고 생각하지만, 사실은 그렇지 않다. '보청기'를 착용한 것을 감추기를 원하는 고객의 니즈로 인해 기존 음악을 듣는 넥밴드같이 그 크기를 키웠다. 그리고 비싼 가격을 저렴하게 만들기 위해 넓은 기판을 활용하였다. (기판을 확장하면, 사용되는 부품이 보편적으로 사용되는 저렴한 부품으로 대처할 수 있기 때문에 제작 비용이 저렴해진다.)

혁신은 아이폰과 같은 기술적 혁신으로 소비자 행동을 변경하는 것도 있지만, '누구나 보청기'처럼 소비자 패턴을 바꾸는 것도 포함된다. '유니버설 디자인'이란 의미에는 남녀노소 누구나 사용할 수 있는 '누구나 할 수 있는 일을 누구나 할 수 있게'라는 회사의 비전과 철학이 담겨있다. 역발상 유니버설 디자인 '누구나 보청기'는 MWC19 TOP10, 아시아 소셜벤처 TOP3, 한국 디자인진흥원 우수 디자인 수상 등의 국내외적 인정을 받았다.

② 위험 감수성 - MVP 제작을 위해 무작정 중국행 '헬스케어 웨어러블 디바이스'

이전 사업까지는 온라인 유통, 마케팅 사업, 프로그램 개발 등 단일 아이템 기준의 단일 카테고리 사업이었다. 하지만, '헬스케어 웨어러블 디바이스wearable device'를 만드는 사업은 기존의 경험과 지식으로 알고 있는 IT, 지적재산권, 네트워크, 소프트웨어, 마케팅, 유통과 생소한 하드웨어, 제조, 의료기인증을 해내야만 했다.

사람에게도 관성이 있다. 같은 시간에 눈을 뜨고, 같은 시간에 잠자리에 들려 하며, 독서, 운동 등 보통 같은 패턴으로 살게 된다. 그런데, '처음'이라는 단어는 이 관성을 거부하게 되어 부담을 갖게 된다. '첫사랑' 같은 감성적인 이야기를 하려는 것이 아닌, '첫 도전'을 의미하는 것이다. 내가 모르는 '처음'을 시작하는 데 있어 가장 중요한 것은 인적 네트워크network와 디지털 리터러시digital literacy[30]라고 생각한다. 온라인상의 정보를 검색하고, 알고 있는 지인에게 조언받으며 미지의

---

30 디지털 리터러시(digital literacy) 또는 디지털 문해력은 디지털의 역할과 정보가 방대해지면서, 디지털 시민의 필수 역량으로 미래 사회에서 요구되는 기초적인 역량이다. 이는 디지털 플랫폼의 다양한 미디어를 접하면서 명확한 정보를 찾고, 평가하고, 조합하는 개인의 능력을 뜻한다.

세계로 발을 디디게 되기 때문이다.

나에게 첫 하드웨어 개발은 매우 힘든 과정이었다. 용역 외주를 시도하다가 2개월 정도의 시간을 낭비했다.(몇몇 외주 용역 가능 업체를 만났지만, '협상' 테이블에서는 꼭 불협화음이 발생했다. 결국 내가 알지 못했었고, 이를 남에게서 얻으려고만 했기 때문이다.) 국내에서 노력을 반복하다 결국 중국 선전(심천)深圳으로 가서 MVP[31]를 제작하게 되었다. 중국행 비행기를 탈 때만 해도 "중국 = 사기"라는 공식이 만연했다. 나 역시 고민 끝에 '사기를 당해봐야 사기를 알지!'라며 그야말로 사기를 당하기 위해(?) 중국으로 향했다. 인적 네트워크로 4개의 업체와 미팅 약속을 했고, 인터넷 커뮤니티internet community를 통해 6개의 업체를 만나기로 했다. 중국을 2번 왕복하면서 초기 미팅 10개 업체, 2차 미팅 4개 업체, 현장 실사 2개 업체를 거쳐, 최종 선정한 업체와 MVP 계약을 했다. 혹시 사기를 당하지 않을까 걱정되어 3개월간 격주로 5일 정도씩 중국 협력업체에서 근무했다. 계속 진행 상황을 체크하고, 소통의 오류가 없도록 현장에서 바로바로 조율했다. 결론적으로 나는 사기를 당하지 않았다. 그리고 중국에서 제작한 MVP로 한국에서 본격적인 개발이 가능하게 되었다. 만약 사기를 당한다는 편견으로 중국에 가기를 꺼렸다면 어떻게 됐을까? 아마도 3년 만에 개발을 완료할 수 없었을 것이다.

나에게 중국은 하드웨어HW의 시작을 해주었던 곳이다. 많은 사람이

---

31 MVP(Minimum Viable Product): 고객의 피드백을 받아 최소한의 기능(features)을 구현한 제품으로, 초기부터 상용화를 타깃으로 하면 많은 투자금액과 실패의 가능성이 높으므로, 초기에는 MVP를 개발하고 이를 바탕으로 다시 고객의 피드백을 받아 Pivot하며 점진적으로 상용화 제품을 만들게 된다.

말하는 것을 그대로 받아들여 고정 관념화할 필요는 없다. 언어 때문에 가는 것이 두렵고, 비행기삯과 시간이 아까워서 쉽고 편하게 해 보려는 분들에게는 분명 '사기'라는 단어가 크게 보일 수도 있다고 본다.

비즈니스에서는 내가 알고 있는 딱 그만큼만 나에게 주어진다. 수없이 많은 미팅으로 조금씩 상대를 알아 갈 수 있었으나, 결국 조급해지는 건 내 자신이었다. 어느 정도의 시간이 흐른 뒤 '협상'에 대해 나의 시각도 바뀌었다. 이전에는 돈, 시간 그리고 업무량(요구조건) 3가지 요소를 바탕으로 조율했다면, 지금은 '사람'을 우선시한다. 계약 전 협상의 대상과 기초적인 업무 내용을 공유하는 과정에서도 외주 용역업체로만 보는 것이 아니라, 그 사람을 알기 위해 애쓴다. 결국은 사람이기 때문에 사람 간의 이해와 배려가 중요하다. 사람 간의 유대감이 없다면 쉽게 갈 일도 어렵게 갈 수 있고, 서로 간의 배려가 없다면 계산적일 수밖에 없기 때문이다.

③ 성취 욕구 - 겁 없이 도전한 국제박람회 MWC2017와 킥스타터

국제 박람회 MWC2017, 3m×3m가 할당되는 중소기업부 청년창업 사관학교관에 공동으로 참여하게 되었다. MWC(Mobile World Congress)는 스페인 바르셀로나에서 개최되는 세계 최대 모바일 전시회이자, 세계 3대 전시회[32] 중 하나이다. 나름 국내 박람회는 몇 번 해 봐

---

32 세계 3대 전시회는 CES(미국 라스베이거스, International Consumer Electronics Show), MWC(스페인 바르셀로나, Mobile World Congress), IFA (독일 베를린, International Funkausstellung)로 칭해진다.

서, 영어 피칭pitching만 좀 더 준비하면 될 줄 알았다. 최선을 다해 꾸 밈을 위한 요소들을 준비했다고 생각했는데. 결론은 열심히만 했지 잘하지는 못했다. 그냥 용기에 지나지 않았다고 해도 과언이 아니다. 현실은 국내 코엑스에서 하는 박람회와는 수준 차이가 너무 컸다. 주 목받기도 정말 힘들었다. 그래도 몇 건의 기사와 몇몇 의미 있는 가능 성을 확인하게 되었다.

복지 카테고리로 분류되는 보청기가 복지 선진국인 유럽에서는 당 연히 반응이 좋을 것으로 생각하고 도전했던 것은 결국 실패를 부르 는 생각이었다. 사전 조사도 없이 무작정 참가했으니 어쩌면 당연한 결과인지도 모른다. 준비가 너무 부족했다. 전시회 운영 능력은 대규 모 전시회에 어울리지 않을 정도로 턱없이 부족했다. 아울러, 시장 조 사 및 사전 마케팅 등의 부재 등에 대한 반성도 되었다.

당시 대규모 국제 전시와 더불어 미국의 크라우드펀딩crowd funding인 킥스타터[33]를 동시에 진행하고 있었다. 두 프로젝트 모두 처음 하는 경험이었는데, 두 마리 토끼를 잡으려고 했었던 것이 무리였다. 사업 을 하면서 동시에 다양한 '첫' 경험을 하게 되었다. 아마도 다시 그때 로 돌아간다면 박람회를 먼저 하고 박람회 후에 킥스타터 런칭을 했 을 것이다.

오케스트라는 각양각색 소리를 악보라는 합의된 약속에 따라 하나 의 아름다운 하모니로 연주하는 것이다. 그런데 인원 중 단 한 사람만

---

33 킥스타터(Kickstarter)는 2009년 시작된 미국의 글로벌 타깃의 혁신적인 제품뿐만 아니라 영화, 음 악, 공연예술, 만화, 게임 등 다양한 분야 프로젝트를 진행할 수 있는 크라우드 펀딩 서비스이다.

은 아무런 소리를 내지 않고 단원들과 눈빛, 손짓, 발짓으로 소통하며 다양한 소리를 가지고 감동이 있는 음악으로 만들어낸다. 이는 바로 지휘자이다. 스타트업을 하면서 나는 지휘자임과 동시에 100가지의 악기 중 최소 80개 이상을 직접 연주하는 연주자와 악기조율사의 역할까지 자처했던 것 같다. 대표가 모든 것을 다 할 수는 없다. 대표자는 훌륭한 지휘자여야 한다. 즉, 구성원 각자가 맡은 임무를 잘 할 수 있도록 신뢰로 응원하고, 균형감 있는 하모니를 이룰 수 있게 해야 한다.

미국에 진출을 꿈꾸는 멘티에게 최근 이런 멘토링을 한 적이 있다. "미국을 가 보신 적은 있나요? CES는 한번 구경해 보셨는지요? 한국에서 바라보는 제품의 특장점 말고, 미국에서 바라보는 특장점을 위해 미국에서 소비자조사 한 번이라도 해 보셨는지요? 미국에 진출하고 싶으시면 미국에 가 보시고 그들의 문화와 그들의 관점의 피드백이 필요합니다. 이것이 돈을 아끼고 진출할 수 있는 최선의 방법입니다. 만약, 이 과정을 생략하고 느낌대로 하신다면, 당신의 고객은 저 멀리 독도에 있는데, 독도에 가지 않고 서울에서 고객에게 소리치는 것과 같습니다. 여기로 오세요~. 우리 물건 좋아요. 와서 사세요!" 라고요.

도전은 가끔 새로운 인연을 연결해준다. 킥스타터를 진행하던 어느 날. 한 여성으로부터 메일이 왔다. 메일 내용은 제품에 대한 의문투성이었고, 제품의 실효성에 대한 문제 제기였다. 나는 국내 청각장애인협회와 진행한 100여 명 정도의 소비자 피드백 문서를 보내주며, 이 여성의 궁금증을 해소하려 했다.

메일로 피드백을 나누는 과정에서 처음에는 "청각 장애에 대해 모

도전으로 인한 인연 - Miss. Casar Jacobson

르면서 이런 제품을 만들지 마라!"라는 공격적 내용이었으나, 언제부턴가 서로에게 힘이 되어주는 말들이 오고 갔다.

Miss. Casar Jacobson은 청각 장애인이며, 2013 미스 캐나다이고, UN 여성 청소년 챔피언으로서, UN 인권 위원회 활동을 하고 있다. 킥스타터에서 나는 마케팅비를 거의 지출하지 않았다. Miss. Casar Jacobson의 SNS 몇 번으로 내가 목표했던 킥스타터 목표 금액을 쉽게 이룰 수 있었다.

제품의 목적과 고객의 니즈가 일치할 때, 고객이 지불하는 제품의 가격은 제품이 갖는 가치에 비해 적은 금액이라 생각하게 되고 제품의 가치는 극대화된다. 이 가치는 '고객과 얼마큼 공감되느냐'인 것이다. 나는 매년 이 친구를 만난다. 그리고 이 친구는 홍보 영상 및 홍보 자료의 사용을 흔쾌히 허락했다. 우리는 매년 토론토의 어느 공원에서 맥주를 함께 했다. 그러고 보니 코로나19로 인해 못 본 지도 벌써 3년이 지났다. 이 친구에게 오래간만에 연락 한 번 해야겠다.

④ 자율성 - 결과를 예측하지 않는 도전, 맨해튼 공원에서의 인연

2018년 가을, 나에겐 또 다른 도전 목표가 생겼다. 한국 투자가 아닌, 글로벌 투자.

좋은 기회에 미국의 글로벌 VC(Venture Capital)가 선정한 10개 팀에 선정되어 실리콘밸리와 뉴욕에서 IR(Investor Relations)을 진행하게 되었다. 먼저, 미국의 PT와 한국의 PT는 너무 달랐다. 현지에서 IR Sheet 모두를 뜯어고치고 줄거리 흐름을 다시 잡게 되었다. IR 측면에서 한국에서는 "어떤 고객(WHY)을 대상으로 어떤 솔루션(WHAT)을 어떻게(HOW) 하여 회사의 가치를 만들겠다."가 주된 라인이라면, 미국에서는 "어떤 고객(WHY)에게 어떤 가치(Value)를 제공할 수 있는가?"가 주된 줄거리 흐름으로 기억된다. 물론, 투자실행서Term Sheet[34]까지 갈 정도면 모든 내용을 다시 묻곤 하지만, 스토리 라인이 이렇게 표현되었었다.

상대적인 비교로 한국은 What과 How가, 미국에서는 Why가 중요했다. 이 차이점은 어떤 방법이 더 좋다가 아니라, 어떻게 투자사를 대상으로 가치 접근하느냐는 말이 더 가까운 표현일 것이다.

---

34 Term Sheet: 투자 계약을 논하는 시점에 계약 조건을 서로 구체화시키는 문서.

이 당시 해외 출장이 많던 나는 재미있는 습관이 생겼다. 해외 출장이 많았기 때문에 현지의 공원에 가서 직접 제품의 가치를 물어보는 것이 그것이다.

하루는 뉴욕 출장에서 뉴욕의 맨해튼 공원에서 지나가는 사람에게 물었다. 나의 질문은 이러했다.

"우리 제품은 소음의 방향을 감지해서 알려주는 기능이 있습니다. 만약 오른쪽에서 소리가 나면 오른쪽의 진동이, 왼쪽에서 소리가 나면 왼쪽에서 진동이 발생합니다. 당신은 이것을 어떻게 사용하실 수 있을까요? 그 답변이 궁금합니다."

그 후, 우리 제품이 타깃으로 하는 점을 설명한다. 이렇게 먼저 제품의 목적을 말하지 않고 제품의 기능을 설명하여 그 목적을 소비자에게 유추하도록 물었다.

고객에게 이렇게 제품이나 서비스에 대한 목적의 답변을 유도하는 방법도 매우 유용하다. 가끔 생각지도 못했던 제품의 가치를 발견하게 되기 때문이다. (참고로 이 기능은 청각 장애인 등급[35](2급~6급)에서, 특히 2급과 3급에 유용하다. 이들의 일부는 청각을 완전히 소실하였기 때문에 보청기의 증폭으로는 해결이 되지 않는다. 이 때문에 그들을 위해 만든 기능이었다.)

답변은 참 재미있다.

어떤 분은 이렇게 말한다.

"지금 봐봐요~ 사방이 시끄러워요. 이건 내게 정말 필요한 제품이네요. 사방에서 빵빵거리면, 어디에서 빵빵거리는지 도무지 알 수가 없

---

[35] 국내 청각 장애의 등급에서 1급은 없다.

어요. 난 이 제품을 음악도 듣고, 차가 빵빵거리는 방향을 알기 위해 사용할 것 같아요."(차가 빵빵거리는 뉴욕 한복판이기 때문에.)

어떤 분은 반려견을 위해 사용하겠다고 한다.

"이 반려견이 지금 나이가 15살인데. 올해 초부터 내 소리에 반응을 못 해요. 귀가 잘 들리지 않나 봐요. 하긴 늙은 강아지이니까요. 이 제품이 강아지용으로 나오면 좋겠어요."

다른 어떤 분은 미국 보스턴 대학의 의대 교수님이었다. 이분은 제품에 관심을 가졌고 나중에 미국의 판매에 도움을 준 인연이 되었다.

결과를 예측하고 준비한 도전은 그 결과만을 목적으로 한다. 하지만, 위의 예시처럼 그 결과를 예측하지 않고 하는 도전은 뜻밖의 다양한 결과물을 만들어낸다.

'회사를 운영하면서 '열심히'는 필요 없고 '잘'해야 한다.'는 결과론적 사고에 익숙하지만, 난 지금도 '도전만은 '잘'하면 좋지만 '열심히' 해야 뭐라도 건진다.'라고 생각한다.

그래서 '첫' 도전은 항상 다양한 직접 경험을 제공한다.

⑤ 진취성 - 발 빠른 피봇으로 코로나 위기 극복 '젖병 소재로 만든 물놀이용 마스크'

'누구나 보청기'는 2018년 개발을 완료한 뒤 제품의 빠른 출시를 위해 먼저, 음성 증폭기로의 '전자제품' 글로벌 인증[36]을 획득하여 복지 선진국인 미국과 유럽, 일본에 먼저 수출을 진행했다. 국내에서는 외국산 유명 브랜드의 보청기들과의 경쟁을 의식하여, 미국에서 수입된 제품처럼 보이기 위해 미국에 본사를 설립하고 역수입하는 마케팅 전략을 설정하였다. 이때문에 국내에서는 잠시 판매를 보류하고, 보급선 확대를 위해 음성 증폭기로의 KC 인증과 전문성을 획득하기 위해 2019년 '의료기기 인증'을 받았다. (국내에서는 전문성과 마케팅 확대를 위해 인증을 각각 받아야 했다.)

제품의 혁신성을 인정받아 2019년 초 미국에서는 U.S. Department of Veterans Affairs[37]에 7년간 독점 계약을 맺기로 사전 협의가 완료되었다. 모든 일은 순조롭게 진행되었고, '글로벌 혁신'을 준비하였다. 또 국내에서는 ○○ 프라자, ○○ 마트라는 대기업에 입점하기로 계약했다. 또한 이 당시에는 국내 상장회사 3곳과 M&A 미팅을 진행 중이었다. 내 입장에서는 글로벌 진출을 위한 자금이 필요했고 어느 정도의 출구전략Exit[38]을 하고 싶었던 꿈도 강했다.

---

36 전자제품 인증은 국내에서는 KC라 불리는 인증이 있으며, 미국은 FCC, 유럽은 CE와 같이 진출하고자 하는 국가의 인증을 별도로 획득해야 한다.

37 한국어로 번역하면 재향군인회 정도로 번역이 가능하다.

38 스타트업에서 Exit란 출구 전략을 말한다. 투자 자금을 회수하는 방법으로 좋은 의미의 Exit는 주식 상장(IPO), M&A(인수 합병)가 있으며, 최악의 Exit는 매각, 폐업 등이 있다.

하지만, 누구도 예상치 못했던 '코로나19'가 발생했다. 국내외 많은 기업들이 기존 사업을 축소했고, 신규 사업은 아예 시작도 해보기 전에 중단되기도 했다. 특히 대부분의 오프라인 사업은 축소되었고, 자사의 제품으로 방문 판매하던 업체들은 정부의 방문 판매 금지 시책으로 인해 사실상 폐업까지 걱정하게 될 정도였다.

'코로나19'가 가져온 사회적인 파급 효과는 너무나도 컸다. 사업은 매출이 급락하였고, 이를 타개하고자 홈쇼핑과 온라인 판매로 유통 채널을 급하게 변경했다. 또 기존의 마케팅 방식을 모두 변경해야만 했다. 하지만, 경쟁자 대비 부족했던 브랜드 인지도와 준비되지 않은 A/S 능력으로 소비자의 선택을 받기는 쉽지 않았다. 이 때문에, 회사를 살리기 위한 자구책으로 코로나용 아이템을 만들게 되었다. 바로 '누구나 마스크'이다. '누구나 마스크'는 기존 회사의 BI(brand identity)인 '누구나'라는 단어를 결합해 만든 매우 성의 없는 작명이었다. 이때는 마케팅을 생각할 겨를조차 없었다. 하루라도 빨리 코로나를 타개할 수 있는 아이템이 필요했다. '누구나 마스크'는 물에서 사용할 수 있는 젖병 소재로 만든 물놀이용 마스크이다. 코로나 초기에 부도 직전까지 갔던 우리 회사는 마케팅의 변화와 신규 아이템 추가로 인해 기사회생할 수 있었다. 현재는 카피캣[39]이 7종이나 나온 소위 말하는 '대박 제품'의 탄생이었다.

회사에서 '위기'는 항상 있다. '위기'를 기회로 바꾸는 것은 사람의 판

---

[39] 타사에서 잘 팔리는 제품을 모방하여 만들어지는 제품. 카피캣(모방제품)이 생긴다는 것은 해당 제품이 잘 팔린다는 의미이다.

단이며, 그 판단을 적재적소에 해야 회사는 살아남는다.

　코로나라는 '첫' 경험에서 얻은 것은 "트렌드trend를 만드는 것보다 트렌드를 따라가는 것이 더 쉽다."이다. 회사에서 수익을 내는 방법은 의외로 간단하다. 첫째는 고객의 니즈를 파악하여 그 물건을 만들거나, 둘째는 물건을 만들어서 고객이 따라오게 하는 것이다. '누구나 보청기'는 후자의 선택이었고, '수영장용 마스크'는 전자의 선택이었다.

　댄스 중 유일하게 실수를 인정하는 춤이 탱고이다. 탱고는 '하나의 가슴과 4개의 다리로 추는 춤이다. 순서가 정해져 있는 것이 아니라 리더가 팔로워에게 그 다음 동작을 가슴으로 신호를 보낸다. 그러다 보니, 쉽게 실수가 발생할 수 있는데, 탱고는 실수했을 때 각각의 춤 동작 사이에 실수를 없앨 수 있는 실수 만회용 춤 동작이 있어서 바로 춤을 이어갈 수 있다. 이 때문에, 탱고에서 실수는 춤의 일부이기도 하다.

　스타트업도 인생도 각 발걸음마다 출구 전략을 미리 준비한다면, 실수에도 유연하게 대처할 수 있지 않을까.

　처음부터 100점을 목표로 하지 말자. 일단 왜 해야 하는지 동기를 분명히 했다면 전체적인 프로세스를 크게 그리고 시작하는 방법에 대해서만 알아도 충분하다. 그리고 차근차근하면서 알아가도 늦지 않다. 누구나 완벽한 '첫' 도전은 없기 때문이다.

3. 기업가정신, 나의 또 다른 도전

> 가장 큰 위험은 위험을 감수하지 않는 것이다.
> 세상은 너무나 빨리 변하기에 위험을 감수하지 않는 건 곧 실패로 이어진다.
>
> — 마크 주커버그Mark Zuckerberg

① 기업가정신이 뭔데?

수익이 발생하는 모든 기업들의 대표님들을 정말 존경한다. 돈을 벌어서가 아니라 마이너스 곡선을 이겨내고 결국 수익을 발생시킨 그 과정을 진심으로 존경한다.

나 역시 비슷한 아픔을 겪었기 때문에 그들의 고난의 과정을 깊이 공감한다. 그들은 그냥 어느 날 하루아침에 아이템 만들고, 개발하고, 성공한 것이 아니다. 수많은 시행착오와 노력으로 이루어낸 값진 결과물이다. 그 결과물은 그들의 온전한 삶이기도 하다. 왜냐하면 절실함으로 이루어낸 수익이기 때문이다.

국내 스타트업의 창업 후 5년 이내 폐업률[40]은 72%에 달한다고 한다. 5년간 생존한 28%의 기업 중, 성공이라고 말할 수 있는 스타트업은 극히 일부이다. 그 중에는 폐업을 할 수 없어 마지못해 유지하는

---

[40] 중소벤처기업부, 국회 예산정책처 2019년 자료.

기업들도 포함되어 있기 때문이다.

이런 힘든 일을 왜 하는 것일까?

질문을 바꿔서. 이 힘든 일을 어떻게 할 수 있는 것일까? 이 질문에 대한 답변은 자기 자신만이 알 것이다. 경제학자들은 이 답변을 '기업 가정신'이라 말한다.

경제학자들은 '기업가정신'을 아래와 같이 말하고 있다.

조지프 슘페터 (Schumpeter)	창조적 파괴를 통하여 새로운 제품 발명, 새로운 생산방법 도입, 새로운 시장 개척 등의 새로운 결합을 창출하는 자의 혁신적인 활동을 가능하게 하는 재능이나 능력
피터 드러커 (P.Drucker)	한 사회의 모든 구성원이 가지고 있어야 할 자기혁신의 바탕
티몬스 (J.Timmons)	실질적으로 아무것도 아닌 것으로부터 가치 있는 어떤 것을 만들어내는 창조적인 행동이며, 현재 보유하고 있는 자원의 부족을 감수하여 새로운 기회를 추구하며, 비전을 추구함에 있어 다른 사람들을 이끌 열정과 헌신, 계산된 위험을 감수하는 의지
한국청년 기업가정신재단	현실에 대한 문제의식과 혁신 의지를 기반으로 새로운 가치를 만들어내려는 창조 의지, 그리고 실패의 두려움을 극복해내는 도전 정신

기업가정신은 변화하는 사회에서 주체적인 혁신을 바탕으로 고객의 새로운 니즈를 만들어 내는 것을 말한다. 또, 기업이 폐업되지 않도록 지속해서 사회의 변화에 맞추는 것 역시 같은 맥락이다.

② 개인에게 왜 기업가정신이 중요할까?

코로나19는 우리에게 '비대면'을 강요하였고, 불편함과 사람 간의 거리감을 준 반면, 온라인 미팅 등의 '편리함'을 보상으로 주었다.

다양한 기술의 발전(디지털 기기와 클라우드 서버, 네트워크 환경 등)은 언제 어디서든 업무를 할 수 있는 환경을 만들어 주었다. 이러한 문화를 '디지털 노마드digital nomad'라 부른다.

의료기술의 발전과 수명 연장은 '100세 시대'라는 단어를 만들었고, 낮은 출산율과 빠른 고령화 및 경제 인구의 감소는 본인이 스스로 미래를 책임져야 하는 지속적 경제 활동을 요구하며 평생직장이라는 단어는 없어지고 평생직업을 생각하게 되었다.

이제 다양한 사회적인 트렌드 속에서 어떤 이는 프리랜서, 강의 등의 '창직'으로, 또 어떤 이는 사업, 스타트업이라는 '창업'을 꿈꾸게 된다.

나는 기업가정신을 '나 자신의 이름으로 내 인생을 계획하고 실행하는 것'이라고 설명한다.

기업가정신은 2장의 목차인 '혁신성', '위험감수성', '성취 욕구', '자율성', '진취성'이 다섯 가지의 성향으로 대변된다. 이 정신들은 기업은 물론, 본인의 삶의 방향을 말하는 것이다.

나의 일을 내가 개척해 나가야 하는 시대. 우리는 이런 시대에 놓여 있고, 이 시대에서 살아가는 방법은 기존의 방법이 아닌 새로운 방법으로 살아야하기 때문이다.

"나에겐 꿈이 없어요."라고 힘없이 말하지 말고, "난 지금 내 꿈을 찾기 위해 달려가고 있어요!"라고 자신 있게 말하자. 이것이 기업가정신의 시작이다.

③ 대학에서의 기업가정신 교과에 대하여

기업가정신은 철학과 같이 인간의 속성을 말하는 것이다. 이 때문에 수학, 과학처럼 공식이나 풀이가 명확하게 있는 것이 아니다.

대학의 기업가정신 교과는 학자 출신 교수님들의 '경영기반의 기업가정신'과, 현업 출신 교수님들의 '창업 기반의 기업가정신'으로 크게 나뉠 수 있다. 하지만, '기업가정신'은 창업 및 기업만을 위한 정신이 아니다.

내가 생각하는 기업가정신은 기업 측면의 '창업'과 개인 측면의 '창직'을 함께 아우르며, 실습 기반의 수업을 통해 본인의 주체성을 바탕으로 자아 분석을 하고, 스스로 삶의 방향을 잡아가는 능력을 키워주는 것이라 생각한다. 여기서 실습이란 과제 등을 활용하여 본인 삶에 적용해 가는 과정을 말한다. 나는 대학 수업에서 기업가정신을 개인 활동과 조별 활동으로 진행한다. 기업 측면의 '창업'은 조별 활동을 통해 비즈니스 모델을 설계할 수 있는 눈을 키우는 것을 목표로 하며, 개인 측면의 '창직'은 개별 활동을 통해 스스로 작은 목표와 실천 전략을 세우는 것을 시작으로 퍼스널브랜딩을 목표로 한다.

'기업가정신'은 하나의 단어로 정의할 수 없기 때문에 기업적인 측면의 '창업'과 개인적인 측면의 '창직'을 바탕으로 다양한 유기적인 관계의 요소들로 이루어져 있으며, 이 요소들은 기업과 개인적인 측면에서 동일시된다는 것을 알려주어야만 한다.

'기업가정신'의 강의를 준비하면서 늘 고민하게 되는 부분은 수많은 의미로 해석되는 이 단어를 어떻게 풀어서 설명해야 할까? 그리고 유형의 무언가도 아닌 무형의 기업가정신을 어떻게 보여주어야 할까?에 대한 것이다. 이러한 문제에 대한 솔루션으로 나는 약 6개월간의 자체 연구를 통해 기업가정신을 벌집 모형으로 도식화하는 기업가정신 도감을 개발했다. 이 도식은 좌우 대칭의 의미와 함께 기업가정신으로부터 창업과 창직으로 확장되어가는 과정을 담고 있는 도식이다. 수업에서는 벌집 모형에서 공통되고 유사한 항목들을 모아 커리큘럼을 구성한다.

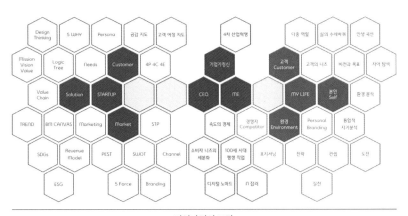

기업가정신 도감

각각의 요소는 기업적인 측면에서는 산업의 발전과 경영학의 발전으로 인해 비즈니스 프레임워크business framework가 잘 정립되어 있는 반면, 개인적인 측면에서의 '창작'과 '퍼스널브랜딩' 등의 프레임워크는 많이 부족하다. (어쩔 수 없는 것 같다. 비즈니스는 경영학과 밀접한 관련이 있지만, 개인적인 측면에서는 철학이나 인문학 등의 사람의 속성과 깊은 관련이 있기 때문이다.) 이 때문에 비즈니스 프레임워크를 개인의 프레임워크로 전환하는 사고 훈련도 필요하게 된다. 따라서 비즈니스를 모르는 친구들에게 비즈니스 프레임워크를 알려주기 위해서는 이를 이해하고 접근하기 쉽도록 카드 형태로 만들어서 접근하고 있다.

기업가정신 교육 카드

4. 설렘, 나를 재촉하는 힘

창조적인 삶을 살기 위해 우리는 잘못되는 것에 대한 두려움을 버려야 한다.

- 조셉 칠턴 피어스Joseph Chilton Pearce

'포스트잇'은 처음부터 기획된 제품이 아니라 실패를 통해 완성된 제품이다. 공정상 접착력이 약한 제품이 발생했는데 처음에는 폐기하다가 나중에 붙였다 떼는 기능의 '포스트잇'으로 탄생하게 되었다고 한다. 처음에는 불량품으로 간주되었지만 실패를 통해 기발한 단서를 발견하게 됐고, 발상의 전환에 의해 포스트잇이 세상에 나오게 된 것이다.

'2장. 기업가 정신, 나의 능력을 키우는 힘'에서 필자의 다양한 실패이야기를 다루었다.

우린, '실패는 성공의 어머니다. 실패를 통해 성공을 배울 수 있다'고 배웠다. 정확하게는 '실패 = 성공'의 공식은 잘못된 것이지만, '실패 → 분석 → 성찰 → 실패 가능성의 감소 ≒ 성공'일 것이다. 그 분석, 성찰의 과정은 개개인의 경험적 바탕에서 느끼는 것이기에 사람마다 가치관이 다르듯, 그 경험의 속도와 크기가 각각의 사람마다 차이가 생길 것이다.

10년이면 강산이 변한다고 한다. 창업 10번이면 어떻게 될까? 인생이 바뀔까? 결론부터 말하자면, 인생은 그대로였다. (만약, 사는 것이 중요했다면, 그냥 회사 생활하는 것이 훨씬 더 편했을 것 같다.)

나 자신은 항상 그대로이지만, 확실한 것은 상황과 환경이 바뀌고 있다는 것을 느낀다. 그리고, 어제의 내가 어색해지는 경험을 하게 된다. 환경이 바뀐다는 것은, 경제적으로 여유가 많아져서 편한 생활을 한다는 말이 아니다.

지금의 나는 사업의 당위성을 알고 있고, 사업이 힘들어지는 이유를 분석하고 성찰할 수 있으며, 다양한 사업에서 어떤 고객을 생각하고 어떤 가치를 제공하는지 그리고 아이템의 상용화에 대한 어느 정도의 프로세스process를 알고 있다.

이런 경험과 지식을 바탕으로 지금은 딸과 함께 '초등학생이 실천할 수 있는 환경보호 카드'를 만들며 재미있는 도전을 하고 있다.

친구를 보면 나를 알 수 있다고 했다. 내 친구들을 보면, 친구 A는 100억 원대의 M&A를 이루어내고, 또다시 창업을 하고 있다. 친구 B는 한국에서 직접 제조했던 창업 기술로, 미국에 공장을 설립하여 또다시 창업한다. 친구 C는 가업을 이어서 지속해서 음식을 제조하고 판매한다. 이 친구는 개인 사업자로 시작해서 이젠 법인 사업자를 다시 만들고 아이템을 확장하여 또다시 창업을 한다. 마지막으로 친구 D는 폐업하고, 너무 힘들어서 해외로 갔다. 그리고는 해외에서 다시 창업하고 있다.

창업과 관련하여 이런 질문을 자주 받곤 한다. 1문 1답으로 만약

'왜 창업하느냐?'고 묻는다면, 쉽게 '돈을 벌기 위해서'라고 말한다. 그리고 이어지는 질문으로 '왜 창업을 여러 번 하느냐?'라고 묻는다면, '하고 싶은 일이 많아서'라고 말한다.

혹자들은 '가치'와 '비전'을 말한다.

회사가 어려울 때도 나는 보청기를 기부했었다. 하지만, 그런 기부 활동은 마케팅의 일환이었지 내 마음속에서 나와서 하는 행위가 아니었다. 지금도 여전히 보청기의 기부(사회활동)를 한다. 하지만, 지금은 진정으로 마음에서 우러나와서 하는 활동이다.

회사를 운영하기 위해서 그 첫 목적은 '돈'이다. 그래야 회사가 유지되기 때문이다. 일단, 돈을 버는 것이 회사이고, 그것이 '업'이다. 이 첫 번째를 달성하지 못하면, 그 다음은 아예 생각할 수도 없기 때문이다.

지금까지 해 온 것처럼. 나는 또 다른 도전을 준비하고 있다, 도전은 이제 나에게 관성이 되었다. 나의 꿈은 오늘도 현재 진행형이다. 다른 말로 하면, 또 다른 실패를 계획한다는 의미이다. 나는 오늘도 설렌다.

꿈을 위해 준비해야 하는 것들이 있다.

첫째, 꿈을 구체화시켜야 한다. 언제까지 어떤 목표를 어떻게 이룰지를 구체화해야 한다. 예를 들어서 "학점을 잘 맞을 거야."라는 꿈을 꾼다면, 먼저 학점 몇 점이 잘 맞는 것인지를 명확하게 해야 한다. 4.0을 말하는 것인지 아니면 3.5 이상을 말하는 것인지 명확하게 하여, 그 꿈의 성공 여부를 객관적으로 판단 가능토록 설정해야 하고, 또 어떻게 이룰 것인지 방법에 대해 '지각하지 않겠다. 예습 복습을 하루 2시간 이상 하겠다.' 등의 구체적인 전략을 세워야 한다.

둘째, 꿈을 분석해야 한다. 예를 들어 꿈이 커피숍을 만드는 것이라면, 바리스타 자격증을 공부해야 하고, 인테리어도 어느 정도 볼 줄 알아야 한다. 또 마케팅 공부도 해야 하고 외국인 상대라면 외국어 공부도 해야 할 것이다. 다양한 원두를 분석하고 어떤 차별화를 통해 맛을 구현할지도 끊임없이 공부해야 할 것이다.

셋째, 분석한 꿈을 하나하나 작은 단위로 실행해야 한다. 이 과정에서는 다양한 실패가 발생하게 된다. 큰 레스토랑을 목표했다면, 최종 목표보다 작은 꿈으로 세분화해야 한다. 바리스타 자격증 또는 카페 아르바이트로 시작해서 테이크아웃takeout 전문점으로 이렇게 차근차근 최종 목표를 위한 작은 목표를 세우는 것이다. 카페 아르바이트를 통해서 고객 대응 및 커피 제조 능력을 키우는 것이고, 테이크아웃 전문점을 통해 경영 능력을 키우고 이렇게 하나하나 키우는 것이다. 이런 과정을 통해 큰 목표에 가까워지는 것이기 때문이다. 물론, 최종 목표가 바뀔 수도 있고 작은 목표가 바뀔 수도 있다. 이런 본인의 의지에 기반을 둔 행동들, 하루하루 흘린 땀방울만큼 미래의 내가 되어 있을 것이다. 그 미래는 레스토랑이 될 수도 있고, 커피 프랜차이즈가 될 수도 있을 것이다. 중요한 것은 작은 목표들이 모여 큰 목표가 된다는 것이다.

마지막으로 다음의 질문을 던지며 이 글을 마치겠다.

오늘 하루, 그대의 이름으로 오늘 하루를 살았는가?

또, 그대는 그대에게 설렜는가?

오늘부터, 그대는 그대의 이름으로 인생을 계획하고 실행하기를 응원한다.

가위 한 번 안 잡아본
남자도 성공하는
미용창업의 열쇠

오인태
미용창업경영사

미용창업경영사 | 오인태

◇ **학력**

호서대 벤처대학원 박사과정
호서대 글로벌 창업대학원 석사(창업경영학과)
한국열린사이버대학교 학사(창업경경 / 뷰티건강디자인)
명지대학교 사회교육원 레크리에이션 과정 수료(2년)

◇ **경력**

헤어살롱오브 천호본점, 건대점, 중화점 대표
㈜비바컴 대표
코오롱그룹 각 계열사, 삼성전자, LG전자, KT, SK 외 대기업 조직활성화 및 문화행사
다수 대행
데일카네기 서울 최고경영자과정 코치
한국1인미디어 창칙창업협회자문위원
코오롱그룹 신입사원 팀빌딩 교육강사
㈜코오롱넥스프리 근무
아이존 커뮤니케이션 대표
YMCA레크리에이션 강사
놀이문화협회 레크리에이션 강사
SBS Sports 리포터
제일방송 방송MC
현대방송 희극연기자

◇ **창업 관련**

기업, 조직활성화 교육, 이벤트
강의 분야: 동기부여, 리더십, 인간관계, 스피치, 소통, 갈등관리, 레크리에이션
미용창업경영 및 조직개발

◇ **이메일**

onetop72@naver.com

"미용으로 월 매출 10억 하기" 따위의 비법은 본 글에 없습니다.

"미용으로 월 매출 10억 하기"에 성공하신 분들이 겪으신 이야기는 있습니다.

늘 사람을 즐겁게 하는 것이 좋았습니다.
조직 구성원들의 소통을 돕고, 화합을 유도하고, 마음을 움직여 행복한 직장생활을 할 수 있도록 돕는 일을 20여 년간 해 왔습니다.

가위 한 번 안 잡아본 남자가 새롭게 미용이라는 주름을 늘려가며 사람의 가치를 배웠습니다.
그들의 미소 속에, 그들의 화려한 기술 뒤에 가려져 볼 수 없었던
아프고도 아름다운 울림이 있다는 것도 알았습니다.
그렇게 미용을 사랑하게 되었습니다.

프랑스 한 헤어 살롱의 철학처럼
'화려한 벨벳 장갑 속에 강력한 철의 손'을 간직한
이 세상 모든 미용인들께
진심어린 존경을 표합니다.

이 글은 사업이 아닌 사람에 대한 이야기입니다.
아직 그리 성공하지도, 훌륭하지도 않은
어쩌다 미용인의 미용 성공창업 이야기

지금 시작하겠습니다.

1. 전반전: 어쩌다 미용인의 좌충우돌 성장기

우리가 명심해야 할 것은 우리 각자가 세상에서 단 하나뿐인 존재라는 사실입니다.
단 하나뿐인 존재기에 어떤 상황에 놓여 있을지라도
자기 자신답게 사는 일이 긴요합니다.

- 법정法頂

① 낯설음과 주름: 경력 전환은 무심코 찾아온다

'아장스망agencement'이라는 개념이 있다. 프랑스의 질 들뢰즈(Gilles Deleuze, 1925~1995)라는 철학자는 모든 대상은 다양한 것들과의 마주침을 통해서 그때마다 다른 주름이 생기고, 이 주름이 대상의 본질이 된다고 보았다. 주름이라면 일제 시대와 보릿고개를 경험하시고 육 남매를 홀로 키우신 할머니의 깊게 패인 손가락 주름의 의미는 안다. 의경으로 군 복무를 하던 시절 못된 고참에게 쥐어박히며 정복 상의 등판에 다리미질로 세웠던 1.5센티 간격의 반질반질한 다섯 줄 칼주름의 의미는 안다. 물론 철학자가 말한 주름은 내가 아는 의미와는 다른 주름이다.

말뜻은 대충 이해가 되지만, 보통 철학자들이 하는 말들은 선뜻 이해하기 어렵다. 이따금 불편함도 준다. 내가 옳다고 믿어왔던 것에 태클을 걸고, 인간이 되기 위해 마늘을 더 먹게 만든다. 하지만 이런 불편함 때문에 우리는 철학과 가까이해야 하는지도 모른다.

좋아하는 국내 철학자 이호건 선생은 아장스망의 개념을 설명하며 첫사랑을 예로 들었는데, 필자를 포함한 아이러브스쿨 경험자들은 새겨들어야 하겠다. 그리웠던 첫사랑이지만 막상 만나보면, 추억과 향수에 젖어 반가움은 잠시, 곧 내 공감도 할 말도 없어지고, 서로 다르다는 것을 느낀다. 과거 감정은 거짓인 양 온데간데없다. 물론 외모가 푹 퍼진 아줌마에, 머리숱 없는 아저씨가 되어, 거의 망가지다시피 된 이유도 있겠지만, 아장스망의 개념으로 보자면 오랜 시간 살아온 마주침으로 서로 다른 주름이 생긴 것이다. (꼭 이런 이유가 아니더라도, 첫사랑은 잘 살면 배가 아프고, 못살면 가슴이 아프고, 살자고 하면 머리가 아프다는데, 허튼 생각하지 말고 아름답고 소중하게 묻어두자.)

철학자들은 늘 그렇다. 알고 보면 별것도 아닌 걸 참말로 어렵게 표현한다. 먹고 살기도 바쁜데 참 고리타분하고 돈도 안되고 쓸데없어 보이기도 한다. 이호건 선생의 말에 의하면 실제 독일의 철학자 마르크스Marx가 『자본론』을 집필할 때, 그의 어머니는 "아들아, 자본에 대해 책을 쓸 게 아니라 네가 자본을 좀 만들었으면 좋겠다."라며 공부의 깊이에 정비례한 가난을 한탄했다고 한다. 철학은 배고프지만 세상을 배부르게 한다. 사람들에게 진리를 향한 방향성을 제시하고 있다.

필자가 잘 알지도 못하는 철학 얘기를 들먹거리는 뜬금포를 발사한 이유도 아장스망이라는 개념이 가위도 잡을 줄 모르고 어쩌다 미용인이 되어 낯선 환경과 맞닥뜨린 나에게 나름 용기를 주었기 때문이다.

들뢰즈는 새로운 배치가 주는 낯설음과 마주치지 않는다면, 생각 또한 바뀌지 않는다는 것을 강조하였다. 낯선 배치가 새로운 가치를 창조한다고 하였다. 이 말처럼 내게 미용실이라는 낯설음과 부닷힘은 '기술' 아닌 '사람'이라는 새로운 가치를 만날 수 있도록 생각을 전환하게 하였다. 이렇게 서서히 깊은 주름이 만들어지기 시작했다.

아내는 결혼 전 1인 미용실을 운영했다. 결혼 1년 후 아이를 갖고 잠정 은퇴한 후 바로 둘째가 생겨 연년생으로 둘을 키우다 보니 육아 우울증이 생겼다. 이런 아내에게 "당신이 마흔이 되면 근사한 미용실 차려 줄게. 조금만 참아."라고 위로하곤 했다. 마흔이 되는 생일날 저녁, 아이들을 빠르게 재우고 와인과 촛불로 모처럼 그동안 소원했던 분위기 좀 잡으려고 하는데, 아내가 기다렸다는 듯 던진 첫마디는 막 불씨가 살아나려던 사나이 가슴을 얼어버리게 했다. 아내가 육아 퇴직 선언을 한 것이다. 김칫국만 제대로 마시고 나니 정신이 번쩍 들었다. 다음 날부터 바로 미용 창업 준비에 들어가야만 했다.

오픈 후 예상치 못한 장애물을 만났다. 문제는 다름 아닌 조직관리였다. 아내는 훌륭한 미용사였지만 경영자는 아니었다. 바람 잘 날 없었다. 퇴근 후 거의 매일 12시까지 전화기를 붙잡아야 했다. 하루가 멀다 하고 갈등이 일어났고, 직원들은 모두 저마다의 이유로 불만을 토로했다. 한 달 사이 몇몇 직원이 차례로 짐을 쌌다. 오픈 멤버는 6개월 이내 물갈이가 된다는 미용계의 정설은 현실이 되었다. 지칠 대로 지친 아내도 결국 파업을 선언했다. 다시 1인 미용실로 가겠다는 것이다. 대형 미용실에서 원장을 하며, 여유 있게 육아도 함께 하겠다는 생각은 정말 철없는 생각이었다. 디자이너에서 원장이 된다는 것은 새로운 직업을 갖게 됨을 의미하는 것을 그때는 몰랐다.

본전 생각에 이렇게 놓아둘 수는 없었다. 나는 미용실 운영에 참여하기로 하였다. 출근한 지 한 달 정도 지나니, 미용인 고유의 정서적인 특징은 차치하더라도, 갈등이 많을 수밖에 없는 구조적인 문제가 있다는 것을 알았다. 첫 번째, 공동의 목표가 없는 '무늬만 조직'이었다. 두 번째, 인턴과 디자이너는 나이 경력에 상관없이 사제지간이 되어 '스승과 동료 사이'에서 혼란을 겪는다. 세 번째, 바쁜 디자이너와 덜 바쁜 디자이너 간의 '인턴 활용 공정성' 문제가 존재한다. 네 번째, '적과의 동침'이었다. 남녀가 죽고 못 살 정도로 사랑해서 결혼을 해도, 사니마니 하는 판에, 죽기 살기로 경쟁해야 할 10명의 사람들이 같이 산다는 것은, 배고픈 맹수들이 모여있는 울타리 안에 하나의 먹잇감을 던져주는 것과 같은 것이었다.

미용 문화에는 조직, 팀, 공동체, 협업, 가치나 목표 등 기업에서 중요시하는 개념들이 없었다. 이들은 기술만 있으면 잘 먹고 대우받으며 살 수 있다고 배웠다. 기술이 최고의 가치고 권력이었다. 이런 문화와 구조 속에서, 전혀 체계가 잡히지 않는 오픈 살롱의, 1인 미용실만 줄 곳 해오던 왕초보 원장이 할 수 있는 일은, 그저 직원들의 불만을 들으며 시달리는 것뿐이었다. 결국 "사람과 관계"라는 평범하다 못해 진부하기까지 한 미용업의 본질을 찾은 나는 어쩌면 나의 지난 경력이 이 분야에서 주름잡는 날이 올 수도 있겠다는 생각이 들었다. 기술과 사람은 다른 영역이기 때문이다.

② 첫 키스보다 짜릿한 첫 경험

희망과 셀렘과 약간의 불안감이 교차했던 오픈 첫날, 뭐라도 도와줄 요량으로 출근을 했다. "정성을 다하겠습니다"라고 써 있는 황금색 어깨띠를 두르고, 양손에는 빗자루와 쓰레받기를 들고 서울에 처음 온 시골쥐 마냥 어색하게 서 있는데, "김 선생님 계세요?" 하며 한 여성 고객이 6살쯤으로 보이는 아이와 함께 들어왔다. 한 시간 전 자신의 조카가 머리를 잘랐는데, 마음에 든다며 김샘을 찾는 것이었다. 김샘은 반색하며 아이를 시술대로 안내하며 물었다.

"어떻게 잘라드릴까요?"

"그냥 예쁘게 잘라주세요!"

그렇게 몇 마디를 나눈 후 김샘은 숙련된 손놀림으로 가위를 다루기 시작했다. 그녀의 가위손은 한 치의 오차도 없었고, 그렇게 다 잘라갈 무렵이었다.

알 수 없는 미소를 지으며 김샘의 가위손보다 더 현란한 엄지손가락 휴대폰 타자를 치고 있던 아이 엄마는 멈칫하더니 눈이 휘둥그레지며 말했다.

엄마: "아니 머리를 이렇게 자르면 어떻게 해요?"

김샘: (화들짝 놀라며) "네…? 어디… 마음에 안 드시는 곳이 있으세요?"

엄마: (황당하다는 듯) "아니 너무 짧잖아요!! 누가 이렇게 잘라 달래요!"

김샘: "아… 좀 전에 그 아이 스타일이 맘에 드신다고 하셔서 그렇게 잘라드린 거예요."

엄마: "뭐요? 아니, 그 아이 머리가 예쁘다고 했지, 그렇게 잘라 달라고 했나요? 그리고 그 아이는 남자고요! 이 아이는 여자예요 여자!"

오늘은 오픈 첫날이다! 고객 한 분 한 분의 입소문이 두려웠다. 원장님이 구원 투수로 나서 25년 갈고 닦은 커트 기술을 선보였지만, 남자인 줄 착각했다는 말 한마디에 상황은 더 악화되었다. 엄마는 아이가 어릴 적 미스코리아 대회에 나가기를 권유받았다며 황당해했다. 이제 남은 구원 투수는 나밖에 없었다. 두려움을 뒤로한 채 다소곳이 다가가 룸으로 안내했다. 고개를 끄덕이며 경청을 하고, 여러 차례 사과를 하고, 다양한 보상 방법을 제시했지만 아이 엄마는 잘려 나간 머리카락이 다시 붙지 않는 한 물러설 것 같지 않았다. 빨리 이 상황을 로그아웃하고 싶었다. 결국 50만 원 시술권을 제공하겠다 제안했다. 지금 생각해 보면 첫날이라 내가 너무 쫄았던 것 같다. 아이 엄마는 잠깐 생각하는 모습을 보이더니, 아이가 어렸을 때 미스코리아 내보내라는 소리 많이 들었다는 말을 세 번 반복했다. 승낙인 것 같았다. 나는 그때마다 나 역시 그렇게 봤다며 큰 소리로 맞장구를 쳤다.

그렇게 마무리하고 고객님을 배웅한 후 직원실에 있는 김샘에게 갔다. 김샘은 고개를 숙인 채, 포갠 두 손에는 화장지가 들려 있었다. 원장님은 걱정스러운 듯 등을 두드리며 위로를 하고 있었다. 나는 "그럴 수 있지 뭐~. 아우, 나두 남자로 착각했다니까. 허허." 하고 거들며 김샘을 힐긋 쳐다봤다. 김샘은 아무 반응이 없었다. 다시 헛기침을 한 번 한 후, "내가 잘 처리했으니까 아무 걱정 안 해도 돼요. 허허."라고 말했다. 김샘이 반응을 보였다. 더 심하게 울었다. 원장님이 저리 찌그러져 있으라는 듯 눈썹을 두 번 튕겼다.

첫 경험은 첫 키스보다 아주 스펙타클하고 짜릿했다. 보통 이렇게 첫 시작에 문제가 생긴 경우 우리 어른들은 '액땜'이라며 긍정적으로 해석하는 지혜를 보인다. 그래 이것이 액땜이라면 한 100년치 땜한 걸로 합시다!

③ 뒤돌아볼 때 보이는 것 - 브랜드

오픈 전, 모 미용실 프랜차이즈franchise 설명회를 찾아갔다. 점포개발 팀장이라고 자신을 소개한 팀장은 본사의 마케팅 지원과 브랜드 인지도, 개인 브랜드의 위험성을 이야기하며, 자사의 브랜드를 선택할 것을 권유했다. 이어 로열티 부분을 이야기하면서 자사의 제품을 사용할 것을 계약 조건으로 내세웠다. "프렌차이즈들도 이상한 브랜드가 많으니 꼭! 좋은 브랜드를 선택하세요!" 하며 힘주어 말했다. 궁금했다. 좋은 브랜드란 어떤 브랜드일까? 팀장은 자사 브랜드의 전국 가맹점 수를 근거로 제시하며, 좋은 브랜드의 기준을 돈 잘 버는 브랜드라고 규정했다.

가맹주와 본사가 함께 지속적으로 윈윈win-win하는 관계만 된다면야 좋은 브랜드의 자격이 있다는데 어느 정도 수긍이 갔다.

질문 시간이었다. 필자의 오픈 예정지를 설명한 뒤, 지역에 맞는 타겟팅targeting에 대해 질문했다.

팀장은 한심하다는 듯 "미용실에 타겟팅이 어디 있습니까? 머리카락 난 사람은 다 오게 하는 거죠." 이렇게 말하곤 서둘러 끝냈다. 모두가 타겟이라고? '모두가 사랑이에요'라는 해바라기의 노래가 떠오르며 예상치 못한 내용의 답변과 반응에 다소 당황스러웠지만, 미용실은 그런가 보다는 생각에 밀려오는 의문과 적당히 타협했다.

원시시대 우리의 선조들은 효율적인 사냥법을 개발했다. 소 떼가 있으면 몇 마리를 놀라게 한다. 놀란 소는 뛰기 시작한다. 옆의 소가 뛰면 다른 소들도 덩달아 뛴다. 소들은 어디로 가는지 왜 뛰는지 영문도 모르고 뛰다가 결국 절벽 아래로 떨어지고 만다. 근거 없는 자신감이었을지는 모르겠으나, 이유도 모른 채 가맹점 수가 많다고 남들이 가는 길을 가기가 싫다는 생각이 들었다. 고심 끝에 프랜차이즈 계약은 접기로 했다.

프랜차이즈의 핵심은 복제이다. 품질의 표준화를 이뤄야 한다. 식당의 경우도 서울에서 먹어본 음식 맛과 제주도에서 먹은 음식 맛이 동일해야 한다. 이런 점에서 미용은 타 업종에 비해 프랜차이즈가 주는 의미가 크지 않다고 생각했다. 기술과 서비스는 사람에게서 나오고 사람의 표준화를 이루기란 현 교육 시스템으로는 불가능하기 때문이다. 제품 또한 기술자마다 선호하는 것이 다르다. 이처럼 본사의 지원과 역할이 한정적인 미용은 리더의 능력이 절대적으로 중요해 보였다.

좋은 브랜드란 뭘까? 멋진 로고logo에, 직관적이고 세련된 네이밍nam-ing, 그리고 가맹점 수가 많으면 좋은 브랜드일까? 확실한 건 하루아침에 좋은 브랜드가 만들어지는 것은 아닐 것이다. 무심하고 꾸준하게 한 길을 걸어갈 때, 그렇게 한참을 걷다 뒤돌았을 때, 선명하게 보이는 발자국이 브랜드가 되는 것이 아닐까? 그 발자국에 '유니크-굿unique-good이 담겨 있다면 괜찮은 브랜드이고, 선함이 배어있다면 좋은 브랜드이고 세상과 소통하며 이로운 가치를 준다면 훌륭한 브랜드'라고 생각한다. 우리는 조금 늦더라도 우리가 생각하는 발자국을 남기기로 했다.

④ 마케팅 전략 - 한 놈만 팬다

"여기는 미용실의 무덤이라니까요! 여기서 망해나간 미용실이 한둘이 아니에요! 궁금하면 한 번 해보시던지요."

"얼마 전에 요기 전철역 사거리, 여기가 제일 좋은 자리인데 여기 있던 미용실도 망했어요. 왜 하필 여기서 하려구 그래요?"

미용실 재료 유통사를 운영하다가 현재 미용실 매장을 전문으로 중개해 주시는 김 사장님은 이렇게 말하면서 소위 상권 좋다는 곳을 여러 군데 추천해 주셨다.

얼마 전 망했다는 미용실은 이름만 들으면 다 아는 유명 프랜차이즈 미용실이었다.

"아니 상권 좋은 데로 가서야 돈을 버시지, 이런 자리에서 매출 얼마나 나오겠어요?"

김 사장님은 침을 튀기며 말했다. 우리가 본 자리는 전철역에서 한참 떨어진 이면도로로 이루어진 작은 교차로였다. 이 자리를 찜한 이유는 한 가지였다. 월세가 싸다는 것. 평수에 비해 다른 지역보다 약 100만 원 정도 저렴했다. 아내의 생각은 하나였다.

"나는 돈을 버는 게 목적이 아니고 망하지 않는 것이 목적이야! 이 정도 월세면 최악의 상황에 나 혼자 해도 절대 망하지 않을 자신 있어."

결혼 전 강남에서 1인 미용실을 운영하며 제법 인정받는 미용사였던 아내의 자신감 뒷면에는 대형 미용실에 대한 두려움이 있었다. 돈 많이 버는 창업보다 망하지 않는 창업을 하겠다는 아내의 생각이 초보 창업자가 가져야 할 바람직한 생각이라는 걸 창업대학원에 다니면서 알게 되었다.

중·대형 유명한 미용실들이 고전하다 사라지는 이유가 뭘까? 건물들이 다소 오래된 동네지만 주거지역이고, 전철역 사거리 나가면 유동인구도 많은데… 이 지역 사람들은 펌을 하지 않나? 궁금증은 커져만 갔다. 여기서 전철로 한 정거장이면 천호역이라는 메이저major급 상권이 있다. 불편하긴 하지만 걸어서 가거나 퇴근 후 들를 수 있을 정도로 가깝기에 그쪽으로 이동할 것이라는 가설을 세웠다.

상권분석 사이트 화면을 넘겨 가며 이 지역과 주변 지역을 조사했다. 신기했다. 미용실 현황뿐만 아니라 유사 업종 및 모든 업종의 현황을 파악할 수 있었다. 미용실 지역 평균 매출도 확인할 수 있었다. "와, 잘되어 있네!"를 연발하며 수십 장을 출력해서 분석하고 비교했다. 머리가 아팠다. 현장에서 직접 보는 게 나을 것 같았다. 찜해둔 상가 앞에서 일주일 내내 유동인구 동선과 인구통계학적 특성을 눈으로 확인하였다. 이어서 근처 미용실을 모두 탐방했다. 하루는 커트를 하고, 다음 날 다른 곳에선 염색을 하고, 또 다음날, 다른 곳에서는 펌을 했다. 그다음 날은 클리닉을 했다. 이렇게 미용실을 돌며 기술력, 메뉴, 서비스 상태, 살롱 분위기 등 정보를 모았다. 그중에 눈에 띄고 평판이 좋은 미용실이 있었다. 5명 정도가 일하는 중형 미용실이었다. 근처 카페 사장님은 이 미용실이 이 동네 1등이라고 귀띔해줬다. 미용실의 무덤이라는 이유는 분명 있었을 것이다. 망해나갔던 대형 미용실들이 무엇이 잘못 되었는지는 모르겠다. 하지만 1등 미용실은 분명히 성업 중이었다. 이 동네도 다를 바 없이 미용실은 많았다. 하지만, 1등 미용실을 포함한 몇몇 미용실 빼고는 고객 입장에서 썩 만족할 만한 수준의 미용실은 없어 보였다. 대충 걸쳐 입고, 슬리퍼를 신고 가도 될 정도, 일명 슬세권에 괜찮은 미용실이 있다면 천호역까지 나갔던 고객을 잡을 수 있을 거라는 가설에 힘을 더했다.

"시장이 죽었으면 살리면 되지! 우린 그 옛날 나이키가 '아디다스를 이기자'라는 목표를 세웠듯이 1등만 잡자."라는 지금 생각해 보면 그리 소박하지 않은 목표를 잡았다.

타겟층은 30~40대로 설정했다. 가장 사회활동을 왕성하고, 잦은 시술로 건강하지 못한 모발을 가지고 있는 것이 특징이다. 육체적인 노화가 시작되는 나이인 만큼 까다롭다. 까다롭기에 한 번 고객이 되면 충성고객이 될 가능성도 높다. 따라서 디자이너도 7년 이상의 오랜 경력자들로 구성했다. 가격은 주변 미용실과 동일하게 책정을 했다. 이미 기술력은 자신 있었기에 동일한 가격에 좋은 시설과 서비스라면 지역 접수는 가능해 보였다. 지역이 합리적이라고 인정할 만한 가격으로 청담의 높은 기술력, 그리고 환경과 서비스를 실현하는 것이 관건이었다.

자! 이제 이 동네 평정하는 일만 남았어! 야심차게 발표한 이 목표는 현실이 됐다. 오픈 후 6개월 시점부터 매출이 상승하며 지역 1등을 찍고, 서서히 자리를 잡아갔다. 소문은 빨랐다. 자리를 잡아간다 싶더니 첫 번째 위기감이 찾아왔다. 오픈 1년 후, 국내 가장 많은 가맹점을 보유한 프랜차이즈 가맹점이 사거리에 입점하였다. 이어 중 대형 규모의 유명 프랜차이즈 미용실들이 줄줄이 들어섰다. 지금은 우리를 포함하여 7개의 대형 미용실이 영업 중이다. 1인 미용실 역시 상당수 오픈했다. 미용실이 많아지다 보니 자연스럽게 경쟁하게 되고 서비스의 질은 더 올라갔다. 고객 입장에서는 나쁘지 않은 현상이다. 이제 이 지역 고객들은 멀리 천호역까지 나가는 불편함을 겪지 않아도 된다.

이 많은 미용실이 영업 중임에도 우려했던 매출이 줄지 않았다. 이것은 천호역으로 나가는 고객이 많을 것이라는 처음에 세웠던 가설을 입증하는 것이었다. 우리는 암사지역의 미용 시장을 개척하고 상권이 살아나게 하는 데 조금이나마 일조했다는 자부심을 가지고 있다. 이

자부심은 우리 구성원들에게도 고스란히 전달되었고, 안정된 미용실의 기반을 닦는 데 큰 영향을 주었다.

코로나가 한창이던 때에도 동일한 매출을 유지하였다. 뿐만 아니라 오픈 후 지금까지 암사역 1등 미용실로 명맥을 유지하고 있다. 아무리 객단가客單價가 저렴한 동네라도 좋은 품질의 서비스를 원하는 사람들은 존재한다. 소상공인 창업자라면 어떤 가격으로 어떤 포지셔닝posi-tioning을 하든 지역의 1등을 목표로 하여야 한다. 나는 입지를 묻는 미용창업자들에게 입지가 중요한 것이 아니고 '지피지기知彼知己'가 중요함을 강조한다. 어떤 지역이든 1등 점포의 장단점을 알고, 이길 수 있는 확실한 무기가 있을 때 투자할 것을 추천한다. 마케팅은 상대적인 것이다. 내가 잘하는 것이 중요한 게 아니고, 경쟁 업체보다 잘하는 것이 중요하다. 또한 처음 시작하는 창업자라면 큰 시장에서 경쟁하는 것보다 작은 시장에서 1등 하는 것이 더 좋은 전략일 수 있다. 1등? 어렵지 않다. 1등만 이기면 1등이다.

$$⑤ \ 차별과 = \frac{상식}{다른\ 관점}$$

인테리어 - 백 번 수정하더라도 확실한 시안을 잡아야

고객 중심의 인테리어도 성장의 한 요소가 되었다. 인테리어 과정에서 나는 경력에서 오는 전문성을 발휘했다. 소개와 검색을 통해 괜찮아 보이는 5군데의 인테리어 업체와 미팅을 했다. 대략적인 콘셉트con-cept를 이야기하고 제안서와 견적서를 받았다. 그중 기획력이 있어 보이는 두 곳을 선정하여 경쟁에 붙였다. 기획사를 운영하면서 무대 제작이나 행사장의 디스플레이를 총괄한 경험이 많은 나는 이런 쪽의 크고 작은 주름이 많이 형성되어 있었다. 직접 제작할 수 없지만 기획력과 디자인을 볼 안목은 있었다. 기획력은 매우 중요하다. 의미를 창조하고 부여해서 콘셉트를 설정하고, 그것을 쉽고 일관성 있게 표현하는 능력, 나아가 문제를 규정하고 해결하는 능력이 기획력이다.

최종 선정된 업체는 3D로 실사와 같은 디자인 시안을 제작해 왔다. 시안은 역시 중요하다. 계약의 근거가 되기 때문이다. 공사 전 시안을 백 번 수정하더라도 확실한 시안이 있어야 한다. 가끔 도면과 배치도 정도만 받고 색감과 디자인이나 자재는 사진이나 샘플을 보며 결정하는 경우가 있는데, 공사가 진행 중에 마음이 안 들 경우 수정하는 것은 추가 비용이 발생할뿐더러 공사 일정이 늦춰지고 갈등의 원인이 된다. 따라서 업체 선정에 있어서 조금 비싸더라도 기획력과 디자인 능력을 중요한 기준으로 삼아 선정하고 시안은 꼭 받아야한다. 또 인테리어 회사는 창업자가 원해도 자신들의 판단으로 끝까지 NO! 하고 콘셉트대로 날카롭게 밀고 나가는 고집도 피울 줄 알아야 한다.

전문성을 보유한 업체는 당당하게 제안할 줄 안다. 그렇지 못한 업체는 창업자가 일일이 결정해야 하는 상황을 만든다. 샘플을 들고 와서 어떤 자재로 할지 어떤 색으로 할지 매번 물어본다. 나중에 책임을 회피하기 위해서다. 제안력이 없다는 얘기는 전문성이 떨어진다는 얘기다. 이렇게 기획과 디자인의 전문성이 없는 공사 실무자들이 인테리어 회사 명함을 들고 다니는 경우가 많다. 창업자가 인테리어 기술과 디자인 감각이 뛰어나서 모든 것을 능숙하게 진행할 수 있다면 셀프 인테리어도 해 볼 만하지만 그렇지 않을 경우 적어도 디자인 시안이라도 제안할 수 있는 업체를 선정해야 한다.

공간은 고객에게 돌려주자

가장 고민을 많이 한 부분은 대기석이었다. 보통 미용인들은 시술대 수를 중요하게 생각한다. 시술대의 수가 매출과 비례한다고 생각하기 때문이다. 한참 고객이 몰릴 때 시술대의 수가 부족하면 손님을 받지 못하는 상황이 오기 때문이다. 그래서 보통 40평의 경우 최소 12석 이상을 권장한다. 이것은 철저하게 사업자의 기준에서 나온 발상이다. 소비자의 입장에서 경험했던 나는 생각이 달랐다. 시술적인 서비스 외에 고객에게 선사할 프리미엄은 무엇일까 고민했다. 나의 솔루션은 대기석이었다. 고객은 결국 기다리거나 시술을 받거나, 이 두 가지 경우의 수 안에 있다. 우리가 아닌 고객에게 공간을 돌려주고 싶었다. 대기석을 넓게 하고 편안한 카페형 공간으로 구성했다. 잠깐을 앉아 있어도 그 시간이 중요하다고 판단되었다. 입구의 넓고 편안한 대기 공간은 "소비자는 마주하고 수 초 안의 첫인상으로 구매 여부를 판단한다."는 이른바 MOT 이론(Moment of Truth, 결정적 순간) 측면에서도 훌륭한 효과를 발휘했다.

프라이빗한 룸도 만들었다. 그러나 다른 미용실처럼 매출과 연결되는 VIP 접대를 위한 공간이 아니었다. 다른 화장실보다 넓은 장애인 화장실을 보고 생각한 이 공간은 현재 실제로 장애인 고객께서 너무나 만족해하는 공간이 되었다. 이 밖에도 잘 울거나 시끄러운 어린아이와 함께 오는 고객, 모발의 특징으로 프라이빗함을 원하는 고객, 여친이 머리할 때 함께 기다릴 수 있는 공간으로 활용되고 있다. 반면 시술대와 샴푸대는 줄였다. 하루하루 준비한 재료가 떨어지면 손님이 기다려도 과감하게 장사를 마감하는 어느 식당처럼 준비된 시술대 안에서 최상의 서비스를 제공하자는 생각이었다.

고객은 선택에 있어서 비슷한 것은 우선 제외한다고 한다. 유니크한 것 중 선택을 하는데, 유니크는 Unique-Bad와 Unique-Good으로 나뉜다.

어느 항공사에 면접을 보는 취준생의 일화를 예로 들어 보겠다. 이 취준생은 자신의 독창성을 표현하기 위해 고민하다가 지원하는 회사가 항공사라는 타겟에 맞춰 아이디어 하나를 떠올렸다. 이 지원자는 자신의 이름이 호명되자. "지원번호 20번 000은 00공항에 곧 착륙하겠습니다. 20번 지원자 00공항에 안전하게 착륙하였습니다." 하며 면접관 앞에 앉았다. 이에 면접관은 "20번 지원자, 그대로 이륙하여 다음 목적지까지 안녕히 돌아가십시오."라고 받아쳤다고 한다. Unique-Bad의 사례이다. 독특하다고 다 좋은 것이 아니라는 얘기다. 고객은 자신이 공감할 수 있는 수준의 Unique-Good을 선택한다. 획기적인 변화를 고민하며 골치 아플 필요 없다. 있는 것에 관점을 달리하고,

새로운 문제로 규정하여, 상식적인 편익을 살짝 얹으면 그것이 차별화이다.

⑥ 마케팅 전쟁과 호갱님

마케팅 전쟁이 더욱 치열해지고 있다. 많은 돈을 들여가며 포털사이트 상단을 차지하기 위해 발버둥 친다. 마케팅 대행사들은 새로 바뀌는 로직트리logic tree에 따라 어뷰징abusing 단속을 피해가며 상위 노출을 할 수 있는 방법을 연구한다. 온라인상의 자작 리뷰review는 날로 넘쳐난다. 심지어 리뷰를 돈으로 구입하는 일도 빈번히 발생한다. 실제 새로 오픈한 모 살롱은 우리가 3년간 쌓아온 리뷰 수를 단 3개월만에 따라잡았다.

어느 날, 예전 그 프랜차이즈 팀장으로부터 SNS 마케팅 강의에 초대받았다. 요즘 핫한 온라인 예약 관련 강의가 준비되어 있다고 했다. 특히 사진의 퀄리티quality를 높이기 위해 예쁜 사진을 얻는 방법을 공개하겠으니 기대하시라며, 참가자들의 마음을 사로잡았다. 1부에서 팀장은 급변하는 세상 속에서 변하지 않는 브랜드를 선택하라고 했다. 팀장은 변함없는 사람이었다. 5년 전 말 토씨도 PPT도 변함없었다.

2부가 시작되고 팀장이 제시한 온라인 마케팅 방법은 이랬다. 1단계, 긴 머리에 예쁘고 조막만 한 얼굴에, 표정과 포즈를 잘 잡는 여성을 섭외한다.(쉽게 말해 그냥 모델이다.) 2단계, 아이롱과 드라이로 스타

일을 잡고 사진을 찍는다. 3단계, 다시 샴푸를 하고 배경색과 의상을 바꾸고, 다른 스타일링을 하여 또 사진을 찍는다. 이렇게 반복하면 펌 시술 한 번 하지 않고, 모델 한 명으로 여러 스타일의 사진을 얻을 수 있고 말했다. 4단계는 이 사진에 여신 펌, 동안 펌 등등 이름을 붙이고, 실제 펌 시술의 결과물인 양 온라인 사이트에 올린다. 음. 뭐 그럴 수 있다. 시간당 모델 비용이 만만치 않으니까. 하단에 "이해를 돕기 위한 연출 사진입니다."라는 문구를 기재해 놓는다면 문제없겠다 싶었다. 문제는 그 다음 얘기였다.

팀장은 사진 편집 앱을 소개했다. 자신의 휴대전화에서 이 앱을 사용해 모발의 컬러를 자유롭게 바꾸는 것을 시연했다. 이렇게 컬러를 바꾼 사진을 이용하여 마케팅을 하고 있는 사례도 보여줬다. 앱을 이용해 바꾼 컬러에 마치 시술을 한 컬러인 양 이름을 정하면 고객은 절대 알 수 없다는 말도 해줬다. 혹시나 고객들이 "사진과 시술 결과의 컬러가 다른 것에 대한 항의"를 하면 사진이라 다를 수 있음이 당연하다고 에둘러 대고, 친절한 말과 함께 선물이라도 들려 보내면 된다는 것이었다. 몇몇 청중이 웃음을 보이자 더욱 의기양양하게 다음 시연을 보였다. 듣는 내내 꺼림칙한 마음을 감출 수 없었다. 이런 속임수를 아무 거리낌이 없이 제안하는 대범함에 당황스럽기도 했고, 이 많은 수강생들이 실제로 따라 할까 두려웠다.

많은 교육자들은 말한다. '마케팅 전략에 있어서 휴리스틱heuristics, 즉 비합리적인 판단을 하는 인간의 심리학적 특성을 이용하는 것이 좋다.'라고 말이다. 이 말을 반박하고 싶지 않다. 다만, 확실한 것은 마케팅이라는 것이 고객을 홀리듯 구매를 유도하는 상술은 아닐 것이다. 어떤 이는 미치도록 고객의 사랑을 받기 원하고 그것을 위해 행동하는 것이 마케팅이라 하였다. 마케팅은 사람에 대한 존중과 깊은 관계성이 바탕이 된다고 본다. 그 중심에는 진정성이 있다.

강의 내내 팔짱을 끼고, 턱을 살짝 들고, 머리는 삐딱하게 한 채, 최대한 감흥도 없고, 재미도 없다는 듯 강사를 바라봤다. 당신의 헛소리에 동의하지 않는다는 소심한 반항이었다.

판매자의 얄팍한 상술에 홀려 충동구매를 한 고객을 일컬어 호갱님(호구고객님)이라고 한다. 호갱님이 되어본 경험이 독자님들도 한 번쯤은 있을 것이다. 기분이 어떠셨는가? 농락당했다고 생각될 때는 기분이 나쁜 정도가 아니라 분노하게 된다. 호구의 경험은 단단한 심리적 방어벽을 만든다. 고객과 판매원 서로가 가진 정보의 비대칭 상황 속에서, 이미 방어벽을 친 고객은 직원의 친절과 선의를 의심하고 왜곡하여 받아들이게 된다. 괜스레 삐딱하게 구는 고객은 십중팔구 다른 곳에서 호구가 되어본 경험이 있는 고객이다. 속았던 것에 대한 원망과 당신한테 속을 만큼 어설픈 사람이 아니라는 것을 보여주기 위해 더 깐깐한 행동을 한다. 이런 불신이 평범한 고객을 진상 고객으로 만드는 시작이 되는 것이다. 결국 고객의 불신은 판매자의 잘못에서 비롯된다. 이런 고객을 대할 때 신뢰를 회복하는 것이 급선무다. 업계의 한 사람으로서 책임감을 가져야 한다. 고객을 피해자로 규정하고, 우선 미안한 마음을 갖고 깊게 공감해야 한다. 다시 신뢰를 얻을 수 있도록 결과를 보여줘야 한다. 신뢰 회복은 쉽지 않다. 그만큼 일단 신뢰를 얻고 나면 영원한 고객으로 만들 수 있다.

미용은 언뜻 보면 그게 그거인 것 같지만, 알면 알수록 세밀함이 많이 요구된다. 80점까지는 어느 정도 노력이면 가능하지만 90점 이상을 올리는 데는 얼마나 세밀한가, 얼마나 정확한가, 얼마나 정성을 들이고, 얼마나 많은 경험이 있는가에 따라 결정된다.

컬러도 같은 컬러가 아니다. 새치 염색의 경우 비교적 간단하지만 특수 컬러인 경우 다양한 색의 조합에 따라 만 가지의 색상을 만들 수 있다. 정확한 양과 정해진 시간, 소위 레시피 대로 한다고 해서 같은 결과가 나오지 않는다. 각기 다른 모발의 성질과 지난 시술과 관리에 따른 현재의 모발 컨디션에 따라 경우의 수가 많기 때문이다. 이것을 파악하고 계획했던 컬러를 빼내는 것이 경험이고 기술이다. 모발의 상태를 보는 안목과 경험, 디테일한 전 처리와 후 처리 등 시술자의 섬세한 기술에 따라 다양한 색을 연출할 수 있다. 유니크하거나 고급스러운 컬러를 뽑아내야 하는 것도 중요하지만, 모발의 건강함을 유지하는 것이 더 어렵고 중요하다. 겉으로 보기엔 가볍게 슥슥 해나가는 것 같지만 그 내면은 결코 가볍지 않다. 이렇게 성스러운 기술이건만 컬러에 앱을 가지고 장난질이라니….

미용인이라는 자부심을 하나로, 불규칙하고 짧은 식사 환경 때문에 망가진 위를 약으로 달래고, 종아리 붓기를 방지하는 압박 밴드를 두르고 출근하여, 키가 작은 이는 어깨가 아프고, 키가 큰 이는 허리가 아프고, 키가 적당한 이는 잦은 가위질로 인한 손가락 관절통을 참아가며, 얼굴과 목에 머리카락을 달고 퇴근하여, 유분이 없어 거칠어진 손 마디로 늦은 저녁을 들고, 피부에 박힌 조각난 머리카락을 족집게로 빼내는 일로 하루를 마감하는 아내를 비롯한 이 세상 모든 미용인들께 새삼 존경을 표한다.

⑦ 헛소리에 대하여

『헛소리에 대하여On Bullshit』라는 미국 프린스턴 대학의 해리 G. 프랭크푸트 교수의 저서가 생각난다.

이 저서에서는 거짓말과 헛소리를 이렇게 구분했다. '둘 다 진실과는 반대되는 개념이지만 다른 점이 있다. 바로 진리의 인지 여부이다. 거짓말은 진리를 잘 아는 상태에서 다르게 말 하는 것이다. 치밀함과 지적 능력이 뒷받침될수록 더 교묘한 거짓말을 할 수 있다.' 우리는 많이 봐 왔다. 일부 정치인들은 권력을 잡기 위해 꾸며냈던 거짓말이 탄로 나면, "진실은 곧 밝혀질 것!"이라며 법정에서 진실을 말하겠다고 한다. 국민들이 알아야 할 진실을 왜 법정에서만 말하겠다는 것인지 모르겠다. 그러다 구속이라도 되면 정의는 죽었다고 한다. 본인이 정의라고 생각하는지도 모르겠다.

반면에 '헛소리는 진리에는 관심 없이 아무 말 대잔치를 하는 것이다. 헛소리를 하는 사람은 그저 자신의 이익이나 스포트라이트에만 관심이 있다. 헛소리는 거짓말에 비해 상대적으로 빠져나가기 쉽다. 그래서 세상은 헛소리가 난무한다.' 지적이라도 당하면, 의도적 왜곡이라며 정치공세의 피해자인 양 코스프레를 한다. 심지어 역공을 펼친다. 똥 싼 놈이 큰소리치는 격이다.

인터넷은 그야말로 헛소리 천국이다. 일부 유튜버들은 돈벌이를 위해 보다 전투적으로 헛소리 경쟁을 한다. 날로 정도가 심해 언론에 조명받기라도 하면 그 유명세가 오히려 돈벌이에 도움을 준다며 좋아한다. 이쯤 되면 관종 중에도 특특특 A급이다. 우리가 버린 쓰레기가 결국 우리의 신체를 병들게 하듯, 정보의 바다에 떠다니는 쓰레기는 우리의 정신을 병들게 한다. 진실과 거짓과 헛소리를 구분할 수 있는 안목과 지혜를 길러야 하는 이유다. 저자는 '헛소리는 거짓말보다 훨씬 더 큰 진리의 적'이라면서, '비단 정치 분야뿐만 아니라 광고와 홍보의 영역에도 헛소리로 온통 가득 차 있다.'고 주장했다. 진실을 감추고 이익을 위해 고객을 속이는 어뷰징 행위를 마케팅이라고 하고 전파하는 것에 대해 거짓말이라 해야 할지 헛소리라 해야 할지 모르겠다. 책임지지 않아도 되는 말은 참 쉽다. 고객의 불신을 초래하고, 미용인을 욕되게 하고, 나아가 미용업의 발전에도 악영향을 주는 일은, 적어도 미용인 사이에서는 일어나지 않았으면 좋겠다. 입이 근질근질한 헛소리 텔러들이여, 데이 서퍼트가 이야기한 "말을 하기 전 통과해야 할 세 개의 황금문Three Golden Gates"을 귀에 담도록 하자. "참말인가? 필요한 말인가? 친절한 말인가? 모든 문을 통과 했다면 그 말을 해도 좋다."

2. 후반전: 성공의 열쇠는 미용 기술 아닌 마음 기술

> 나의 비즈니스는 '불필요한 인간이란 없다.'는 철학을 바탕으로 하고 있다. 사람을 그런 식으로 다루는 것은 일종의 죄악이다. 어느 누구도 중요하지 않은 인간은 없다.
>
> - 데비 필즈Debbi Fields(미세스 필즈(Mrs.Fields) 쿠키의 CEO)

① 먼저 말할 자격을 얻어라.

"이거 해 봤어? 안 해봤으면 말을 하지 말어~"

과거엔 달인이었고, 지금은 족장님이 된 개그맨 김병만 씨의 유행어이다.

회의를 앞두고 한 디자이너가 나에게 말했다.

"대표님, 매직 땡겨 보셨어요? 안 땡겨 봤으면 말을 하지 말어요~"

매직이면… 마술? 아이들이 유치원에 다닐 무렵 어설프게 동전이 사라지는 마술로 놀라게 해 봤다. 왼손으로 손잡이를 돌리는 시늉을 하면, 주먹을 쥐고 있던 오른손의 가운데 손가락만 올라오는 마술은 해 봤다. 나중에 알았지만 매직 펌이란 곱슬머리 등을 고데기 같은 매직기로 일일이 펴는 펌이다. 내가 어물어물 말을 못 하자 다른 구성원들이 재미있다는 듯 웃었다. 순간 교감신경계가 과도하게 활성화되는 것을 느꼈다. 피부 아래 혈액들이 차오르고 있었다. 원래 검은 빛이 돌던 얼굴에 열감이 오르더니 금세 수입쇠고기마냥 검붉은색이 되었다. 그냥 웃어넘겨도 될 것을 그렇게까지 당황한 이유를 지금 생각해 보면, 미용 지식이 없다는 것을 나 스스로 역린(용의 비늘 중 거꾸로 난 하나의 비늘로 건들면 화를 부름)쯤으로 여겼던 것 같다. 대충 눈치로 펌의 일종이라는 것을 알았지만 입술은 이미 굳어 있었다. 아니 할 말은 많으나, 하면 안 되지 싶었다.

미용인이 되고 싶었다. 동질감과 소속감을 느끼고 싶은 것은 매슬로Maslow의 '인간 욕구 이론'의 상위단계인 3단계 속하지 않던가? 미용 자격증이라도 있으면 미용인에 가까워지지 않을까 하는 생각이 들었다. 하지만 미용 학원을 다니기에 여러 가지로 조건이 맞지 않았다. 이참에 자기계발도 할 겸 대학으로 눈을 돌렸다. 마침 한국열린사이버대학에 미용학과가 있었다. 졸업을 하면 종합미용사면허증을 발급받을 수 있었다. 평소에 관심 있었던 창업경영학을 전공하면서 부전공으로 뷰티건강디자인학과의 수업을 들었다. 팔자에도 없는 모발생리학, 손톱 다듬는 스킬, 심지어 다리 부종 빼는 마사지 스킬도 배우면서 그렇게 미용인이 되어가고 있었다. 그런데 예상치 못한 난관을 맞이했다. 학점만 채운다고 졸업이 아니었다. 졸업 조건으로 첫 번째는 졸업시험, 두 번째는 미용대회 입상이라는 옵션이 있었다. 졸업시험 기출문제를 구해 보았다. 케라틴keratin, 큐티클cuticle 블라블라…. 분명 열심히 수업을 들었는데 왜 처음 듣는 것 같지? 도저히 통과할 자신이 없었다. 어쩔 수 없이 두 번째 방법인 미용대회에 나가기로 했다. 선배의 조언에 따라 비교적 짧은 시간에 배울 수 있는 종아리 마사지

종목을 선택했다. 추천해 준 마사지 오일을 준비하고, 링크 걸어 준 유튜브를 틀어놓고 아내를 엎드리게 했다. 아내는 자기를 이렇게 사랑하는 줄 몰랐다며 좋아했다. 두툼한 종아리는 마사지 연습용으로는 최상급이었다. 하루에 한두 시간씩 정말 열심히 연습했다. 일주일째 아내는 종아리가 쓰라리다고 했다. 자세히 보니 예상대로라면 날씬해져야 할 종아리가 좀 부은 것 같기도 하고⋯. 이제 하산할 때가 되었나 보다.

대회 날이다. 모델이 되어 줄 아내를 대동하고 대회장으로 갔다. 규정에 따라 너도나도 신발부터 윗옷까지 백색의 마법사 간달프(영화 〈반지의 제왕〉에 등장한 선한 마법사로 흰색 옷만 입고 다닌다.)가 되어 마법 지팡이 같은 미용 장비들을 들고 모여들었다. 주최 측의 대회장이신 협회장님 역시 올 백색의 '앙드레 김' 선생님이 되어 판타스틱하고 엘레강스하게 펼쳐질 대회를 축하해 주셨다.

이윽고 내 차례가 다가왔고 시험장으로 입장을 하려던 순간, 감독관이 시험장 입구를 막아섰다. 시술을 받을 모델 역시 간달프 차림을 해야 한다고 했다. 그리고 보니 내 아내는 드워프(북유럽 신화에 나오는 종족으로 판타지 영화나 게임에서 자주 등장한다.) 복장을 하고 있었다. 당장 흰옷과 신발을 어디서 구하지⋯. 어찌할 바를 몰라 망연자실하고 있을 때, 다른 감독관이 나를 불렀다. 나와 같은 처지의 참가자가 한 분 더 계신다면서 합을 맞춰 보는 게 어떻겠냐며 소개해 주었다. 40대 중반쯤 되어보이는 여성분이 부끄러운 듯 나를 바라봤다. "아, 안녕하세요?" 우린 당근마켓을 통해 방금 만난 사이보다 더 어색한 인사를 나누었다. 내가 먼저 조심스럽게 물었다. "저… 먼저 받으실…래요?" 아내는 진짜 드워프가 되어 망치로 때릴 것 같은 표정을 하며 시험장으로 들어가는 나를 바라보았다. 이렇게 낯선 여인과 나는 서로 종아리를 공유하는 사이가 되었다.

판타스틱하고 엘레강스한 대회가 끝나고, 드디어 결과가 나왔다. 순간 어안이 벙벙했다. 이게 어인 일인가! 내 이름 앞에 '금상'이라는 글자가 떡! 하니 써 있었다. 내가 금상을 수상한 것이다. 오우~ 이런 판타스틱하고 드라마틱한 일이 나에게 일어나다니! 가문의 영광이로세! 나의 잠재력이 이 정도였던가? 이렇게 부푼 가슴을 주체하지 못하고 있을 때, 마사지 연습을 도와준 선배가 나타나서 잃어버린 현타(현실자각타임)를 빠르게 찾아주었다. 알고 보니 최우수자인 그랑프리 수상자 한 명을 제외하고 합격한 모든 참가자에게 금상을 수여했다. 대회가 원래 그렇단다. 나만 모르고 있었다며 선배가 기가 찬 듯 웃었다.

그럼 그렇지…. 뭔가 받은 것도 아니고, 안 받은 것도 아닌, 기쁜 것도 아니고, 안 기쁜 것도 아닌, 화장실에 다녀온 것도, 안 다녀온 것도 아닌 것 같은 복합적인 찝찝함을 끝으로 판타스틱하고, 엘레강스한 대회는 드라마틱하게 끝났고, 버라이어티한 미용 인생이 지금부터 펼쳐질 것이라는 걸 암시하는 것 같았다.

미용실로 돌아와서는 진짜 소중한 상을 받았다. 낯선 여인과 종아리를 교환한 스토리는 직원들에게 화제 거리를 제공했고, 미용인이 되고 싶은 성의를 받아줬는지 미용인으로서의 새출발을 응원한다는 메모와 함께 축하를 건네 주었다. 진짜 미용인이 된 것 같았다. 미용인으로서의 새 출발에 설렜다. 연습하기 좋은 두툼한 종아리를 빌려준 드워프 아내에게 감사를 표한다.

가끔 아프리카 원주민들을 취재하는 TV 프로그램을 보면 그들과 공감하기 위해 비슷한 복장을 하고 그들의 장단에 맞춰 함께 춤을 춘다. 심지어 비위 상하는 음식도 맛있게 먹는다. 이것이 이방인이 원주민들과 어울리고 싶다면 먼저 해야 할 기본 예의이다.

미용인들 눈에는 나는 이방인이다. 이방인이 와서 "나는 리더입니다. 나의 뜻과 방향은 이러하니 나를 따라주십시오!"라고 한다면 구성원들이 어떻게 생각할까? 대표라는 타이틀이 리더의 자격을 주는 것은 아니었다. 나는 우선 미용면허증을 획득하는 것으로 그들의 옷을 입었음을 알리고 싶었다. 이것은 최소한의 말할 자격을 얻는 것이라 생각했다.

당대 최고의 철학자 아리스토텔레스는 설득의 3요소로 로고스 Logos, 파토스Pathos, 에토스Ethos를 꼽았다. 로고스는 이성과 논리를 의미한다. 파토스는 감성의 호소, 그리고 에토스는 인격을 의미한다. 전문가들은 감성의 호소는 논리보다 효과적이지만 제일 중요한 것은 인격이라고 이야기한다. 결국 이야기하는 사람이 누구이고 어떤 사람인지, 사람이 주는 신뢰도가 결정적으로 중요하다는 것이다. 나는 이제 자격을 얻음으로 신뢰의 첫 단추를 끼웠다. 앞으로가 중요하다. 신뢰는 한순간에 얻는 것이 아니다. 성품은 보여주는 게 아니라 드러나는 것이듯, 신뢰도 쌓으려고 해서 쌓이는 것이 아니라, 일관성 있는 행동에 의해 자연스럽게 쌓여가는 것이다. 타 업종에 비해 폐쇄성이 강한 미용업이다. 지금 생각해봐도 이방인에게 기회를 준 구성원들에게 감사할 따름이다.

규정이나 제도에 의해 직위가 주어진 리더는 진정한 리더가 아니다. 구성원들의 지지와 호응에 의해 부상한 리더가 진정한 리더이다. 경영자들은 구성원들로부터 진정한 리더로 인정받기 위해 필요한 행동이 무엇인지 깊은 고찰이 필요하다.

② 변화를 이끄는 쉬운 방법 3단계

첫날의 '어릴 적 미스코리아' 아이 사건은 특정 정보와 경험에 의한 단정이 얼마나 위험한지, 상담이 얼마나 중요한지 알게 하는 사례였다. 먼저 다녀간 진짜 남자 아이처럼 스포츠 머리로 잘랐다면 50만원 시술권 가지고 해결을 못 했을지도 모른다. "척! 하면 앱니다." 코미디언 황기순 씨의 유행어는 멀리해야 한다. 고객을 대할 때는 척! 보면 알아도, 척! 보고 아는 척하는 일은 없어야 한다.

대책을 고민하던 중 꾸아퍼스트 엄 대표님의 권유로 고객 차트를 기록하기로 했다. 월례회 시간에 디자이너 선생님들에게 고객 차트 작성의 필요성과 의미, 방법, 효과 등을 차례로 설명했다. 디자이너 선생님들은 아무 반응이 없었다. 처음부터 협조적일 것이라는 생각은 안했기에 그리 실망하지는 않았다. 다음날 나는 숨겨둔 컴퓨터 문서 활용 능력을 발휘하여 정성껏 만든 고객 차트와 다이소에서 구입한 초록,

파랑, 노랑, 빨강색 파일 그리고 삼원색의 볼펜 여러 자루를 무심코 미용실에 가져다 놨다. 그날부터 원장님이 먼저 고객 차트를 작성하기 시작했다. 그렇게 일주일이 지났을 무렵, 디자이너 선생님들은 아무 반응이 없었다. 원장님의 반복된 권유에 다들 바쁘고 귀찮다는 이유를 대며 짜증을 냈다. 효율성과 효과성에 대한 의문을 드러내기도 했다. 새로운 시도에선 언제나 저항이 있기 마련이다. 10년 넘게 미용을 하며 자기만의 고집과 철학과 관성과 루틴이 잡힌 분들일 터, 말로 설득하기는 어려워 보였다. 말을 물가로 데려갈 수는 있어도 억지로 물을 먹일 수 없듯이, 아무리 논리적이고 그럴듯한 의미를 부여해도 이미 싫은 마음과 자세를 취하고 있다면 받아들여지기 어려운 것이 정상일 것이라며 서운한 마음을 홀로 달랬다.

그럼에도 원장님은 고객 차트를 꾸준히 기록했고, 차트를 이용한 상담은 고객에게 신뢰감을 주었다. 신뢰감은 객단가로 직결된다. 같은 서비스나 제품을 제안하더라도 누가 제안하는지가 구매 결정에 큰 영향을 주기 때문이다. 우리는 실장을 포섭하기로 했다. 실장은 훌륭한 팔로워십followership을 발휘해 주었다. 원장과 실장은 회의 시간에 고객 차트를 적으면서 느꼈던 점, 고객의 반응과 효과 등을 간증했다. 효과가 입증되고 적극적인 추종자도 생기자 변화의 급류가 일어났다. 며칠 후 다른 디자이너 선생님들도 하나둘 따라 하기 시작했다.

하지만 오랜 기간 따라주지 않는 구성원도 있었다. 모든 사람이 따라주지 않는 것이 어쩌면 당연할 수 있다. 이런 구성원을 비협조자로 낙인 찍는다면, 그는 모든 것에 삐딱해지는 낙인효과에 빠질 수 있다.

우리는 늘 당신과 함께하기를 원하고 있고, 언제라도 마음이 바뀌면 도움을 주겠다는 메시지를 지속적으로 던지다 보면 비협조자도 관심을 보이게 된다.

변화를 이끄는 핵심적인 요소는 첫 번째, 새로운 시도를 통해 좋아지는 선행결과를 보여주는 것. 두 번째, 훌륭한 추종자를 만드는 것, 세 번째, 꾸준히 본보기가 되며 기다려 주는 것이다.

③ 고객: 사람은 관리의 대상이 아닌 관심의 대상

지금은 모든 구성원들이 고객 차트보다 더 진화된 고객사랑 차트에 고객의 시술 정보를 기록한다. 고객을 관리하기 위함이 아닌, 말 그대로 고객에 대한 관심과 사랑하는 마음을 담아, 고객에게 사랑받기 위한 기록부이다. 시술 내역은 검정색, 대화 내용은 파란색, 꼭 기억해야 할 사항, 고객이 불편하거나 민감해 하는 사항 등은 빨간펜으로 적는다.

"지난 8월 어머니 생신에 고향 잘 다녀오셨어요?"

고객과 나눈 대화도 꼼꼼히 메모해 두었다가 다음 시술시 자연스럽게 말을 건넨다. 3개월 전에 나눈 대화를 다 기억해주는 디자이너에게 호감을 느끼지 않을 고객은 없다. 사랑 차트를 쓰기 시작한 후로 재방문율이 약 10%가량 늘었다. 또 소통 오류로 인한 클레임claim과 컴플레인complain 역시 현저하게 줄었다. 반가운 건 간식을 사오거나 팁을 건네고 가시는 고객율도 훨씬 늘었다는 것이다. 고객에게 신뢰받고 친해진다는 것이 느껴졌다.

"지난번에 말씀하신 여자친구분께 드리는 특별할인권이에요. 할인 쿠폰에 성함이 적혀 있으니 만나시면 꼭 전달해 주세요." 고객과의 사적 대화는 이렇게 소개고객 창출에도 도움이 된다. 자기 이름이 적힌 쿠폰을 함부로 쓰레기통에 넣진 않을 것이다.

빨강 파랑 노랑 초록색 파일을 이용해 매달 사랑차트를 정리하는데 방문하신 지 3개월 이내 고객은 파랑색, 6개월 이내 고객은 노랑색, 9개월 이내 고객은 초록색, 1년 이내 고객은 빨간색 파일에 보관한다. 고객관리 프로그램이 잘 되어 있는 AI 시대에 살고 있지만 이 재래식 방법은 한눈에 고객의 방문 현황이 자연스럽게 노출되어 효과적이다. 파란색이 줄어들고 빨강색이 많아진다는 얘기는 고객 방문 주기가 길고 유효고객 수가 줄고 있음을 말해 준다.

사람은 누구나 자신에게 관심을 주고 기억해주면 기분이 좋은 법이다. 단체사진을 볼 때 가장 먼저 보는 사람은 누구인가? 친구의 얼굴인가? 아니다. 나를 먼저 찾고 내 얼굴을 먼저 본다. 사람은 누구나 본인이 제일 중요하고 본인에게 관심이 많다. 지금 이 글을 쓰고 앉아 있는 곳은 직원 한 분, 점심시간 두 분이 일하시는 작은 카페이다. 일주일에 적어도 3번은 들른다. 도장을 10개 찍으면 꽉 차는 적립 쿠폰으로 공짜 커피를 벌써 12잔도 넘게 먹었다. 내가 아무리 개성없이 생겼어도 이 정도면… 안 물어봐 주시면 참 감사할 텐데.

"따뜻한 라떼 기본 사이즈, 부드러운 맛으로 샷은 1.5샷 넣어 주세요. 그리고 적립해 주세요."

이 말을 매일, 조금 아까도 말했다. 경청하고, 질문하고, 기억을 한다는 것은 단순한 관심을 넘어 "당신은 나에게 특별한 사람입니다."의 또 다른 표현이다. 특별하게 대할 때 나도 특별하게 대우받을 수 있을 것이다.

④ 직원: 사람은 자원이 아닌 자체 존엄

"우리 살롱이 무슨 고아원이에요? 제발 이상한 애들은 그냥 보내요. 여기저기서 적응 못하고 온 애들을 왜 우리가 다 받아서 키워주느라 고생해야 하냐구요!"

한 디자이너가 한 말이다.(시설을 이용하셨거나 관계자분들께 사과 말씀 드립니다. 위의 표현은 오해의 소지가 있음을 인지하고 있습니다. 사실에 입각 한 글일 뿐 관계된 분들에 대한 조금의 편견도 없으며, 있어서도 안 될 것이라는 점, 분명히 말씀드리며 널리 양해 부탁드립니다.)

이 디자이너는 우리 3개 지점을 통틀어 매출이 가장 높았다. 인턴의 숙련도에 따라 디자이너의 생산성이 달라지니, 좀 미숙한 인턴에게 화가 난 것이다. 그의 말에 공감을 표현했지만, 심정에 대한 공감이지, 주장에 대한 공감은 아니었다. 내보내라는 말이 나의 가슴을 찔렀다. 우리 어머니도 잘 크지 않는 화초에 더 애정이 간다고 하셨다. 나름 애지중지 키우고 있는 친구들인데…. 나는, "쓸모가 없다뇨? 내보내라

뇨? 사람한테 그게 무슨 말씀이세요? 정 그러시면 본인이 나가세요!"
라고 말하는 상상을 했지만, 그분이 매출 TOP이라는 현실에 참을 수
밖에 없는 비굴함을 유지했다.

　미용실에서는 매출 원탑 디자이너는 그야말로 갑이 되는 경우가 많
다. 고 성과자들은 커진 입지와 함께 목소리도 커지게 된다. 원장님들
은 그들의 눈치를 보고, 그들의 말에 휘둘리기도 한다. 이로 인해 많
은 미용실들이 성과 평준화를 더 선호하고 있지만 개인 성과에 맞춘
현재의 미용실 시스템으로서는 성과 평준화를 이루기는 불가능에 가
깝다.

　개인의 가치관과 조직의 가치관이 서로 맞지 않으면 함께 가지 않는
것이 서로에게 유익하다. 문제는 성과 측면에서 상대적으로 낮은 구성
원을 내보내는 것이 맞느냐는 것이다. 나는 교육을 통해 사람이 변할
수 있다는 것을 믿는다. 조금은 느리더라도 사람의 가능성에 초점을
맞추고, 교육과 학습을 통한 성장과 변화를 이끌어내고 싶다. 이는 다
른 구성원의 정서 함양에도 긍정적인 영향을 준다. 리더는 구성원들
에게 깊은 관심을 갖고, 그들이 원하고 잘할 수 있는 일을 통해 성장
과 행복을 느끼게 해야 할 책임이 있다.

　한 걸음 더 나아가 사회로 확장해 보겠다. 우리는 자신이 아닌 세상
이 원하는 것에 몰두하며, 그것만 좇아 일생을 산다. 이것이 유망하다
고 하면 그 자격증을 따고, 저것이 좋다 하면 그것을 배운다. 이렇게
우리는 세상이 원하는 것에만 관심이 집중되어 있지 않는가? 다른 관
점으로 생각해 보자. 세상이 요구하는 것에 나를 맞출 것이 아니라,

내가 원하고 자신 있는 것을 이용해 세상에 어떤 가치를 줄 것인지를 생각해 볼 수도 있을 것이다.

필자의 경우도 그렇다. 세상이 미용경영자에게 원하는 것은 화려하고 숙련된 미용 기술과 세일즈 능력이다. 세상이 원하는 기준대로라면 나는 먼저 미용학원에서 기술을 배워야 했다. 나는 오랜 기간 조직 활성화에 특화된 행사기획사를 운영했던 경험을 살리기로 했다. 적은 나이가 아니지만 다시 대학과 대학원에 진학해 창업, 조직개발, 리더십 분야를 공부하였고 그것으로 미용인들에게 더 큰 가치를 줄 수 있다고 생각했다. 이 생각은 틀리지 않았고, 여전히 주효하고 있다.

조직 입장에서도 마찬가지다. 조직이 정한 가치와 목표를 직원에게 요구하고, 이에 부응할 것을 강요하기 전에, 그의 꿈은 무엇인지, 잘하고 원하는 것은 무엇인지 알고, 그것이 조직의 목표에 어떤 영향을 줄 것인지, 조직에 가져다줄 이로운 가치를 어떻게 만들어 갈 것인지에 초점을 맞춰야 한다. 그러면, 그 사람에 의해서 당신이 몰랐던 더 큰 기업가치가 창출될 수 있다. 이것이 잡초로 보였던 것들이 화초가 되고 나아가 약초가 되는 길이다.

그 친구들은 지금 훌륭히 성장해 우리 살롱의 주축이 되었다. 여러 미용실을 전전하며 떨어질 대로 떨어졌던 자존감도 살아나 지금은 날아다닌다고 할 정도이다. 한 친구는 고객의 마음을 잘 헤아리고 풀어주는 놀라운 강점을 가졌다. 그를 믿고 고객을 맡겼더니 발현된 강점이다. 또 한 친구는 하루하루 늘어가는 고객 수를 보며 행복해한다. 헤어살롱 오브가 아니면 자신이 성장할 수 없었다며 징그러운 애교도 가끔 부린다. 이 둘은 열정이나 태도, 직무몰입과 조직만족도 면에서 탑이다. 긍정적인 태도는 타인에게도 선한 영향력이 되어 조직에 보이지 않는 플러스알파 효과를 가져다준다. 외부 기관에서 진행하는 교육 중, 꿈을 발표하는 시간이 있었는데 '이 살롱에서 원장님과 함께 평생 행복하게 일하는 것이 꿈이다.'라고 적었다는 이야기를 전해 들었다. 정말 감동이라 아니할 수 없다. 이 친구들이 약초가 아니면 무엇이랴.

우리는 인적자원이라는 말을 자주 듣는다. 사람을 재화나 원료 같은 자원의 하나로 보고, 사람을 조직의 목표를 이루기 위한 수단 즉, 시스템으로 여긴다. 조직의 시스템에 사람을 맞추는 것이다. 때문에 사람은 관리와 통제의 대상이고, 어쩌면 조직성과의 극대화를 위해 희생되어야 할 존재이다. 이런 개념은 과거 테일러주의Taylorism에서 비롯되었다. 1초를 줄이기 위해 사람의 동선까지 규정해 놓았다는 테일러주의는 인간 경시 문제로 인해 오늘날 연구자들에게 많은 비판을 받고 있지만, 현대 경영학의 기초가 되었음을 부인할 수는 없다. 그때는 그게 옳았고, 시대에 맞는 진리였다.

현대에 들어 과거 경영학의 한계를 극복하기 위해 리더십 관점 경영 방식이 대두되고 있다. 관리와 통제가 중심인 매니지먼트management 관점의 경영방식과 달리, 사람 중심으로 사람의 특성과 능력, 그리고 구성원의 욕구에 맞춰 시스템을 구축한다는 면에서 대조적이다. 이 두 관점은 많은 학자들이 연구 중이다. 리더십을 경영의 한 분야로 보기도 하고 경영과 리더십을 분리하여 보기도 한다. 둘 다 틀린 건 없다.

상황에 맞는 적용이 필요할 뿐이다.

우연히 SBS 인터넷뉴스 기사를 보았다. 미국의 한 CEO가 직원 몇 명을 퇴사조치 한 사실을 밝히면서 정말 힘든 결정이었고, 마음 깊은 곳이 그들을 사랑하는 것을 알아줬으면 좋겠다고 호소하며, 눈물을 흘리는 셀카를 SNS에 게시했다가 구설수에 올랐다는 기사였다.

이처럼 직원들을 사랑한다고 말하는 경영자들이 많다. 그러나 가슴에 손을 얹고 생각해 볼 일이다. 정말 직원들을 사랑하는 것인가? 아니면, 그들의 노동력을 사랑하는 것인가?

데비 필즈Debbi Fields의 명언 한 구절을 떠올려 본다.

"나의 비즈니스는 '불필요한 인간이란 없다.'는 철학을 바탕으로 하고 있다. 사람을 그런 식으로 다루는 것은 일종의 죄악이다. 어느 누구도 중요하지 않은 인간은 없다."

본점 가족들과 함께

⑤ 우리는 모두 리더가 된다.

수십 년째 유명 프랜차이즈 미용실 7개 점을 경영하시면서 지금은 그동안 정립된 경영 철학을 전파하기 위해 강의도 하시는 박갑수 대표는 미용업에 대해 "헤어디자이너라는 직업은 기술 기반 접객업이고, 미용실 경영자는 시설 기반 사람 사업입니다."라며 사람을 최우선 가치로 둬야 할 것을 강조했다. 이어 헤어디자이너에서 원장이 된다는 것은 직업이 완전히 바뀌는 것인데, 많은 원장들이 디자이너 때 하던 행동을 그대로 한다며 안타까워했다. 원장은 가위를 놓는 시점을 알아야 한다. 뱀이 허물을 벗듯, 가위를 놓고 경영자로 다시 태어날 용기가 필요하다.

박갑수 대표는 강의 전 자신을 소개하면서 식당에서 지인과 밥을 먹고나면 "박갑순 누가 내지?"라고 늘 농담을 하신다면서 자신의 독특한 이름을 어필했다. 자신의 강의는 쭉 재미가 없을 거라면서 이 유머가 처음이자 마지막이 될 것이라 단언하였다. 약속대로 강의는 끝까지 재미는 없었다. 하지만 그분의 가치 철학은 미용을 시작하는 시점, 업의 개념을 잡는 데 큰 도움을 주었고, 미용 경영을 해볼 수 있겠다는 용기를 갖게 된 계기가 되었다.

근데 박갑순 누가 내야 할까?

더치페이dutchpay 문화가 일면 자리잡긴 했지만, 선배가 밥 사는 것은 우리네 오랜 문화였고 지금도 미덕이라 여긴다. 영화 〈동막골 사람들〉에서 북한군 장교는 동막골 사람들이 마을 이장의 말을 잘 따르는 것을 보고 의아한 듯 그 비결을 묻는다. 이에 이장은 한마디로 정리한다. "마이 묵여야지!" 한국 사람은 밥에 대해 늘 진심이다. 당장에 때울 밥 한 끼를 목표로 살아야 했던 시절, 밥을 챙겨준다는 것은 리더가 해야 할 가장 중요한 책임으로 여겨졌을 것이다. 오죽하면 인사도 "식사하셨어요?"라고 묻고, 핀잔조차도 "밥은 먹고 다니냐?"라고 했을까.

"형만 한 아우 없다."는 우리네 속담은 많은 동생들을 억울하게 만들었고, 형들에게는 부담감을 줬다. 그 시절은 당연한 듯 받아들였다. 동생은 늘 형을 따라야 했고, 뭐든지 형 다음으로 밀려야 했다. 형은 늘 동생보다 나아야 했다. 7살에 나는 형이라서 응석을 하지 못했는데, 10살이 된 동생의 응석은 받아주시는 부모님에 대해 철없는 원망을 했었다. 어머니는 '만약 아버지가 안 계시면 형이 가장'이라는 말씀도 하셨다. 할머니는 어릴 적 돌아가신 큰아버지를 이야기하며, 동생들 공부를 시키기 위해 학교를 포기하고 돈을 번 불쌍하고 착한 놈이라는 말씀을 자주 하셨다.

이런 문화는 사회생활에서도 그대로 나타난다. 처음 만나 통성명을 했다 싶으면 곧 나이를 묻고, 나이가 많으면 볼 것 없이 리더로 예우한다. 나이 많은 당사자 역시 자연스럽게 목소리가 커지고, 리더로서의 권위를 고스란히 받아들인다. 이렇게 훈훈한 분위기에 알콜을 버무려 맛 좋게 무르익으면 그날 박갑순 당연한 듯 그 연장자가 낸다. 이렇듯 지나온 세월과 경험을 리더의 기준으로 인정하는 것이 우리의 문화이다. 정 많은 우리 민족 특유의 아름다운 문화라고 볼 수 있지만, 이런 문화 덕에 누구나 이렇게 준비되지 않은 채 리더가 된다.

나이와 경력으로 리더가 되는 우리 문화, 준비 없는 사랑은 고작 한 명과 이별하면 되지만, 준비 없는 리더는 모든 구성원들과의 이별을 부른다. 준비 없는 리더는 권력의 달콤함에 취약해 결국 완장 효과에 빠지게 된다. 완장 효과는 미용실의 경우 4번에 걸쳐 나타날 수 있는데, 인턴장(인턴들의 업무를 관리하는 사람)이 될 때, 디자이너로 승급될 때, 관리자가 될 때, 경영자가 될 때이다. '우리 살롱이 고아원이냐'고 말했던 디자이너는 완장 효과에 취해 있었다. 최고 성과자에 나이와 경력을 갖춘 그는 당연한 듯 리더가 되었고 직위까지 주어지자 권력에 날개를 달았다. 이 날개를 마음껏 활개하고 싶은데, 직원들이 자신을 잘 따르지 않으니, 자신의 권위를 더 올려줄 것을 재촉했다. 그가 권위를 스스로 올리려 할수록 오히려 구성원들은 다른 선배의 말을 더 잘 따랐다. 어느 순간 그는 리더의 자리에서 밀려남을 느꼈다. 초심을 잃고 겸손이 빠져나간 자리를 오만과 독선이 대신하는 이 완장 효과는 이카루스Icarus의 날개와 같은 추락의 운명을 품고 있다. 완장의 힘을 더 발휘하게 해달라고 요구하던 그는 결국 스스로 모두와 이별하고 말았다. 서로에게 슬픈 일이다. 이렇게 무거운 완장이 주어진 우리 리더들에게 중국 춘추시대의 사상가 '노자'가 주는 이 한마디는 큰 울림을 준다. '이끌기 위해서는 먼저 따르라!'

'칭찬은 고래도 춤추게 한다'의 저자인 리더십 전문가 캔 플렌차드 Ken Blanchard는 "성공적인 리더십의 열쇠는 권위가 아니라 영향력이다."

라고 말했다. 리더는 직위를 통해 세우는 것이 아니라 구성원에게 얼마나 좋은 영향을 끼치는지가 리더십의 열쇠라는 것이다. 경력이 많아서, 직급이 높아서, 최고 매출을 달성해서가 아니라 긍정적인 영향을 받은 구성원들에 의해 자연스럽게 세워지는 리더가 진짜 리더이다.

⑥ 리더와 팔로워

김한민 감독의 영화 〈한산: 용의 출현〉에서, 당시 바람 앞의 촛불이 된 나라의 운명을 앞두고 원균은 이순신 장군에게 부여된 작전 지휘의 권한을 인정하지 않는다. 자신이 이순신보다 나이도 많고, 무과급제 선배이고, 조정과 친한데, 까마득한 후배 이순신이 이런저런 얘기를 하는 것이 달갑지 않은 것이었다. 장군의 중요한 능력인 병법이나 리더십 면에서 이순신에게 한참을 밀렸지만, 그보다 자신의 나이나 경력에 의한 권위를 우선시한 것이었다. 여러 가지 배경이 있겠고, 역사를 해석하는 자마다 생각이 다를 수 있지만, 영화대로라면 원균의 행동은 요즘 말로 꼰대짓이다.

극 중 원균은 팔로워십followership을 발휘해야 했다. 자기 업무에 최선을 다하고, 리더의 부족한 부분을 채워주고, 적극 보좌해 주되, 옳지 않은 행동을 하는 리더에게는 과감한 직언을 할 줄 아는 것이 팔로워십이다. 즉, 지지할 때와 저지할 때를 아는 것이 팔로워십의 핵심이다. 만약 그랬다면 원균은 오늘날 또 다른 리더로, 영웅으로 인정받았을

지도 모른다.

리더 또한 마찬가지다. 리더라고 해서 모든 권력과 결정권을 행사하는 것은 좋지 않다. 적절하게 자율권을 주고 결정권의 위임을 통해 임파워링empowering을 해야 한다. 자율권과 결정권은 업무의 몰입을 가져다주고, 큰 성취감을 주어 업무 만족도가 높아질 뿐만 아니라, 개인의 자아실현과도 이어진다. 자아실현은 인간의 행복과도 연결되기에 매우 중요하다 할 수 있다. 위임을 했으면 감 내놓아라 배 내놓아라 하지 말고 시원하게 빠져주는 것이 필요하다. 위험 요소를 알고도 위임하는 것이 팔로워에 대한 완벽한 신뢰의 증거이다. 이렇게 리더는 권력을 행사할 때와 위임할 때, 즉 낄끼빠빠(낄 때 끼고 빠질 때 빠진다)의 타이밍을 잡을 줄 알아야 한다.

3. 연장전: 자리의 무게

① 편지

말없이 건네주고 달아난 차가운 손

가슴 속 울려주는 눈물 젖은 편지

하얀 종이 위에 곱게 써 내려간

너의 진실 알아내곤 난 그만 울어 버렸네

어니언스 〈편지〉

말없이 편지를 건네 받았다. 차가운 손 대신 거칠어진 손이었다. 하얀 종이 위에 곱게 써 내려간 글에는 글쓴이의 표정과 말투가 고스란히 배어 있었다. 눈앞엔 그의 얼굴이 필름이 되어 지나갔다. 유난히 굵어 보이는 단어 하나가 묵직하게 눈에 들어오더니 한참을 머물렀다. 이내 부끄러워졌다. 내가 과연 스승이라 불릴 자격이 있던가? 혹시 그냥 기분 좋으라는 형식적인 글 아닌가? 그런 진실을 알아낸다면

난 그만 울어 버릴 거야!

오픈 초기에 SNS에서 스승의 날 받은 꽃다발을 들고 행복해하는 한 원장님의 사진을 보고 부러워한 적이 있었다. 뭐를 받아서가 아니라 누군가의 스승이라는 단어가 주는 고결함과 고매함이 부러웠다. 그때, 나도 저렇게 구성원들에게 인정받는 날이 올 것이라는 막연한 소망도 가졌었다.

퇴근 후 책상에 앉아 몇 번을 더 읽었다. 자리가 사람을 만들기도 하지만, 사람이 자리를 만들기도 한다. 스승이라는 자리에 맞는 행동을 하지 않으면, 우리 조직의 스승이라는 자리의 가치는 떨어질 것이다. 이렇게 생각하니 어깨가 무거웠다. 예쁘게 접힌 편지지를 물끄러미 바라보며 몇 번을 되뇌었다. "고맙다. 진심으로 감사하다. 너희들을 위해 뒷바라지든 앞바라지든, 공부든, 더 열심히 하마. 스승이란 단어에 먹칠하지 않으마." 주책맞게 살짝 눈물도 났다. 벌써 갱년기인가? 사춘기면 좋겠다.

나의 첫 스승이 보고 싶다. 기획에 대한 일머리와 프로의 태도를 가르쳐 주었던 직장 내 사수였다. 스승의 날 감사하다는 말 한번 전하지 못했다. 지금은 하늘 저편에 있는 형에게 편지 한 통 써야겠다.

② 그들이 불러준 대로

길지 않은 글, 읽어 주셔서 진심으로 감사드립니다.

대단한 성공담도 아니고, 기가 막힌 비법이 있는 글도 아닙니다.
그럼에도 용기 내어 펜을 든 이유는
어쩌면, 미용인으로 사랑받고 싶은
어쩌다 미용인의 언감생심 몸부림이었나 봅니다.

미용을 하며 알았습니다.
사람에게 진심을 전하는 것이 마케팅이고,
사람을 행복하게 만드는 것이 경영이라는 것을
글을 쓰며 알았습니다.

마케팅이고, 경영이라는 것을 하기에 아직 많이 부족하다는 것을
몸으로 체험하여 느낀 것에 여기 저기 주워들은 풍월을 대입하니
경영에 대한 나름의 개똥철학도 생겼습니다.
구성원들에게 매출에 대한 압박 한번 없이 지역 1등을 고수하면서
그 개똥철학에 대한 자신감도 생겼습니다.

스승이라 그들이 불러준 대로 살겠습니다.
미용인을 사회적 리더로 만들고,
배우고 드릴 때 신나는 삶을 살며,
나아가 미용인의 행복한 문화를 연구하는
'미용인문학자'로서 삶을 살겠습니다.

졸필을 기꺼이 읽어 주서서

거듭 감사드리며,

두루 안녕과 행복을 기원합니다.

기업가 역량을 키우는
기독교 정신

1. 기업가정신, 세상을 변화시키는 힘
2. 넘어지고 배우며 자유를 누리다
3. 혁신을 일상으로 바꾸는 기업가정신, 기독교 정신!

[부록] 채플 강의 영상 링크

김진호
기업가정신전도사

기업가정신전도사 | 김진호

◇ **학력**

호서대학원 글로벌창업대학원 창업경영학 석사과정

횃불트리니티 신학대학원 M.Div 목회학 석사 졸업

홍익대학교 컴퓨터공학과 학사 졸업

사이버한국외대 한국어학부, 영어학부 복수전공 학사 졸업

◇ **경력**

現 신한대학교 교목팀장(교양 채플 강의) / 現 예장백석교단 목사

前 내촌교회 부목사 / 前 언약의 교회 부목사 / 前 조이어스교회 부목사

◇ **저서**

약자를 세우는 비전 스쿨 - 다윗의 승리비결
김진호 지음 | 230쪽 | 16,000원

이 책은 불가능을 이루시는 하나님을 따르는 약자들을 위한 책입니다. 철저한 약자였던 저자를 통해, 대학 교수들을 대상으로 하나님께서 행하신 기적과 리더십 훈련의 모든 노하우를 담았습니다.
"평생 이렇게 많이 자아 성찰을 했던 시간이 없었어요. 내가 잘못하는게 많다는 걸 알게 되었어요. 아내와 아이들과도 관계가 좋아졌어요."

삶의 길을 찾는 인생 네비게이터 - 가치, 기독교 교육의 미래
김진호 지음 | 260쪽 | 18,000원

"저는 기독교인은 아니지만, 채플을 통해 기독교의 조건 없는 사랑과 평화를 지키려는 정신은 오늘날을 살아가는 저와 미래를 살아갈 아이들이 만들어 나갈 세상에서 중요한 가치라고 생각합니다. 역사 속 기독교인들이 우리에게 풍요와 감동, 희망을 안겨준 것처럼, 저도 모든 사람이 평화롭게 사랑을 주고받으며, 화합과 공존이 가능한 세상을 만드는 데 이바지하고 싶습니다."

◇ **이메일 / SNS**

이메일: holyagape@shinhan.ac.kr

블로그: https://blog.naver.com/holyagape

페이스북: https://www.facebook.com/Kim.Jin.Ho.Jono

결핍과 위기를 극복할 수 있는 창업가가 되고 싶은가? 위기를 기회로 만들고 역경을 이겨내고 싶은 창업가를 위해 이 글을 쓴다. 창업 초기에는 누구에게나 자원 부족, 결핍과 예상치 못한 문제가 당연한 듯 찾아온다. 보통 창업 3년 차에 데스밸리death valley가 오며 자금이 고갈되는 이 기간을 극복해야 창업이 궤도에 오를 수 있다. 창업이 안정된 이후에도 위기는 계속된다. 신선했던 제품 이미지가 점차 소모되고 더 큰 자금과 제조, 유통 경쟁력을 가진 경쟁 회사가 생긴다. 제품을 발전시키려 했던 노력이 오히려 강점을 무너뜨리고 점점 매출이 줄어들며 자금은 소진된다. 직원들이 하나둘 떠나가고 빚만 남는 절망적인 상황까지 초기 창업자에게 찾아올 수 있다.

45세의 나이, 인생의 하프 타임! 나는 무엇을 바라며 살아왔을까? 열심히 달려온 내 삶의 전반전은 결핍과 실패로 채워있다. 부족한 걸 당연하게 생각했다. 가난을 친구 삼아 살았다.

코로나-19, 누구도 예측하지 못한 위기가 우리의 삶을 채웠다. 미래를 예측하고 언제나 성공의 길을 선택할 수 있다고 장담한다면 사기꾼이거나 어리석은 사람이다.

가지고 있는 것이 없었기 때문에, 내 삶을 모험과 도전으로 채울 수밖에 없었다. 기득권을 가진 사람들이 선택할 수 있는 것들, 상대적으로 수월하게 성공할 수 있을 만한 조건과 기회가 약자에게는 주어지지 않았다. 사회적 약자들을 돕고 세상을 바꾸고 싶어서 목사가 되었다! 의미 있는 길을 선택했더니 대단한 사람이 되었다고 말하고 싶지만, 아직도 내 삶은 결핍으로 가득하다. 다른 사람을 도우며 산 결과 빚이 늘었다. 좌절감 속에서 안간힘을 쓰며 그저 한발 한발을 딛는 게 최선이라고 생각한 적이 많았다.

불가능한 상황을 극복하는 드라마 주인공처럼 늘 성공하며 살지도 못했다. 대단한 지혜와 안목으로 상황과 문제를 분석하고 예측하지도 못했다. 할 수 있다고 생각했을 때 실패한 적도 있었고, 절대로 할 수 없을 거라고 확신했을 때 성공한 적도 있었다. 부족하다는 말로밖에 설명할 수 없는 삶이었지만 예측하지 못한 실패와 성공을 겪는 과정을 지나야만 얻을 수 있는 지혜가 있다.

그것은 부족한 상황에서 쓰러지지 않는 방법! 포기하고 싶을 만큼 절망적인 상황에서 길을 찾는 방법! 성공한 뒤에 교만으로 안주하지 않고 배우는 자세로 도전하는 방법이다. 부족한 목사가 하나님 앞에서 울고불고 원망하며 광야를 걸어온 여정 속에서 깨달은 삶의 지혜와 가치가 어두운 바다를 항해하는 작은 배의 선장들에게 등불이 될 것을 확신한다.

특별히 예비 창업자와 초기 창업자들, 부족한 현실에서 두려움으로 한 걸음 더 도전하지 못하고 외면하고 싶은 문제로 갈등하는 이들을 위해 이 글을 쓴다.

부족한 상황에서 위험을 감수하고 기회를 포착하며 끊임없이 도전하여 끝내 세상을 바꾸는 꿈을 가지고 있다면, 잠시 눈을 감아보자! 두근거리는 심장 박동이 느껴진다면 지웠다 쓰기를 반복하며 기록한, 솔직하고 부끄러운 삶의 이야기를 들을 준비가 되었다.

1. 기업가정신, 세상을 변화시키는 힘

> 하나님은 무에서 유를 창조하시기에
> 사용하고자 하시는 것은 무엇이든 먼저 무無로 만드신다.
>
> - 키에르케고르Kierkegaard

① 삶의 목적은 직업이 아닙니다

"Why do you want to enter this Graduate University of Theology?"

"신학대학원에 들어오려는 이유가 무엇인가요?"

"Because I want to change the world with God's love."

"하나님의 사랑으로 이 세상을 바꾸고 싶기 때문입니다."

목회자가 되기 위해 신학을 결정했을 때, 서로 사랑하는 세상을 만드는 하나님의 뜻에 도구가 되기를 바랐다.

"목사님이 어떻게 창업경영학과에 들어오셨나요?"

호서대학원 글로벌창업경영학과 입학 면접에서 들었던 질문이다. 창업경영학을 선택한 가장 큰 이유는 다른 사람을 도울 수 있는 사람이 되고 싶은 마음 때문이었다.

40대 중반까지 교회와 대학교에서 목사로 사역해 왔다. 창업경영이 어떤 학문인지도 제대로 몰랐다. 아내가 만든 수공예 제품을 판매하게 되고 마케팅을 공부하던 중에도, 직접 창업하는 것은 상상해 본 적도 없다. 그런 내가 45세에 창업경영학 공부를 시작했다. 백세 시대를 살아가기 위해서, 익숙해진 전문영역에서 벗어나 새로운 영역을 공부하고 개척하는 것은 힘들지만 누구에게나 필요한 선택이다.

창업을 공부할수록 재미있다고 느끼는 것이 있다. 목사가 되어 여러 가지 실패를 마주하는 과정에서 고민하며 선택한 것들, 그 결과로 깨달은 것들이 창업의 영역에서도 중요하다는 점이다. 힘든 일들을 견디고 실패를 겪으며 삶에서 느끼고 깨달았던 기독교의 가치관이 창업자가 꾸준히 성장하는 데 필요한 소중한 가치라는 것에 점점 확신이 생겼다.

② 유망한 창업자를 만드는 힘

"유망한 창업자를 선별하는 가장 중요한 기준은 겸손함입니다."

국내 최초로 스타트업 엑셀러레이터(창업육성기관)를 설립한 권도균 대표가 한 인터뷰 내용이다. 권도균 대표는 겸손의 의미를 '내가 틀릴 수 있다는 것', '한 번도 본 적 없는 세상이 있을 수 있다는 것'을 아는 열린 마음과 태도라고 말했다. 겸손해야 성장할 수 있다고 말한 것이다. 그렇게 생각한 이유는, 스타트업 중에 첫 번째 성공을 경험하며 그 성공 증후군에 빠져 망한 회사가 많기 때문이다. 비즈니스 모델은 창업의 많은 요소를 정리하는 가장 중요한 요소 중 하나다. 그런데 많은 창업자와 기업을 경험한 전문가 중 한 명인 권도균 대표가 사람과 비즈니스 모델에 6:4 비중으로 집중한다고 말했다. 유망한 창업자를 선별하는 가장 중요한 기준을 창업자의 가치관이라고 대답한 것이다.[41]

창업에 있어 가장 중요한 요소가 무엇일까? 제품 아이디어나 비즈니스 모델, 기술과 자본 등은 분명 창업에서 중요한 요소들이다. 많은 사람이 창업에서 가장 중요한 요소를 비즈니스 모델을 구성하기 위한 자본이나 기술이라고 생각한다. 과연 그럴까?

교회에서 기업을 운영하는 대표들과 이야기를 나눈 적들이 있다. 기업이 발전하기 위해서 당연히 재능을 가진 사람을 채용해야 하지만, 오래도록 함께하는 핵심 인재의 조건은 재능보다도 성품이라고 이야기한 대표들이 많았다. 맡겨진 일만 하고 멈추는 것이 아니라, 주인의식을 가지고 배우려는 태도로 일하며 겸손하게 신뢰를 주는 사람이 기업 대표의 관점에서 가장 소중한 인재라는 사실을 알았다.

호서대 글로벌창업대학원 박남규 교수님의 수업을 들으며, 창업에서 중요한 요소들을 배웠다. 아직은 지식과 배움이 부족하지만, 이것은 자신 있게 말할 수 있다. 창업에서 가장 중요한 요소는 창업자 본인이다. 장기적인 관점에서 창업자의 가치관보다 더 중요한 요소는 없다.

엔젤angel 투자자들이 투자 대상을 선택할 때 가장 염두에 두는 것

---

41 무조건 창업 한번 해봐 스타트업 아버지가 입에 달고 사는 말[인터뷰], 매일경제, 2022.04.29. https://bit.ly/3it8Rwa(2022.10.02)

도 제품 아이디어가 아닌 투자자 본인의 신뢰성이다. 대단한 아이디어와 제품을 만들기 전에 먼저 나 자신을 준비하는 것이 필요하다. 아무리 좋은 기술과 비즈니스 모델이 있어도 창업자 자신이 준비되어 있지 않다면 그 창업은 지속해서 발전하고 유지될 수 없다.

기업가정신은 창업자나 기업의 핵심 인재가 되기 위한 가치관과 역량을 연구한 것이다. 기업가정신에 대한 정의는 다양하지만, 핵심 요소는 혁신성, 위험 감수성, 진취성이다. 이를 간단히 정리하면 다음과 같다.

혁신성: 새로운 것을 도입하고 결합하여 기회를 창출하는 지속적인 노력.

위험 감수성: 큰 위험을 알면서도 이를 감수하고 기회를 추구하는 성향.

진취성: 앞서나갈 수 있도록 만드는 기회를 발견하고 그 기회를 활용하는 적극성.

슘페터Schumpeter는 기업가란 '창조적 파괴'를 통해 기존의 균형을 깨트리고 새로운 균형을 만드는 혁신가라고 정의했다.[42] 여기에서 '창조적 파괴'는 문제와 결핍을 인식하는 것으로부터 시작된다.

기업가정신은 창업이라는 영역에 제한된 것이 아니라 어떤 태도로 삶을 바라보며 마주하는 문제를 해석하고 대응할 것인지에 대한 해답을 준다. 기독교를 연구하는 목사로서 기업가정신을 공부할수록 기독

---

42 경제학 관점의 기업가정신 이론과 논점, 황인학, 기업가정신연구 Vol.2 No.2, pp.61-84. 2021.

교 정신이 기업가정신과 일맥상통하는 부분이 있다는 것을 느낀다.

지금부터 문제와 실패, 결핍으로 가득한 내 삶을 통해 어떻게 기독교 정신이 기업가정신의 기초가 될 수 있는지를 전하려 한다. 이 글이 예비 창업자와 초기 창업자가 꿈꾸는 창업을 위해 필요한 가치관에 대해 공감하는 기회가 되기를 소망한다.

2. 넘어지고 배우며 자유를 누리다

> 하나님은 가장 어두운 상황에서 은혜와 선을 나타내시는 위대한 혁신가다.
>
> - 고든 스미스Gordon T. Smith

① 혁신성, 실패를 향한 걸음

혁신성은 잘 알지 못하는 영역으로 들어가 새로운 것을 배우고 도입하여 기회를 창출하는 지속적인 노력이다. 우월해 보이려는 완벽주의와 고집은 혁신성을 무너뜨리는 가장 큰 적이다. 익숙하지 않은 것을 선택하여 부족한 모습을 보이는 상황을 선택할 때 혁신과 확장이 일어난다.

"왜 강제로 이 수업을 들어야 하나요?" 비기독교 학생들은 채플이 기독교 신앙을 강요하는 수업이라고 생각하고 들어온다. 처음부터 듣지 않겠다는 각오를 하고 들어온 학생들에게 기독교 정신을 가르치는 것이 내 일이다.

나는 익숙한 교회 환경과 목사의 역할에서 벗어나, 2011년부터 대학교 교목실에서 섬겼다. 교양 수업인 채플을 가르치며 학생들에게 조금이라도 더 효과적인 채플을 만들고 싶은 욕심이 있었다.

기독교 정신을 기반으로 설립한 미션 스쿨 대학교에서, 채플은 교양 필수 과목이다. 비기독교 학생들도 채플을 이수해야만 졸업할 수 있다. 학생들은 이 사실을 알고 들어오지만, 대학교에 들어오기 전부터 기독교에 대한 반감이 큰 학생들에게 채플은 듣기 싫은 수업이었다.

처음부터 이어폰을 끼고 듣지 않기로 작정하고 수업에 들어오는 학생들에게도 들어볼 만한 채플 수업을 만들고 싶었다. 채플 수업을 시작하는 찬양팀을 강화하고 더 공감할 수 있는 강사를 초청하기 위해, 많지 않지만 월급을 쪼개어 식사와 주차비 등을 감당했다. 당시 내가 받은 연봉은 최저 시급에 가까웠다. 대출받지 않고는 유지할 수 없는 선택이었다.

감사하게도 수업의 질이 높아지는 만큼 학생들의 반발심은 줄어들었다. 당연하게도 내 빚은 늘어갔다. 3년 후에 채플 수업의 학생 만족도를 토대로 내가 감당하던 부분을 교목실 예산에 포함할 수 있었지만, 한 번 늘어난 빚은 사라지지 않았다.

"개인 회생 신청은 하지 않겠습니다."

매달 대출 원금과 이자를 갚는 것이 어려워졌다. 재정적인 상황은 어려웠지만, 아내와 상의하며 개인 회생을 신청하지 않았다. 돈을 버는 것이 내 인생의 목표였다면, 나는 실패한 사람이 분명했다. 필요한 것들을 감당하기에 월급은 너무나 적었다. 수입을 늘릴 수 없었다면 지출을 줄여야 했지만 그렇게 하지 않았다. 다른 사람에게 인정과 존경을 받고 업적을 남기기를 바랐던 내 욕심이 컸다.

"하나님의 뜻, 선한 가치를 위해 희생했더니, 하나님께서 모든 것을 채워주셨습니다."

멋있게 말하게 될 내 모습을 바랐다. 내 믿음을 자랑하고 싶은 욕망이 있었다. 부족한 생활비를 줄였고, 아내는 결국 대출을 받아야 했다. 현실을 외면한 대가로 대출이 늘어났다. 돈을 벌기 위해 사는 게 아니라 의미 있는 일을 하기 위해, 세상을 변화시키기 위해 살겠다고 결정한 결과이기도 했지만, 장기간 가정을 돌보는 의무를 무시하는 것은 하나님의 뜻은 아니다.

해가 지나며 대출 금액은 감당하기 어렵게 커졌다. 제2금융권으로 대출이 옮겨지면서 매달 이자를 갚는 것도 힘들게 되었다. 기대와 다르게 채워주시지 않는 하나님께 울며 기도했다. 하나님께 따지며 기도했지만, 하나님은 내 마음의 욕망과 야심을 보게 하셨다. 하나님 앞에 엎드려 원망하며 기도하는 중에 하나님께서 내 마음을 만지시고 회개할 힘을 주셨다.

그런데 대출받아 경제적으로 어려워진 실패의 결과는 내 진정성을 증명하게 되었다. 하나님은 모든 것이 합력하여 선을 이루게 하신다. 하나님을 위해서라기보다는 내 욕심으로 선택한 대출이었고 실패였다. 그러나 이를 통해 세상과 사람을 변화시키기 위해 재정을 희생하여 장기간 어려운 상황을 맞이했다는 실패의 결과가 내 삶의 가치관을 증명하도록 하나님은 축복해 주셨다.

지금도 열심히 살고 있지만, 대출 규모를 늘리지 않는 게 최선이다. 완전히 빚을 갚지 못하는 상황은 전혀 실패가 아니다. 지금 나는 빚을 감당하는 여유와 근력을 기르고 있다. 재정적으로 힘든 상황이 나를 무너뜨릴 수 없다는 것을 수 년째 배우고 있다.

짐 콜린스Jim Collins는 "비전이란 실제로 실현되기 어려울지라도 이룰 만한 가치"라고 말했다. 실패를 감수하고도 선택하는 가치는 성공을 통해 이루는 가치보다 더 확실한 증명이 된다. 눈앞에 보이는 이익보다 그 가치를 더 중요하게 여긴다는 사실을 증명하기 때문이다. 경제적인 실패는 내가 추구하는 비전을 증명하는 확실한 레퍼런스reference가 되었다. 또, 실패를 통해 내가 틀릴 수 있고, 실패를 겪을지라도 선을 이룰 수 있다는 은혜의 삶을 배울 수 있었다. 겸손은 하나님께서 실패를 통해 내게 가르쳐 주신 혁신으로 나아가기 위한 기업가정신의 기초다.

② 자존심을 내려놓으면 자존감이 자란다.

내가 대학교에서 섬기는 동안 가정의 재정을 위해 아내가 공방을 차렸다. 아내는 비누공예로 시작해서, 레진, 가죽, 칠보, 유리, 은, 모스(이끼)…. 다양한 공예를 하며 여러 가지 제품을 만들었다. 작가들이 직접 만든 제품을 판매하는 플리마켓이 있다. 아내가 서울시에서 하는 밤도깨비 야시장이나 플리마켓을 돌아다니며 돈을 벌어 대출 이자를 감당했다.

경제적으로 어려워졌기 때문에, 아내와 함께 플리마켓에 나가 제품을 판매하기 시작했다. 처음 아내와 같이 판매할 때는 어색했지만 어럽지는 않았다. 그러다가 가끔 아내에게 강의나 원데이 클래스와 같은 다른 일정이 생기고, 혼자 판매하러 나가야 하는 일이 생겼다. 처음 혼자 판매했을 때가 기억난다. 종일 2개를 팔아서 3만 5천 원을 벌었다. 그때 플리마켓 참가비용이 3만 원이었다. 재료비나 만든 인건비는 논외로 하고, 이동 비용만 생각해도 손해였다. 부끄러움과 부담, 판매에 필요한 자세와 정보를 준비하지 못한 결과였다.

'아는 사람을 만나면 어떻게 하지?'

처음에는 적극적으로 판매하는 것을 망설였다. 힘들게 만든 제품을 다양한 사람들에게 열심히 설명하고 판매하는 작가들 옆에서 나는 내 교만과 가식을 보았다. 내 자존심 때문에 가정을 위하지 않았던 모습…. 나 자신에게 화가 났다. 혼자서 몇 차례 판매하며, 자존심을 내려놓았다. 좋은 제품도 판매하지 못하는 사람이 되기 싫다는 자존심이, 고상한 목사요, 선비처럼 살고 싶다는 자존심을 꺾었다.

처음에는 플리마켓에서 아는 사람을 보면 부끄러운 마음에 등을 돌리고 모른 척하기도 했지만 지금은 부끄럽지 않다. 하나님께서 내게 주신 자유다. 하나님은 내가 교회에서 설교하고 목회하지 못하더라도 나를 사랑하신다. 하나님은 주님을 위해 드리는 부족한 나의 모든 순간을 기뻐하신다. 그거면 된다. 목사라는 직업이 내 전부가 될 필요는 없다.

플리마켓에서 판매하는 작가나 구매하는 손님은 모두 여성 고객이 많다. 내가 판매하는 제품들도 주로 액세서리다. 처음 판매가 부진했던 것은 여성에게 적극적으로 판매하는 것이 부담스러웠던 이유도 있었다. 오기가 생겨서 잘 판매하는 작가를 연구하고 마케팅 책을 읽고 유튜브에서 관련 영상을 보며 내게 맞는 판매 방법과 제품별로 소개하는 말을 구성했다. 어떻게 고객의 마음을 읽을 수 있을까? 어떻게 필요를 알 수 있을까? 고객에게 필요한 제품을 권할 수 있을까? 고객의 반응에 따라 다른 제품을 추천하고 소개하는 방법도 다르게 할 수 있도록, 매주 고민하며 세세한 부분을 준비했다.

"하나님, 저도 행복하고 손님도 행복하게 해주세요."

아내의 제품을 판매하며 부끄러울 이유가 없었다. 지금은 편하게 이야기하며 판매할 수 있게 되었다. 준비는 자신감으로 이어졌고 더 많은 돈을 벌기 위해서만이 아니라, 제품을 구매하는 사람들이 행복하기를 바라는 마음으로 구매자 관점에서 마케팅 전략을 세우니 내 마음도 편하고 매출액도 더 늘었다. 지금도 주중에는 대학교에서 섬기고, 주말에는 아내가 정성껏 만든 제품을 판매하고 있다.

"작가님, 아나운서같이 말을 잘하세요. 친절하세요."

플리마켓에서 다른 작가들이나 손님들에게 말 전달을 잘하고 친절하다는 칭찬을 종종 듣는다. 이런 말을 들을 때면, 나는 항상 이렇게 대답한다.

"감사합니다. 잘 파는 건 모르겠지만 열심히 하려고 노력하고 있어요."

쉬지 않고 인사하고 구매하지 않을 것 같은 사람에게도 웃으며 제품을 설명한다. 사실 구경만 하고 가는 분들이 대부분이다. 기운이 빠지기도 하지만 그중에 구매하는 한 명이 좋아할 수 있도록 열심히 설명하고 힘들어도 웃는다. 무례한 사람들, 힘들게 하는 고객들도 많지만 몇 년 전에 구매했는데 잘 사용하고 있다고 다시 구매하는 분들을 만나면 정말 행복하다.

자존심을 내려놓자 태도가 달라졌고, 하나님께서 자유롭고 평안하게 해주셨다. 나는 하나님의 자녀고 종이자 예배자다. 지금은 다른 직업을 가진 목사들이 많다. 그것은 목회의 실패를 의미하는 것이 아니다. 새로운 일에 도전하며 사람들에게 행복을 주고 기독교인으로 성실하게 노력하는 모습을 통해 복음을 전할 수 있다. 생계를 위한 일을 하며, 좋은 점은 힘들고 아파하는 이들을 더 잘 이해하여 함께 아파할 수 있다는 것이다. 광야에서 생존하기 위해, 약자인 나는 자존심을 내려놓아야 했다. 자존심을 내려놓으면 자유를 얻을 수 있고, 그 자유와 평안은 자존감이라는 삶의 태도가 된다. "자존심 내려놓기!" 하나님께서 위기에 잘 흔들리지 않도록 허락하신 축복의 수업이다.

③ 진취성, 관점의 전환

진취성은 앞서나갈 수 있도록 만드는 기회를 발견하고 그 기회를 활용하는 적극성이다. 앞서나가기 위해서는 반드시 결핍과 문제의 영역에 발을 내딛어야만 한다. 문제와 부족함이 진취성을 높이는 훌륭한 환경이 된다. 부족하고 힘든 문제의 영역에 적극적으로 발을 내딛는데 가장 큰 동력은 무엇일까? 문제를 겪는 이들의 아픔에 공감하는 애정과 사랑이다. 그 애정과 사랑은 문제를 바라보는 관점을 바꾸는 지혜를 준다.

"교수님들을 위한 기독교 영성 교육 프로그램을 만들어 주세요."

2016년 3월, 총장님의 호출을 받았다. 교수들을 위한 신한대학교만의 기독교 영성 훈련 프로그램을 만들고 교육하라는 말을 들었다. 영성 훈련이라는 목적 외에는 세세한 내용이 없었다. 5일 뒤 시작해야 하는데, 예산도 편성되지 않았다. 기획처와 총무처, 교무처를 돌아가며 프로그램을 설명했다. 힘들게 예산을 받을 수 있었다. 총장님이 영성 훈련을 만들어야겠다고 생각했을 때, 처음부터 내게 지시된 것은 아니었다. 영성 훈련을 실행하는 것이 어려운 일이었기 때문에, 내가 담당자가 될 수 있었다.

당시 내 사역의 초점은 교직원이 아닌 대학생에게 맞춰져 있었다. 학생 채플에 전념하고 있었기 때문에 교직원과 교류할 기회가 없었다. 교수 대상의 영성 훈련을 만들어야 했는데 교육 대상이 연배가 있는 교수님들, 대학교에서 가장 높은 보직이라고 할 수 있는 처장들이었고, 나는 교목실을 섬기는 목사 중에서 가장 어렸고 가장 낮은 직위에 있던 목사였다. 객관적으로, 실패가 확실해 보였다.

총장님과 회의하며 13주 과정으로, 회당 3시간 분량의 영성 훈련 기획서를 만들었다. 1부는 찬양과 회중 기도와 말씀으로, 2부는 소그룹으로 팀을 나눠 큐티QT와 독후감을 나누고 중보 기도로 마무리하도록 구성했다. 13주의 영성 훈련 중간중간에 세족식, 성찬식을 포함한 기독교 의식도 포함해서 프로그램을 기획했다.

총장님의 강한 의지가 아니었다면 시작하는 것도 불가능했을 것이다. 대학교에서 내 영향력이 전혀 없었기 때문에, 내 모습과 역량을 고려하면 예산을 받는 것부터 시작하여 교수님들을 참여하도록 설득할 가능성이 전혀 없었다. 교수님들은 부담스러운 과제를 해야 했다. 매일 큐티를 하고, 매주 한국 근현대사의 기독교 위인들에 대해 매주 독후감을 써야 했다.

기독교인 중에서 큐티[43]를 해 본 사람이 얼마나 될까? 장기간 하루도 빠짐없이 큐티를 한 사람은 거의 없을 것이다. 교수로서 학생들을 가르치고, 대학의 보직자로서 바쁘게 일하는 중에, 영성 훈련에 참여해야 했던 교수님들은 사색이 되었다. 더구나 영성 훈련에 참여한 교수님 중에는 교회를 다니지 않는 분들이 많았다.

영성 훈련을 기획했지만 어떻게 할지 막막했다. 영성 훈련에 대한 지시를 받고, 하나님께 기도했다.

"하나님, 이 일을 하기 싫어요. 학생 채플만 섬기면 안 되나요?"

이건 절대로 안 될 거라고 불평했던 내게 하나님께서 말씀하셨다.

"내 뜻이야. 진호야."

실패가 확실해 보이는 어려운 일이었다. 불가능한 조건들, 힘든 프로그램이었기 때문에, 가장 약자로 섬기고 있던 내게 그 기회가 주어진 것이다. 영성 훈련이 누구나 담당하고 싶은 일이었다면, 성공할 것처럼 보이는 일이었다면 장담하건대 내게 맡겨지지 않았을 것이 분명하다.

---

43 QT 또는 quiet time. 기도와 묵상, 성경 읽기를 하면서 하나님을 만나는 조용한 시간을 이르는 말.

나는 보잘것없는 사람, 중요한 일을 담당할 수 없는 사람이었다. 위치가 사람을 만든다는 말이 있다. 당시 나는 교목실에서 섬기는 목사로, 대학교에서 가장 낮은 직위에 있었다. 가장 인정받지 못하는 사람이자, 존중하지 않아도 되는 사람 중 한 명이었다. 또, 그 당시 교목실 목사 중에서 제일 어렸다. 힘을 쓰는 일이나 서류 업무들을 했고 주로 보이지 않는 곳에서 다른 사람들이 하려고 하지 않는 일을 맡았다.

프로그램에서 가장 중요한 역할은 강의에 해당하는 설교다. 나는 검증되지 않았기 때문에 설교는 외부 목사님을 초청해서 진행해야만 했다. 영성 훈련을 시작할 때 내가 찬양을 인도하고, 외부 목사님이 말씀을 전하고 간 뒤에, 다시 내가 2부 순서를 진행했다. 나는 영성 훈련의 PD이자 FD가 되어, 악기 및 음향 세팅, 찬양 인도, 2부의 나눔과 중보 기도를 인도했다.

요약하자면 이랬다. 예산도 없고, 준비할 시간은 절대적으로 부족하며, 억지로 들어온 높은 지위의 교수들을 대상으로 많은 과제를 부여하는 힘든 교육이었다.

어려운 상황을 극복하기 위해 생각의 전환이 필요하다. 어려운 상황이 아니었다면 내가 담당이 될 수 있었을까? 교목실의 직위도 높고 연배도 있는 다른 목사님이 참여하지 않고 내가 단독으로 담당이 되었다는 것은 사실 이해할 수 없는 일, 불가능한 일이다. 담당이 된 나는 훈련을 받는 교수님들과 비교하여 어렸고, 비교할 수 없을 정도로 낮은 사람이었다. 내게 흠모할 만한 것이 전혀 없었다.

최선을 다하고 실패한 뒤에 하나님께 따지려고 최선을 다했다. 내가 열심히 하지 않아서 실패한 것은 아니라고 하나님께 따지고 싶은 마음으로 최선을 다했다. 나는 확실한 약자였으며, 조건도 부족하고 하나님이 할 수 있다는 믿음까지 없었다. 더 최악의 상황이 있을 수 있을까!

영성 훈련을 시작한 첫날, 26명의 교수님을 만났다. 교수님들의 얼굴을 보는 것도 부담스러웠다. '기분 나쁘니 건들지 마세요!'라고 말하는 것처럼 느껴지는 굳어진 얼굴을 바라보며 기도하지 않을 수 없었다. 처음으로 과제를 하고 큐티를 발표하는 교수님 중 한 분이 이렇게 말했다.

"저는 기독교인이 아니고 어쩔 수 없이 들어온 겁니다. 그래서 과제를 하지는 않겠습니다."

분위기가 싸늘해졌다. 그 뒤에 다른 분들이 과제를 발표했지만, 경직된 분위기는 풀리지 않았다.

"보세요. 하나님, 제가 안 될 거라고 했죠? 저 같아도 열심히 참여하지 않을 거예요. 영성 훈련을 맡기시려면 조금은 저를 높여주시고 나서 시작할 수 있게 해주셔야 하는 것 아닌가요? 학교에서 가장 낮은 제가 가장 높은 처장들에게 뭘 가르칠 수 있겠어요?"

절망적인 상황, 실패에 대한 굳은 믿음을 고백하며 한참 불평을 토해내자 마음이 풀렸다. 약자로서 흔들리지 않는 마음을 가지는 것은 어려운 일이다. 나는 세상의 평가와 판단을 뛰어넘어 일하시는 하나님을 믿을 수 없었다. 그래서 기도하고 또, 기도했다.

④ 고정관념을 깨뜨려라!

　내가 영성 훈련을 하며 얻은 것 중에서, 가장 감사한 것은 내 고정관념이 깨진 것이다. 교회 안에서도 예배와 집회 등 여러 가지 프로그램을 기획했는데, 기획하며 익숙해진 것은 현재 마주한 문제를 정리하고 분석하여, 성공 조건을 늘리고 실패 조건을 줄이는 것이었다. 영성 훈련을 통해 나는 조건을 갖춰야 성공한다는 기획자로서의 고정관념이 깨졌다. 비교적 다른 사람보다 상황을 잘 분석했기 때문에 내 생각과 예측이 맞을 것이라는 한계를 만드는 고정관념이 있었다. 그러나 언제든 내가 틀릴 수 있다. 고정관념이 깨질 때 불가능의 영역이 가능으로 바뀌는 혁신의 길이 열린다.

　나는 설교하지 못하는 상황을 실패 조건으로 여겼다. 그런데 만약 욕심대로 내가 설교했다면 어땠을까? 갑자기 주어진 많은 일을 제대로 준비하며 진행하기 어려웠을 것이다. 비전스쿨은 나 혼자 감당한 것이 아니다. 나 혼자서 모든 것을 감당할 수 없었다. 동료가 필요했다. 강의 역할에서 벗어나 신한비전스쿨 전체를 더 효과적으로 진행할 수 있었다. 하나님께서 준비한 최선의 상황을 실패 조건이라고 착각하며 불평한 것이다.

　내가 도우미의 역할을 맡는 조건은 비전스쿨을 시작할 때 꼭 필요한 조건이었다. 대학교의 높은 지위를 가진 처장과 교수들을 대상으로 하는 영성 훈련에 교목실장이나 부실장이 참여하지 않고 아무 지위도 없는 목사가 단독으로 담당자가 되는 것은 눈치 보이는 상황이다. 처음부터 강의까지 했다면 어떻게 되었을까? 견제나 저항이 생겼을 것이다. 외부 목사님이 설교하며, 내가 보조적인 역할을 담당했기 때문에 누구의 심기도 거스르지 않을 수 있었다.

더 큰 장점도 있었다. 당시 신한비전스쿨에 참여한 교수님들은 어쩔 수 없이 들어왔고, 스트레스가 쌓이는 것이 당연했다. 비전스쿨의 담당 목사였던 내게 그 분노와 스트레스가 향하는 것이 자연스러운 일이었다. 그런데 내가 설교하며 주도적인 역할까지 맡았다면 나를 원수처럼 생각하게 되지 않았을까? 시작 초반에는 힘들다는 눈총을 받았고, 농담 반 진담 반 원망하는 말도 들었다.

도우미의 위치였기 때문에 나를 향한 원망은 최소화되었고, 비전스쿨에 대한 원망이 비교적 쉽게 줄어들 수 있었다. 오랜 시간 전문 분야를 가르친 교수님들이 젊은 목사의 인도에 따라 마음을 열고 삶이 변화되는 것은 사람의 능력만으로는 불가능했다. 내가 높은 위치에서 가르치는 사람이었다면, 그들의 마음이 열리지 않았을 것이다. 보지 않는 곳에서 혼자서 악기를 옮기고 세팅하고 준비했지만, 드러내지 않아도 고생하며 섬기는 마음은 모두에게 전해진다. 함께 고생한다는 동질감은 마음을 여는 중요한 열쇠가 되었다.

⑤ 문제 해결의 키

"어떻게 도움을 줄 수 있을까?"

사업계획서는 문제를 겪는 사람들에 대한 공감과 그 문제를 해결하려는 동기로 시작된다. 사랑하고 관심이 있으면 그 대상의 불편과 필요가 보인다. 사업계획서는 보통 문제 제기로 시작한다. 특정 집단의 문제를 인식하는 데 가장 효과적인 상황은 내가 문제를 겪는 집단에 포함되거나 그 집단에 애정과 관심이 있을 때다. 실패할 것처럼 느껴졌던 하기 싫은 일이라는 인식이 있었지만, 점점 참여하는 교수님들에게 애정이 생기며 그들의 필요를 위해 문제 상황을 인식하고 도움이 되고자 고민했다. 이 애정과 관심이 기업가정신을 높이고 유지하는 원동력이 된다. 문제 해결의 키를 발견하는 역량은 사랑에서 온다.

영성 훈련 첫날 큐티를 어떻게 하는지 소개한 뒤, 교수님 대부분이 패닉에 빠졌다. 억지로 들어온 교수님들이 안쓰러웠다. 어떻게 하면 도움을 줄 수 있을지를 기도하는 중에 하나님이 아이디어를 주셨다. 매일 아침에 단체 카톡방에서 내가 먼저 큐티를 나누는 것이다. 교수님들이 참고하며, 자기 마음을 들여다보는 큐티를 하고 나눌 수 있도록, 내가 먼저 솔직하게 내 부족한 믿음과 불신, 부끄러운 마음을 숨기지 않고 나눴다.

믿음이 부족한 내 모습 그대로 하나님 앞에서 갈등하는 이기적인 마음을 솔직하게 고백했다. 다른 의도 없이 순수하게 돕기 위해 큐티 나눔을 시작했다. 교수님들에게 보여주기 위해서가 아니라 하나님과 함께하기 위해 솔직한 모습 그대로를 전했기 때문에 교수님들도 자신의 솔직한 모습을 나누기 시작할 수 있었다.

영성 훈련이 불가능하다고 판단했던 최악의 조건들, 내 약점이라고 확신했던 악조건들이 하나님의 계획 아래에서 강점이 될 수 있었다. 하나님은 그분의 뜻을 이루기 위해 최선의 상황을 완벽하게 준비하셨다. 단지 내가 알아보지 못했던 것뿐이었다. 어려운 조건들을 보며 느낀 두려움이 실패에 대한 고정관념을 강하게 만들었다. 하나님은 우리의 한계를 넘어 최선의 길로 우리를 인도하신다. 불평하던 믿음 없는 죄인을 통해서도 하나님의 뜻이 이뤄졌다. 그래서 내가 아니고 하나님께서 하신 것이라고 가식이나 망설임 없이 말할 수 있다.

많은 사람의 존경을 받는 설교자가 되어, 대단한 영향력을 가지고 설교 한 번으로 사람들을 하나님께로 돌아오게 하는 것은 하나님께서 바라는 것이 아니다. 사람의 능력이 아닌 전적인 하나님의 인도하심으로, 삶으로 전하는 말씀을 통해 사람이 예수님의 제자가 될 수 있다. 하나님께서 영광을 받으시기 위해 그분의 손에 들린 도구는 반짝이지 않는 것이 좋다.

⑥ 팀 빌딩, 한계를 넘어서는 비결

비전스쿨을 시작하고 4주 정도가 지나며, 참여하는 교수님들의 모습이 달라졌다. 매일 큐티를 하고 매주 한국 근현대사 기독교 위인들에 대한 독후감을 나누는 시간을 통해 참여했던 교수님들 서로가 서로를 변화시켰다. 어려움을 나누고 삶 속에서 느낀 이야기를 나눌 수 있는 대상을 어떻게 표현할까? 친구다! 비전스쿨을 진행한 내가 높은 직위를 가질 필요가 없다. 강사가 아니라, 함께 서로를 변화시키기 때문이다.

"카톡, 카톡"

교수님 중에 비전스쿨을 통해 믿음의 열정이 불이 붙은 교수님들이 생겼다. 처장님 한 분이 새벽 4시에 큐티를 올리기 시작했다. 4시에 큐티를 올리기 위해서 3시에는 일어났을 것이다. 그 시각에 카톡 알림을 들으며 짜증날 수도 있었는데 비난하는 분이 없었다. 참여한 교수님들이 큐티를 하며 직접 자기 삶을 돌아보고 성찰하면서 서로를 이해하고 친해지기 시작했다. 솔직한 생각을 나누는 것이 다른 교수님들에게로 이어졌다.

'아! 이렇게 생각하고 행동하는 교수님들도 있구나!'

'다른 교수님들도 이렇게 고난을 이겨내고 있구나!'

매주 조별로 큐티와 'Passion' 독후감을 나누며, 다른 교수님들의 삶을 통해, 같은 눈높이에서 갈등하고 실수하며 고난을 이겨내고 있는, 살아 있는 믿음을 체험할 수 있게 된 것이다.

성령님께서 피우신 열정에 불이 붙으며 서로를 위해 기도했던 것들이 하나둘 응답되었다. 병든 가족을 위해 기도하자 병이 나았다. 아픈 딸을 위해 병을 이겨낼 수 있도록 통증을 줄여달라고 기도한 바로 그 시각에 그 딸의 통증이 사라졌다. 척추 때문에 움직이지 못하는 어머니를 위해 기도하자 산책까지 하실 수 있게 되었다.

"목사님, 성경을 알고 싶어져서 히브리어와 헬라어 공부를 시작했어요."

비전스쿨을 시작할 때, "저는 기독교인이 아니고 어쩔 수 없이 들어온 겁니다. 과제를 하지는 않겠습니다."라고 말했던 교수님이 성경에 관심이 생겼다며 히브리어와 헬라어를 공부하기 시작했다는 고백을 들었을 때, 얼마나 감사했는지 모른다. 혼자 많이 울었다.

"내가 왜 목사가 되었지?"

사람들에게 인정받고 싶은 마음과, 뛰어난 목회자라는 자기만족을 채우려고 열심히 노력해온 내 모습을 돌아보았다. 하나님의 뜻이 내 삶에서 이뤄지기 위해 내가 뛰어난 설교자가 될 필요도 영향력 있는 담임 목사가 될 필요도 없다.

내가 주도하고 내가 주인공이 되면 비전스쿨은 내 한계를 넘어설 수 없다. 내가 되어야 할 것은 하나의 정답을 전달하는 사람이 아니다. 교수님들 한 분 한 분이 주인공이 될 수 있도록 무대가 되는 것이다. 대단한 설교자 한 명이 바꾼 것이 아니라 참여한 교수님들 각자가 서로의 삶을 나누며 주인공이 된다면 내가 뛰어나야 할 이유가 없다.

지금은 플랫폼을 선점하기 위해 많은 기업이 경쟁한다. 플랫폼이 되는 비결은 누구나 주인공이 될 수 있도록 무대를 제공하는 것이다. 왕이 스스로 뛰어난 장군이 되는 것보다 뛰어난 장군들이 마음껏 날개를 펼칠 수 있는 무대를 만들어 주는 것이 그 나라의 역량을 더 강하게 만든다. 비전스쿨은 몇몇 사람 개인의 역량보다 참여하는 교수님들 모두의 나눔과 참여가 더 중요한 프로그램이었기 때문에 변화로 이어질 수 있었다.

⑦ 약자를 최고의 파트너로 만드는 유일한 방법

강자에게는 강자가 모이고 약자에게는 약자가 모인다. 초기 창업자에게 인력 부족은 당연한 현실이다. 대기업에 지원하는 탁월한 인재를 만날 수 없다. 불평하고 포기할 것인가? 부족한 자들과 함께 팀을 만들어 갈 것인가?

나는 약자들과 함께할 때가 더 많았다. 교회에서 섬길 때나 대학교에서 섬길 때나 하나님은 내가 약자들과 함께하기를 바라며 인도하셨다. 나 자신이 약자였기 때문에 약자와 함께하는 것이 당연했다.

도산 안창호 선생님은 창업 초반에 겪는 인력 부족과 문제를 일으키는 팀원을 바라보는 지도자에게 필요한 말씀을 많이 남겼다.

"모난 돌이나 둥근 돌이나 모두 다 쓰이는 데가 있다. 성격이 모두 나와 같아지기를 바라지 말라. 매끈한 돌이나 거친 돌이나 다 제각기 쓸모가 있는 법이다. 남의 성격이 내 성격과 같아지기를 바라는 건 어리석은 생각이다. 허물없는 사람이 어디 있겠는가? 그러니 모든 것을 용서하라. 남의 결점을 지적하더라도 결코 듣기 싫은 말이 아니라 사랑의 말로 조언해야 한다."

안창호 선생님의 말씀을 실천하는 건 정말 어려운 일이다. 나와 성향이 다른 데, 자기주장이 강한 사람과 함께하는 것, 때로는 이해할 수 있는 다름이 아닌 허물을 품에 안아야 할 때가 있다.

그 과정에서 분명하게 알게 된 것은 내가 은혜로 산다는 사실이다. 누구보다도 내가 부족한 약자이며 누구나 함께하고 싶은 사람들과만 함께하려 한다면 내가 할 수 있는 영역은 줄어들 수밖에 없다는 사실이다. 상대적으로 선하고, 아무런 문제를 일으키지 않고, 다른 사람을 편하게 하고, 맡은 일 이상을 잘 해내는 사람들과만 내가 함께했다면 하나님께서 내 삶에서 이루신 것 중에 얼마나 이뤄질 수 있었을까?

맡겨진 사역 중에는 내가 할 수 없는 일들이 많다. 나와 같은 성향의 사람, 내가 편한 사람들은 내가 할 수 없는 일을 하지 못할 가능성이 크다. 그러나 나와 다른 성향의 사람, 다른 사람들이 함께하기를 힘들어하는 사람들이 내가 할 수 없는 일을 해내는 것을 보았다.

비전스쿨을 시작할 때면, 함께하는 게 힘든 분들이 있다. 시작할 때 상대적으로 잘 참여하지 않으려 하고 적대적인 태도를 보이던 교수님과 후반부에 더 친해지는 일이 종종 있었다. 하나님은 그런 분들을 통해 나를 위로하셨다. 내가 위로해야 할 양이라고 생각했는데 나를 위로하고 돕는 동역자라는 사실을 깨달았다.

약자를 품에 안는 과정에서 배우는 것이 많다. 내가 다른 사람을 사랑하지 못하는 사람이라는 사실과 그러나 하나님을 통해서는 하나 될 수 있다는 사실이다. 그 과정에는 반드시 내가 하나님께 순종하며 십자가의 삶을 살려고 노력한다는 것을 보여주는 인내의 시간이 필요했다. 어려움을 이겨내는 모습을 보며 함께 어려움을 이겨내는 과정에서 얻는 축복이 있다.

처음에는 함께하는 것이 힘들었지만, 품에 안은 뒤에는 누구보다 더 든든한 동역자이자 친구가 된다. 일단 신뢰를 얻으면 완전히 다른 사람으로 변하기도 한다. 문제를 일으킬 수 있다는 것은 그만큼의 에너지가 잠재되어 있다는 의미이다. 그 에너지를 그들의 장점으로 발산할 수 있도록 하나님의 품으로 인도한다면, 약자는 최고의 파트너가 된다. 그렇게 약자와 함께할 때, 하나님 나라가 넓어진다. 이것이 하나님께서 나를 인도하신 삶의 방향이다. 예수님은 상한 갈대를 꺾지 않으신다. 그래서 내가 꺾이지 않았다. 이 사실을 기억하며 다른 사람들의 아픔을 품에 안으려고 노력한다.

⑧ 위험 감수성, 혁신을 일상으로 바꾸는 선택

위험 감수성은 위험을 인식하면서도 이를 감수하고 기회를 추구하는 성향이다. 위험을 감수하고도 기회를 추구하며 지켜야 할 것은 이익이 아니라 가치와 정신이다.

"목사님, 직원과 교수 중에 어떤 게 좋으시겠어요?"

비전스쿨을 수료한 처장님으로부터 이렇게 제안받았다. 당시 나는 계약직 직원이었고 계약직 직원과 교수 중 하나를 고르라고 한다면 누구라도 교수를 선택할 것이다. 나도 교수가 되고 싶었다. 교수가 되면 내 이름으로 할 수 있는 것들이 많아진다. 주 강사가 되어 채플을 내 이름으로 운영하고 강의할 수 있다. 그런데 극히 드물지만 내 마음대로가 아니라 하나님께서 마음을 부어주셔서 나를 통해 말씀하실 때가 있다. 안타깝게도? 그때가 그랬다.

"처장님, 정말 감사하지만 저는 직원이나 교수가 아니라 교목이 되고 싶어요. 저는 학교를 섬기고 학교를 위해 기도하는 목사이고 그 모습 그대로 인정받고 싶어요."

'왜 그렇게 말해서 쉽게 얻을 수 없는 기회를 버렸을까….'

이성적으로 볼 때, 어리석은 선택이었다. 어리석은 선택을 한 것은 비전스쿨을 하며 내 신분이나, 직제, 직위에 연연하는 마음이 한풀 꺾인 뒤였기 때문이었다. 나는 속물이지만, 하나님께서 내 마음을 준비시키셨기 때문에 그렇게 대답할 수 있었다. 내가 가장 낮은 사람이라도 하나님께서 바라시면 나를 통해서 가장 높은 사람까지도 변화시키실 수 있다는 사실을 체험한 뒤, 내 신분과 지위에 대해서 하나님을 원망하는 마음이 많이 사라졌다.

내가 모두가 인정하는 강한 사람이라면 내 강함이 하나님의 영광을 가릴 수도 있다. 내 삶의 고백이 하나님의 영광 그대로를 드러낼 수 있는 이유는 내가 불가능한 약자였기 때문이다. 그래서 그 약함이 내게 축복임을 느꼈다. 내가 아무리 못난 사람이라도 하나님 안에서 그분의 모든 뜻을 이룰 수 있다. 우리 하나님은 그만큼 전능하시다. 세상에서는 힘이 있어야만 무언가를 이뤄낼 수 있지만, 하나님 안에서는 아무런 힘이 없는 사람도 의미를 이룰 수 있다. 이것이 하나님께서 이익이 아닌 의미를 쫓으라고 인도하시는 이유다.

하나님을 향한 원망이 사라진 뒤, 2017년도에 교목실 팀장이 되었다. 2018년도에는 정규직 직원으로 전환되고, 2020년도에는 9급에서 8급으로 승진했다. 비전스쿨을 시작할 2016년 당시에는 학교에서 가장 낮은 사람이라고 말할 수 있었지만, 지금은 가장 낮은 위치에서 많이 벗어났다. 부족한 나를 높여주신 하나님과 학교에 감사하다. 이제는 내 신분이 어떻게 되든 상관없다. 솔직한 마음이다.

신한대학교에서의 내 발령 이력은 내가 못난 사람이라는 것을 증명한다. 이력을 보면 '얼마나 못났으면 긴 기간을 이렇게 있었을까!'라고 생각할 수 있다. 그러나 한편으로 '부족한 사람이 이렇게 긴 시간이 지나서 어떻게 정규직이 되고 팀장이 될 수 있었을까?'라고도 생각할 수 있다. 내 삶의 발걸음은 내 실패의 증명서다. 그런데 그 실패의 증명서가 하나님께서 실패하신 증명서는 될 수 없다. 또, 실패의 기록이 내가 내 이익이 아닌 하나님의 뜻을 따라왔다는 진정성을 증명한다. 대학교를 섬기며 이익을 따라 달려왔다면 지금 내 위치가 어떻게 되었을까…. 나같이 부족한 사람이 권력과 사람을 쫓아다녔다면 지금까지 대학교에 있지도 못했을 것이 분명하다.

⑨ 나를 살린 매일 30분 큐티

위험을 감수하는 것은 편안한 선택이 아니다. 누구나 흔들릴 수 있다. 결핍과 위험을 마주하여 좌절하고 포기하지 않기 위해서, 필요한 것이 있다. 나 자신을 돌아보는 시간이다.

『거인들의 발자국』이라는 책을 보면, 성공하는 사람이 되기 위해 일기를 쓰라고 권면한다. 창업자가 만나는 어려움을 겪으며 흔들리지 않고 조금 더 침착하게 난관을 극복하기 위해서는 자신을 돌아보는 습관을 기르는 것이 중요하다.

"목사님, 어떻게 매일 큐티를 하세요?"

이런 질문을 받을 때마다 늘 하는 대답이 있다.

"살려고 하는 거예요."

내 큐티에는 부끄러운 고백이 자주 등장한다. 하나님을 향한 내 불평과 원망, 분노를 숨기지 않는다. 큐티를 하며 하나님께 기도할 때, 힘든 상황에서 절박한 마음으로 슬픔과 부족함을 토해낸다. 큐티에서 나는 믿음도 사랑도 능력도 없다. 그래서 두렵고 흔들릴 때 하나님께 흔들리는 마음을 털어내지 않으면 하나님을 따라 살 수 없다. 하나님께 불평하고 원망하며 하나님의 뒤를 따라왔다. 매일 30분의 큐티가 나를 살렸다. 매일 30분은 두려움과 탐욕으로 상황과 문제를 제대로 보지 못한 내 왜곡된 시선을 바로잡고 나를 객관적으로 보며 기독교 정신을 지킬 수 있게 해준 소중한 시간이다.

어려움을 겪으며 두렵고 견딜 수 없을 것 같지만 견디고 있다는 사실을 깨달았다. 그러면 내가 그렇게까지 분노하고 하나님을 원망하는 것이 이상하다는 것을 바라보게 된다. 하나님 안에서 나를 돌아보는 시간, 큐티를 통해 나를 객관화할 힘을 얻은 것이다. 감정에서 자유롭게 되는, 인식이 변하는 과정을 위해 하나님은 그분께 원망하는 죄를 우리에게 허용하신다. 그 뒤에는 문제를 견딜 힘이 생기고 두려움과 불만으로 보이지 않았던 새로운 시야가 열리며, 모든 것이 하나님의 은혜라는 것을 진심으로 고백할 수 있다. 하나님 안에서 상황과 나를 돌아보고 위험을 감수할 여유와 회복력을 공급받을 수 있었다.

비전스쿨을 하며 매일 큐티를 나눴다. 비전스쿨을 수료한 분들이 있는 단체 카톡방과 해당 기수의 카톡방을 만들고 매일 아침, 내 큐티를 나누고 있다. 많은 사람과 나누는 내 큐티에는 현실이 힘들다고 하나님께 원망하고 도와달라는 부끄러운 내용이 많다. 비전스쿨을 인도하는 목사가 문제를 힘들어하는 모습을 그대로 보여주는 것은 큐티를 통해 솔직하게 하나님께 나아가 하나님의 위로와 힘을 얻으며 친밀해지는 데 도움이 된다.

흔들리는 믿음으로도 하나님을 신뢰하기 위해 매일 나아가는 모습은 다른 사람에게 위로를 준다. 서로 큐티를 나누고 중보 기도 제목을 나누며 다른 사람도 내가 힘들어하는 문제를 가지고 힘들어한다는 사실을 보며, 그런데도 하나님을 의지하면 그 문제들을 견디며 나갈 수 있다는 사실도 깨닫게 된다. 목사인 내가 먼저 솔직하게 내 마음을 열고 믿음이 부족하여 갈등하는 모습을 오픈할 때, 비전스쿨에 참여하는 교수님들이 서로에게 자기 모습을 나누고 한 팀이 된다. 비전스쿨 전체 소감을 나눴던 마지막 시간에 많은 교수님이 삶을 바꾼 의미 있는 시간이었다고 고백했다. 함께하며 하나가 되었기 때문에 의미 있는 시간이 될 수 있었다.

"처음에는 너무 하기 싫었어요. 모두 다 그랬을 거예요. 교회도 가지 않는데 큐티를 하고 독후감도 쓰고 그걸 매주 발표도 해야 하는 게 너무 힘들었어요. 그런데 솔직히 말해서 숙제만 없으면 앞으로도 매주 하고 싶어요. 억지로 오는 게 아니라 회복이 되는 시간이었어요."

"학교에서 친한 교수님이 한 명도 없었는데 속마음을 터놓을 수 있는 편하게 같이 밥 먹을 수 있는 교수님들이 생겨서 감사했어요."

"평생 이렇게 많이 자아 성찰을 했던 시간이 없었어요. 다른 사람들을 원망하고 가족들에게도 짜증 내며 살았는데 내가 잘못하는 게 많다는 걸 알게 되었어요. 아내와 아이들과도 관계가 좋아졌어요."

하나님은 큐티를 통해서 또, 비전스쿨을 통해서 내가 부족해도 된다는 사실을 알려주셨다. 이 책을 읽는 모든 사람이 솔직하게 하나님께 나가 자신을 돌아보는 시간이 얼마나 큰 힘이 될 수 있는지 경험할 수 있기를 소망한다.

신한비전스쿨을 마치고 총장님과 함께 식사하는 시간을 가졌다. 처음에는 힘들었지만 감사하고 좋았다는 것을 나눈 뒤에, 그분들은 신한비전스쿨 1기 졸업생이 되었다. 신한대학교를 위해 꼭 필요한 프로그램이라는 것을 나누며 계속해서 비전스쿨을 진행하게 되었다. 그 이후로 2기부터는 비전스쿨에서 말씀을 전하게 되었다. 기수마다 교수님들을 대상으로 세례를 주고, 2022년 6월까지 신한비전스쿨 11기를 마쳤다. 여전히 흙빛으로 시작하여 환하게 웃으며 마치는, 불가능이 가능으로 바뀌는 기적이 반복되고 있다.

이 사실을 체험하며 내 삶의 방향이 변했다. 높아질 필요가 없다는 사실은 내게 자유를 주었다. 내 감정과 인식이 달라지자 불평은 줄었다. 여전히 나는 부족하지만, 세상을 바라보는 눈이 변했다. 기독교 정신과 기업가정신이 내 삶의 가치로 자리 잡았고, 혁신이 일상이 되는 삶을 살고 있다.

3. 혁신을 일상으로 바꾸는 기업가정신, 기독교 정신!

> 기독교는 이론이나 추측이 아닌 삶이다. 삶에 대한 철학이 아니라 현재의 삶 그 자체이다.
>
> - 새뮤엘 테일러 콜리지Samuel Taylor Coleridge

① 나는 기업가정신전도사입니다

2016년부터 대학생들에게 기독교 채플을 강의하며, 종교가 다른 학생들에게 필요한 채플 강의를 만들며 절망적인 시대를 사는 청년들에게 어떻게 도움을 줄 수 있을지를 고민했다. 그 방법은 기독교에 대한 믿음을 전하는 것이 아닌 기독교의 정신을 실천한 사람들의 삶을 소개하고 그들이 실천한 정신을 전하는 것이다.

그중에는 사회를 바꾼 혁신을 실천한 분들의 이야기가 있다.

일제 강점기에 한글을 기반으로 하는 점자 '훈맹정음'을 만들어 보급하여, 교육을 통해 시각 장애인들에게 다양한 꿈을 꿀 수 있는 길을 열어 준 송암 박두성 선생이 있다.

당대 최고의 의술 실력을 지닌 의사였지만, 가난한 자들을 위해 평생 헌신하며 우리나라 국민의료 보험의 모델이었던 민간 의료보험인

'청십자 의료보험 조합'을 설립한 장기려 의사가 있다.

유한양행의 설립자로 우리나라 최초로 종업원 지주제를 도입하고, 아들에게 유한양행을 물려주지 않고 전문경영인 체계를 만들어, 자신의 경영 철학을 실천한 유일한 회장이 있다. 유일한 회장의 경영 철학은 기독교 정신을 기반으로 한 기업가정신을 잘 보여주는 예다.

"정성껏 좋은 상품을 만들어 국가와 동포에게 봉사하고, 정직 성실하고 양심적인 인재를 양성 배출하며, 기업의 이익은 첫째, 기업을 키워 일자리를 만들고, 둘째는 정직하게 납세하며, 셋째는 그리고 남은 것은 기업을 키워 준 사회에 환원한다."

기독교 정신을 실천하기 위해 희생을 선택했고 그들을 바라보는 많은 이들은 그들의 혁신적이고 희생적인 선택을 우려하고 존경하며 그들을 통해 새로운 희망을 얻었다. 그들은 모두 기독교 정신을 토대로 기업가정신을 발현하여 혁신을 통해 시대의 문제를 해결했다.

대학생을 대상으로 채플에서 일제 강점기, 위험을 감수하고 그 암흑 같은 시대를 혁신한 다양한 분야의 사람들을 통해 지금 이 시대의 문제를 대면하는 우리에게 필요한 "기업가정신"을 배울 수 있도록 구성하여 강의하고 있다. 책의 부록으로 비기독교 학생들에게 삶을 돌아보는 기회를 주고 있는 채플 강의 영상 유튜브 링크를 첨부한다. 영상을 보면 기독교 정신이 어떻게 기업가정신을 뒷받침하는지를 확인할 수 있을 것이다.

하나님께서 나를 이끄신 삶의 발걸음은 결핍과 문제, 실패로 채워져 있다. 그런데 실패를 통해 내 진심을 전하여 신뢰를 얻을 수 있다는 사실을 깨달았다. 이제는 모두가 불가능하다고 판단하는 상황에서도 새로운 혁신을 시도하는 것이 두렵지 않다.

자존심을 내려놓으니, 자존감이 커졌다. 좁은 시야에서 벗어나 다른 사람이 보지 못하는 여유와 평안 속에서 세상을 바라볼 수 있게 되었다.

실패에 대한 두려움이 사라지면 적극적으로 뛰어갈 수 있는 진취성이 생긴다. 문제로 어려움을 겪는 사람들의 아픔에 공감하고 사랑으로 그들이 겪는 문제 상황을 바라보면 그들을 도울 수 있는 지혜를 얻을 수 있다.

불가능한 일에 도전하고 한계를 넘어서는 일을 이룰 수 있는 비결은 팀 빌딩에 있다. 혼자서는 불가능한 일도 함께할 때 가능해진다. 내가 팀의 연합을 위해 약자들을 세우고, 드러나지 않게 희생하는 무대가 되면, 빛나는 주연들과 함께할 수 있는 플랫폼이 될 수 있다.

이 과정에서 누구나 흔들릴 수 있다. 눈앞에 보이는 이익을 향한 탐욕과 실패로 인한 두려움에 사로잡히면 시야가 좁아져 올바른 판단을 할 수 없다. 이를 위해 필요한 것이 자신을 돌아보는 시간이다. 부정적인 감정을 털어내지 않고 쌓아두면 폭탄이 되어 터진다. 매일 습관처럼 자신과 상황을 돌아보는 시간을 가지기 위해, 큐티는 완벽한 도구다.

큐티 중에 하나님께서 내게 이렇게 위로하셨다.

"나는 너를 강하게 하지 않을 거야! 내가 너의 강함이 되어 줄 거야!"

실패와 어려움을 이겨내며 내가 약해도 괜찮다는 것을 배웠다. 누구나 이겨낼 수 없을 것 같은 어려움과 문제를 만날 수 있다. 자기 능력만으로 살아온 사람은 자신의 한계를 넘어서는 문제를 만날 때 꺾일 수 있다.

그러나 불가능해 보이는 혁신의 파도에 뛰어들 수 있는 사람이 있다. 바로 기독교 정신을 바탕으로 기업가정신, 그 역량을 키워온 사람이다. 나는 할 수 없어도 함께라면 할 수 있고 실패할지라도 내 가치를 지키면 혁신을 이룰 수 있는 때가 반드시 온다는 믿음이 그 역량을 지켜낼 수 있다.

"그래서 기업가정신은 무엇인가요? 기업가정신은 창업자나 기업을 운영하는 경영인에게나 필요한 가치가 아닌가요?"

기업가정신은 기업이나 창업에만 적용하는 좁은 의미의 가치가 아닌, 우리 시대 전 영역에서 적용하며 많은 가치를 포괄하는 광의의 개념이다. 기업가는 창업가나 기업의 운영자를 의미하지 않는다. 기업가는 위험을 감수하고 세상에 혁신을 이뤄내는 사람이다. 기업가정신은 새로운 가치를 만들어내려는 의지를 지니고 그 의지를 실천하는 태도다. 기업을 운영하는 자에게만 해당하는 특징이 아닌 모든 사람에게 적용할 수 있는 포스트 코로나 시대에 가장 중요한 가치 중 하나다.

나는 기독교 정신을 실천하는 사람은 모두 기업가정신으로 시대의 혁신을 이룰 수 있다고 믿는다. 이 글을 읽는 모든 이가 기업가정신으로 세상을 아름답게 변화시키는 혁신가가 되기를, 기독교 정신을 개인의 비전, 가치관의 기초로 삼을 수 있기를 소망한다.

[부록] 채플 강의 영상 유튜브 링크

1부 고통의 해석
1장 맹의순

1편 절망을 만나다!

https://youtu.be/Yzsu4mCh728

2편 최선의 선택

https://youtu.be/bW6Xl57vngw

2장 윤동주 시인

1편 슬픔으로 쓴

https://youtu.be/WfBbAPK7ipA

2편 시가 된 삶

https://youtu.be/KEASZ35ZDSU

2부 변혁의 실현
4장 송암 박두성

1편 시각장애인들의 세종대왕

https://youtu.be/hGKoqfgPstw

2편 더불어 사는 세상

https://youtu.be/imkSn12V_K4

5장 장기려 박사

1편 꿈, 삶을 바꾸다!
https://youtu.be/CvOvyhGVYY0

2편 바보가 바꾼 세상
https://youtu.be/2YZe2YN3LsM

6장 유일한 회장

1편 경영 철학
https://youtu.be/GmjWICjSfnI

2편 복으로 채운 세상
https://youtu.be/0yO1E8dEntY

3부 죽음의 의미

7장 유관순 열사

1편 잊지 말아야 할
https://youtu.be/xtxRSWExlBE

2편 희생, 결실
https://youtu.be/V_fjwze7T2c

8장 주기철 목사

1편 성공? 승리!
https://youtu.be/f8qHgJSH9Y8

2편 고집? 신념!
https://youtu.be/S1xjUiwXBzs

9장 손양원 목사

1편 사랑, 자아의 확장
https://youtu.be/QMfzc9jkhmw

2편 죽음을 이긴, 사랑
https://youtu.be/QxOrpjS8mzg

4부 리더십 코칭

10장 전덕기 목사

1편 약점이 강점으로
https://youtu.be/-j3tOoHoxlo

2편 플랫폼의 비결
https://youtu.be/ObXZF8FNPow

11장 도산 안창호

1편 지도자의 조건
https://youtu.be/sGuzkCQXXnI

2편 겸손의 비결
https://youtu.be/UTP7KIiBAcw

12장 월남 이상재

1편 영원한 청년
https://youtu.be/v6YeCA-rsG0

2편 대한민국의 희망
https://youtu.be/mUxUDNt1ChE

5부 희생의 비밀

13장 강신경 목사

1편 행함과 진실함으로
https://youtu.be/ALtunSgHcc0

2편 희생에 숨은 열매
https://youtu.be/cjO5_1jAUTY

퇴직 후, 더 잘나가는 사람들의 비밀

다시 리즈!
리커리어 성공비결

· ·

1. 흙수저를 대물림하는 단어 '어차피'
2. 변화를 향한 도전
3. 달라진 경력 패러다임
4. 다시, 리즈! 리커리어 성공비결

한현정
리커리어디자이너

리커리어디자이너 | 한현정

◇ **학력**

호서대학교 벤처경영대학원 박사과정
호서대학교 글로벌창업대학원 석사
산업디자인학, 미디어영상학 학사

◇ **경력 및 이력**

㈜국제리커리어협회장 리커리어 북스 출판사 대표
㈜호서대학교 글로벌창업대학원 '퍼스널브랜딩 출판' 정규과정 출강
한국열린사이버대학교 디지털비즈니스학과 특임교수
한국1인미디어 창칙창업협회자문위원
㈜엄마성장공동체 마미킹 대표
㈜책아이책엄마 커뮤니티 운영장
SK㈜ 오케이 캐시백 인터넷 사업개발팀 총괄디자이너
디자인 기획 P.M 및 프로모션 마케팅 기획 다수 진행
두루넷 쇼핑 - U.I DESIGNER 재직
클라우드나인 디자인 웹 에이전시 - WEB DESIGNER 재직

◇ **저서**

퍼스널브랜딩 창업 성공 가이드 Vol. 3 / 열한 가지 찐 창업 이야기
꿈을 찾아 떠나는 길, 아티스트 웨이

◇ **대표적인 출판기획**

퍼스널브랜딩 창업 성공 가이드 Vol. 1~Vol. 3(2022. 5 ~)
나는 나를 브랜딩하기로 했다(2021.11)
열한 가지 찐 창업 이야기(2021.5)
다시 꿈을 꿉니다(2020.12)
꿈을 찾아 떠나는 길, 아티스트 웨이(2020.8)

◇ **이메일 / SNS**

이메일: ceo@recareer.org   네이버 검색: 한현정

만학도란 보통의 학생들보다 늦은 나이에 학교를 다니는 학생을 일컬어 부르는 말이다. 과거에는 가난이나 전쟁 등의 피치 못할 이유로 공부를 미룰 수밖에 없었던 사람들이 배움에 대한 갈망이 한이 되어 만학도의 길을 걸었다. 100세 시대인 오늘날 평생학습사회에서는 만학도의 의미도 달라졌다. 이제는 길어진 생애 동안 빠르게 변화하는 사회에 적응해 나가기 위해 필요한 평생학습의 의미가 더 크다. 그런 의미에서 보면 나 역시 만학도다. 지금은 그렇다 치더라도, 20대 중반까지는 꿈에 대해 진지하게 생각해 보지 않았다. 마치 뜬구름 속을 헤매듯 떠밀려가는 삶을 살았다고 해도 과언이 아니다. 때때로 밑도 끝도 없는 공상에 빠지거나 새로운 것을 고안하고 구상하는 것을 좋아했지만, 제도권 교육에는 과히 어울리지 않는 비주류가 나였다.

어찌 보면, 남이 정해 놓은 대로 사는 것은, 도전하고 실패하며 겪는 어려움에 비해 몇 배는 더 혹독한 값을 치러야 할지 모른다. 지금은 누가 하라고 하지 않아도 스스로 만학도의 길을 자청하며 창업자의 길을 행복하게 걸어가고 있다. 때로는 넘어지고, 실패하기도 하지만, 과거의 주도적이지 못했던 삶에 비하면, 지금 겪는 어려움은 아무것도 아니다. 과거의 경험으로부터 나는 다음과 같은 중요한 교훈을 얻었다.

"스스로 생각하지 않으면, 다른 사람이 생각하는 대로 살게 된다." 즉, 스스로 생각하고 도전하는 삶의 중요성을 경험으로 알게 된 것이다.

N잡러 시대, 현재 나의 여러 개 직함 중 가장 대표적인 것은 퍼스널브랜딩 출판 프로젝트 매니저다. 퍼스널브랜딩 출판은 말 그대로 개인을 브랜딩하는 출판을 의미한다. 2020년에 리커리어북스 출판사를 설립한 후 2022년 현재까지 창업과 퍼스널브랜딩을 주제로 한 공동 저서 시리즈 책

을 9권 기획 출간했고, 77명의 정식 작가를 배출했다. 출판경력이 전혀 없던 내가 퍼스널브랜딩 출판 프로젝트 매니저가 될 수 있었던 것은 모험과도 같은 아주 작은 도전에서부터 시작되었다. 애플의 CEO였던 스티브 잡스의 스탠퍼드 대학 졸업 연설로 유명한 'connecting the dots'는 작은 점(경험)들이 언젠가는 반드시 결과가 되어 돌아올 거란 확신을 가지라는 이야기다. 하지만 도전만으로 변화를 이루기는 어렵다. 변화와 성취에는 반드시 지루하고 견디기 힘든 임계점이란 시간이 요구된다. 그 과정을 견디기 위해서는 자신이 원하는 간절한 변화가 무엇인지 스스로 찾아야만 비로소 마음을 지킬 수 있고, 원하는 결과를 얻을 수 있다. 이른바 티핑 포인트 tipping point**44**에 도달하게 되는 것이다.

작은 점에 불과했던 도전 경험을 알아본 호서대학교 글로벌창업대학원 학과장 박남규 교수님이 아니었다면, 지금 여러분이 읽고 있는 퍼스널브랜딩 창업성공가이드 책은 세상에 나올 수 없었을 것이다. 이러한 도전과 변화에 대한 성취과정은 나에게 계속 새로운 꿈을 갖게 한다.

이 글은 내가 처음 이 길로 들어섰을 때부터 느끼고, 배우고 깨달은 점들을 정리한 글이기도 하다. 내가 겪었던 도전과 실패, 그리고 성공 경험에서 깨달은 것들은 독자들에게도 유용할 것이라 생각한다. 이제 막 제2의 경력을 준비하고자 하는 분들이 나처럼 에둘러 가지 않길 바라는 마음으로, 이 글이 부족하나마 길잡이가 된다면 더없이 기쁘겠다.

---

44 작은 변화들이 어느 정도 기간을 두고 쌓여, 이제 작은 변화 하나만 더 일어나도 갑자기 큰 변화를 초래할 수 있는 상태가 된 단계. 때로는 엄청난 변화가 작은 일들에서 시작될 수 있고 대단히 급속하게 발생할 수 있다는 의미로 사용

1. 흙수저를 대물림하는 단어 '어차피'

> 장담컨대 스스로 가치를 낮게 평가하면 세상도 당신을 딱 그만큼의 가치로 평가한다.
> 잠재력을 발현하고 싶다면, 스스로 자신의 가능성을 믿어야 한다.
>
> - 존 맥스웰John Maxwell

① 어차피 안될 거란 출처 없는 확신

입사 면접 대기실에는 못해도 몇십 명의 대기자가 자신의 순서를 기다리며 초조하게 앉아있었다. 그녀는 수북이 쌓인 이력서 중에서 단연 돋보이는 스펙으로 어느 모로 보나 빠질 것이 없는 사람이었다. 특이한 점은 1년 이상 근무한 이력이 거의 없었고, 중간중간 공백 기간도 적지 않아 보였다. 한 면접관이 그의 이력서를 들여다보며 말했다.

"나이가 좀 있는데 반해 경력이 많지 않으시네요. 스펙도 좋은 편인데, 경력 관리에 어떤 어려움이 있었던 건가요?"

그녀는 예상에 없던 질문이었는지, 당황한 듯 멋쩍게 웃으며 말했다.

"대학 졸업 후 취업보다는 부모님의 뜻에 따라 공무원을 준비하다 적성에 맞지 않는 것 같아 대기업 입사를 목표로 지금까지 준비해왔습니다. 그러다 보니 신입 면접에서는 번번이 경력과 나이가 문제가 됐습니다. 눈높이를 낮춰 작은 중소기업에 들어가서 일해보기도 했지만, 제 목표는 오로지 대기업에 입사하는 것이었기 때문에 시간 낭비라는 생각이 들어서 목표에 집중하고자 퇴사를 결정하고 입사 시험에만 집중해왔습니다."

말을 마친 그녀의 얼굴에 긴장과 안도감이 교차했다. 과연 그녀가 이번에는 성공할 수 있을까?

얼핏 그녀의 말은 맞는 말처럼 들린다. 하지만 이내, 그녀가 왜 그동안 선택받지 못하였었는지 알 수 있을 것 같았다. 회사는 학교가 아니기 때문에 이론보다 실전 경험을 더 중요하게 본다. 계속 같은 원인으로 실패하고 있다면, 그 실패를 발판 삼아 다른 모색을 했어야 했다. 그녀는 스펙은 훌륭했지만, 그 분야의 전문성을 확인할 수 있는 실무 경험이 너무 부족했다. 결국 그녀는 이번에도 선택받지 못했다.

대부분의 입사지원자가 흔히 하는 오해 중 하나는 굴지의 대기업에 들어가기 위해서는 명문대 졸업장이 필수라고 여기는 생각이 그것이다. 그런 이유로 '어차피' 안될 것이 뻔하다고 생각한 사람들은 아예 시도조차 해보지 않고 포기해버린다.

처음 디자인 업계로 발을 들여놓을 때를 돌이켜보면, 내게는 초라하기 짝이 없는 이력서 한 장과 몇 작품 안되는 포트폴리오portfolio가 전부였다. 그나마 바쁜 맞벌이 부모님을 대신해 철없는 동생인 나에게 잔소리와 진로 걱정을 해줬던 한 살 터울 언니 덕분에 전문대 졸업장이나마 갖춰 놓을 수 있었다. 언니는 어려서부터 손재주가 남달라 그림부터 시작해서 손으로 하는 것이라면 못 하는 것이 없었다. 그에 반해 나는 도대체 손대는 것마다 부서지고 망가져서 가만히 있는 것이 오히려 도와준다는 핀잔을 듣던 아이였다. 그랬던 내가 디자인업계 밥을 15년 넘게 먹었다니…. 지금 생각해도 아이러니한 일이 아닐 수 없다.

② 안 되면 말고, 일단 한번 해보자!

산업디자인을 전공했지만, 디자인업계로 바로 취업하지는 못했다. 잠깐 거쳐 가는 사회생활이라고 시작했던 아동 미술을 4년이나 가르쳤다. 강사를 구하는 수요가 제법 많아서 직장을 구하는 일이 어렵지는 않았지만, 그만큼 이직률이 높고, 박봉에 가르치는 업무 외에도 해야 할 일이 많았다. 아이들과 퍼포먼스 미술 활동을 하는 것이 더없이 즐겁기는 했지만, 시간이 지남에 따라 타성에 생기를 잃어갔다. 특히나 결혼하면 바로 그만둬버리는 선배 강사들의 삶을 보면 나의 미래가 보이는 듯했다. 인생의 로드맵road map을 제시해 주는 선배도, 주변 사례도 마땅히 없었지만, 더 늦기 전에 무언가 새로운 도전을 해보고 싶다는 생각이 들었다. 하지만 늦깎이 진로 고민이 쉽지만은 않았다. 당시 젊은 세대들은 하이텔이나 천리안 등의 PC통신에서 정보를 찾고 관심사가 비슷한 사람들을 만나는 것이 트렌드trend였다. 나 역시 그곳에서 활동을 시작했다. 주로 관심사인 취업/교육 게시판을 많이 드나들었는데 우연히 웹디자이너로 활발히 활동하고 있는 어떤 여성분의 인터뷰를 보게 되었다. 당시만 해도 새로운 분야였기에 당당하게 도전하며 살아가는 그녀의 모습이 신선한 충격으로 다가왔다. 마음이 이끄니 나도 모르게 웹디자이너가 되기 위해 무엇이 필요한지 적극적으로 찾기 시작했다. 낮에는 미술학원에서 아이들을 가르치고 밤에는 한 시간 반 거리의 강남에 있는 그래픽 디자인학원에 다니며 기술을 익혔다. 월급의 반 이상을 학원비에 털어 넣어야 했지만, 오히려 마음은 가벼웠다.

IT업계로 들어올 즈음 IMF 외환위기가 터졌다. 구조 조정으로 일자리를 잃는 사람들의 숫자가 매일 뉴스를 장식했다. 가뜩이나 경력을 까먹고 들어온 데다 경제 위기로 사회적 분위기가 워낙 안 좋았던 시절이었기 때문에 정상적인 취업은 생각할 수도 없었다. 우연히 지인의 소개로 신생 전자상거래 쇼핑몰 사무실에서 웹디자이너를 찾는다는 이야기를 들었다. 대표와 영업직원 한 명이 전부인 작은 사무실은 온라인에 판매할 어린이 장난감으로 사무실 한편이 창고처럼 어수선했다.

"사실 저희도 이제 시작하는 처지라 인터넷도 잘 모르고, 쇼핑몰도 디자이너가 오면 만들 계획이에요. 같이 배우면서 만들어간다고 생각하면 좋은 기회가 되실 거예요."

의욕에 찬 대표의 말에 마음이 흔들리긴 했지만, 경력도 없이 무모하게 달려들기엔 기대보다는 두려움이 앞섰다. 일단 나를 가르쳐 줄 사수가 없다는 것이 큰 문제였다. 얼떨결에 회사의 사운이 걸린 중책(?)을 맡게 된 다음부터는 이왕 내게 주어진 업무를 어떡하든 성공시켜야 한다는 생각 외에 다른 생각은 들지 않았다. 인터넷에는 모든 정보가 연결되어 있었기 때문에 사수는 없었지만 독학하기에 이만한 조건이 없었다.

비록 작은 회사였지만 자리가 사람을 만든다는 말이 있듯이 디자인 작업물에 대한 책임감은 나의 자존심이라는 생각이 들었다. 한 땀 한 땀 정성을 다하듯 매 순간 작은 작업물도 포트폴리오라 생각하고 임하자 생각하지 않은 기회들이 오기 시작했다.

우리나라는 1995년부터 PC와 인터넷 접속 서비스가 개시되며 인터넷 산업이 본격적으로 태동했다. 인터넷이 비즈니스 도구로 활용되기 시작한 1996년부터는 인터넷 비즈니스가 급성장하면서 전 세계의 집중적인 주목을 받을 만큼 비약적인 성장을 거듭해왔다.

1997년 IMF 외환위기로 많은 사람이 직장을 잃었지만, 한편에서는 인터넷의 태동으로 새로운 기회의 물결이 일고 있었다. 우리나라에서는 롯데백화점이 최초로 전자상거래를 시작하면서 크고 작은 전자상거래 쇼핑몰이 생겨나기 시작했다.

그즈음 내가 IT업계로 입문하고 첫 직장으로 들어간 곳이 온라인에서 장난감을 파는 전자상거래 쇼핑몰이었다. 한국에는 딱히 참고할 만한 사이트가 없었기 때문에 주로 외국 토이즈(toys) 사이트를 벤치마킹하면서 아이디어를 얻었는데, 미술학원에서 5세에서 7세 아이들을 대상으로 아동 미술을 가르치고 함께 생활했던 경험이 도움이 됐다.

전자상거래 쇼핑몰은 특히 사용자 편리성을 고려한 UI[45]디자인이 중요한데, 고객 반응이 매출로 바로 연결되는 전자상거래 특성상 빠

---

[45] 사용자 인터페이스(user interface)로 기계 또는 시스템을 사람이 쉽게 이용할 수 있도록 도와주는 구성을 말함. 컴퓨터나 모바일 기기들의 디스플레이 화면, 애플리케이션, 키보드, 마우스, 폰트, 아이콘, 도움말 등을 아우르는 용어

른 피드백을 확인할 수 있어서 민첩하게 대응하며 작업해야 했고, 그런 과정에서 많은 경험을 쌓을 수 있었다. 이 경험이 포트폴리오가 되어 인터넷 종합 쇼핑몰인 두루넷 쇼핑에 스카우트될 수 있었다.

③ 공부 싫어하던 사람이, 공부에 미치다

학교 다닐 때는 공부가 그렇게 하기 싫더니, 회사 다니면서는 공부하느라 밤을 새는 날이 부지기수였다. 웹디자인에 필요한 디자인 프로그램부터 코딩 프로그램 언어까지 당장 익혀야 할 것들이 한두 가지가 아니었다. 게다가 한 번도 해보지 않았던 전자상거래 쇼핑몰에서 매출은 회사의 존립과 직결되기 때문에 단순히 예쁘고 멋진 디자인보다 고객이 쉽고 편리하게 사용할 수 있는 환경을 제공하는 유저 인터페이스user interface 즉, UI에 대한 연구가 필요했다. 하지만 당시만 해도 웹 초창기라 물어볼 사람도 마땅치 않았다. 이때부터 궁금한 것이나 해결되지 않는 것을 만날 때면 서점을 찾는 버릇이 생겼다. 책을 가까이하면서 성공한 사람들의 공통적인 독서 유형을 알게 되었다. 그들은 동일한 주제의 서로 다른 저자의 책을 최소한 10권에서 30권 이상 동시에 보고 공통점(본질)과 차이점(차별화)을 찾아 자기만의 것으로 정리해 낸다. 나 역시 지금까지도 강의를 준비하거나 새로운 아이디어를 찾아야 할 때 이 방법을 유용하게 사용하고 있다.

사무실 직원들은 낮에는 주로 영업을 하러 나가기 때문에 혼자 남아 업무를 보는 시간이 많았다. 신생업체라서 안정적인 거래처가 확보되지 않아 월급을 못 받는 달도 많았다. 일부러 돈 주고도 공부하는데, 모든 시간이 공부하는 과정이라 생각하니 그런 것은 크게 문제가 되지 않았다. 그래픽 디자인학원 동기들과 저녁 시간을 이용해서 스터디를 하기도 하고, 모르는 것은 누군가 먼저 찾아 서로 가르쳐 주기도 했다. 배운 것을 바로 실행하면서 매출이 오르는 경험도 하고, 때로는 반대의 경험을 하기도 했다. 그야말로 생생 체험 현장이었다. 버튼의 위치에 따라 고객 반응이 달라졌고, 헤드카피 하나에 매출이 오르락내리락했다.

④ 정말 재미있어서 하는 일

그때의 경험은 기업에서 굵직한 회사의 웹사이트를 제작하거나, 디자인 프로젝트 매니저PM로 일할 때도 큰 도움이 되었다. 특히 돈에 목표를 두지 않고 일하다 보니 프로젝트의 가격이나 중요도에 편승해 일의 태도가 변하는 우를 범하지 않을 수 있었다.

세계에서 가장 높은 산인 에베레스트를 오르기 위해서는 원정을 돕는 사람들인 셰르파sherpa의 도움이 필요하다. 하지만 정상에 깃발을 꽂기 위해서는 자신의 의지가 아니면 제아무리 훌륭한 셰르파가 도와준다고 해도 가능하지 않다. 테슬라Tesla의 일론 머스크Elon Musk의 재산은 대략 360조에 달한다고 한다. 앞으로도 테슬라의 기업가치는 더

오를 것이라고 전문가들은 전망한다. 그런 그에게 돈이란 무엇일까? 만약 그가 돈을 목표로 일했다면, 페이팔PayPal을 이베이eBay에 매각하면서 막대한 돈을 벌었을 때 멈추어도 그만이었을지 모른다. 하지만 그가 어린 시절부터 동경해왔던 꿈인 우주개발사업 스페이스-X를 창업하고, 여러 가지 난관 앞에서도 흔들림 없이 나아갈 수 있는 힘의 원천은 누가 시켜서 하거나 떼돈을 벌겠다는 목표였다면 가능하지 않았을 것이다. 자신의 비전과 꿈을 향해 나아가는 발걸음은 고난 마저도 즐길 수 있는 동력이 된다. 그런 그는 "하루하루가 정말 재미있다."고 말한다. 나 역시 일이라는 생각보다는, 문제를 해결하는 과정에 집중하면서 그것이 해결되었을 때 느끼는 성취감에 점점 빠져들어 갔다. 일종의 중독과도 같은 경험이었다.

⑤ 이 바닥 똥물이야

당시 좀 한다는 웹디자이너들이 선망하는 디자인 회사에 용기를 내어 지원했다. 혼자 하는 작업에는 한계가 있기 때문이었다. 경력직으로 인정받아 들어갔지만, 처음엔 마치 시골쥐가 서울쥐네 놀러 온 것처럼 모든 것이 낯설고 어려웠다. 내가 받은 첫 프로젝트는 SK국제 전화 00700이었는데, 처음 맡은 큰 웹사이트였기 때문에 잘 해내고 싶은 마음이 간절했다. 하지만 그럴수록 생각과는 다르게 디자인이 계속 꼬이기 시작했다. 날밤을 새는 것은 기본이고, 하루 종일 컴퓨터

앞에서 포토샵을 붙잡고 있어봐도 별다른 진전은 보이지 않았다. 그 모습을 답답하게 지켜보던 디자인팀장이 어느 날 나를 불러 앉히며 말했다.

"경력직으로 들어온 거 아닌가?" 나는 기어 들어가는 목소리로 말했다. "네, 맞습니다…."

"공모전 준비하니? 이 바닥 똥물이야. 근데 너 같은 사람들이 들어와서 안 그래도 힘든데, 똥물을 튕긴다 말이야. 어차피 안될 것 같으면 빨리 말해. 다른 팀에 넘겨야 하니까…."

순간 나는 내 귀를 의심할 정도로 충격을 받았다. 농약이라도 있으면 당장 마시고 자결이라도 하고 싶은 심정이었다. '사회생활 비정하다고 하더니 장난 아니구나….' 흘러나오려는 눈물을 애써 참으며 "죄송합니다. 다시 해보겠습니다."라고 말하는 것 외에는 딱히 다른 말이 떠오르지 않았다.

그날도 여지없이 밤을 샜지만, 결과는 점점 더 참담해져만 갔다. 여기서 그냥 똥이 될 것인가? 아니면 이를 악물고 보기 좋게 환골탈태해서 복수할 것인가? 마음이 너무 괴로웠지만, 여기서 그만두면 나는 영영 똥이다.

'어차피 안된다고? 두고 봐라. 뒷발로 차고 나갈지언정 여기서 포기할 수는 없다.'

2. 변화를 향한 도전

도전을 받아들여라. 그러면 승리의 쾌감을 맛볼지도 모른다.

- 조지 S. 패튼George S. Patton

① 변화를 위한 첫 번째 조건

세상이 변했다. 인정하지 않던 사람들조차 코로나가 정신이 번쩍 뜨이도록 혼쭐을 내준 바람에 이제 변화는 누구만의 특별한 이야기가 아니라는 걸 잘 안다. 이를 두고 빅데이터 전문가 송길영은 '강제된 혁신'이라고 말했다. 대부분의 전문가는 어차피 올 미래였다고 말한다. 하지만, 준비 없이 맞이하는 당겨진 미래가 여간 당혹스럽지 않다.

아동미술업계에서 4년여간 몸담으며 나름대로 경력직 선배 노릇을 할 만큼 일에 익숙해졌다. 긴장이 사라진 자리에는 매일 반복되는 업무에 자동적으로 대응하는 능숙함이 자리 잡았다. 어떤 일이나 환경에 익숙하다는 것은, 그 일을 힘들이지 않고 빨리 처리할 수 있다는 측면에서 매우 유익하다. 하지만 틀에 박힌 방식과 익숙함이 주는 편리함에 안주하다 보면 변화는 요원해지고, 자기와 성향이 다른 존재를 꺼리고 배척하거나 기존의 방식만을 고수하다 보면 발전이나 개선은 물 건너간다.

시대의 변화를 잡지 못해 파산한 코닥Kodak이 대표적인 예다. 필름의 상징처럼 여겨졌던 코닥은 디지털카메라를 세계 최초로 개발했음에도 불구하고, 디지털카메라가 필름 시장을 위협한다고 판단하여 상용화를 받아들이지 않았다. 그 결과는 코닥에게 독이 되어 돌아왔다. 결국 대세가 필름에서 디지털로 넘어가게 되면서 시대착오적인 기업으로 전락하게 되었고, 필름 사진의 선구자인 코닥을 나락으로 몰아넣게 된 것이다.

변화는 낯설고 어렵다. 실패할지도 모를 두려움도 크다. 나 역시 포기하고 싶을 만큼 힘든 과정이 있었지만, 웹디자이너가 되어 보겠다고 도전했던 용기와 결단은 지금도 후회가 없다. 최고의 선택은 아니었더라도, 최선을 향한 도전은 비록 그것이 실패로 끝난다 하더라도 다음으로 나아갈 수 있는 길을 안내하기 때문이다.

변화는 익숙함을 떠날 때 비로소 시작된다. 시대의 변화와 역동을 읽지 못하고 무시하면 살아남을 수 없다는 것을 보여준 코닥의 처지가 우리의 처지가 되지 않기 위해서는 이제 원하든 원하지 않든 변화를 결단해야만 한다.

② 실력이 따라주지 않는 학력은 인정하지 않습니다.

학벌주의 사회에서 학벌은 성공의 '보증수표'로 통했다. 하지만 점차 능력중심의 사회로 전환되면서 대학 졸업장만으로 미래를 담보할 수 없다는 인식이 팽배해졌다. 이른바 슈퍼 개인의 시대인 것이다. 숟가락 얹어 얼렁뚱땅 넘어가는 것이 더 이상 통하지 않는다. 이제 우리는 스스로가 브랜드가 되어야 하고, 자신의 특출한 전문성으로 승부해야 한다.

테슬라 CEO 일론 머스크Elon Musk는 "일하는 데 학위는 필요 없다. 학력 대신 실력을 보겠다."고 말하며, 대학 졸업장 대신 코딩 테스트로 인력을 채용하겠다고 선언했다. 이제는 유명 대학의 졸업장이 아니라 실제 업무에 필요한 능력이 더 중요시된다는 의미다. (세계미래보고서 2021. p.15)

특히 창의력을 요구하는 비즈니스 분야는 그러한 현상이 더욱 두드러진다고 할 수 있다. 대표적으로 '배달의 민족'을 개발한 우아한형제들의 창업자 김봉진 의장이나 '야놀자'를 창업한 이수진 대표는 화려한 대학 졸업장도 없지만, 흙수저 출신으로 성공한 CEO로도 유명하다. 그렇다고 대학이 필요 없거나 공부가 중요하지 않다는 이야기를 하려는 것은 아니다. 실제로 많은 창업가, 특히 유니콘Unicorn 기업으로 멋지게 성장한 이들의 이야기에는 심심찮게 세계 명문 대학 이름이 오르내린다. 그러나 그들이 성공한 것은 비단 '좋은 대학 출신'이어서가 아니다. 이는 대학을 중퇴하고, 주차장이 있는 집에 산다고 해서 모두가 빌 게이츠나 스티브 잡스가 되지 못하는 것과 마찬가지이다.

'우아한형제들'의 김봉진 의장은 이에 대해 명쾌하고 솔직하게 조언

한다.

"명문대 다닌 사람들은 고등학교 때 엄청 노력을 많이 했어요. 어찌 되었건 개인 상황이 좋았을 수도 있고 안 좋았을 수도 있지만 본인이 노력한 것은 여러분도 인정하잖아요. 사회에 나와서 그들과 동일한 출발선에서 시작한다고 생각하는 것은 반대로 보면 역차별이에요. 그렇잖아요. 제가 고등학교 때 담배 피우고 놀고 다닐 때, 그 친구들은 하루에 2~3시간밖에 못 자고, 공부해서 명문대를 갔단 말이죠. 그렇다면 바꿀 수 있는 방법은 단 하나뿐이에요. 그들이 노력했던 시간보다 두 배로 더 많이 하면 돼요."

비즈니스에 성공한 창업가들의 특징을 보면 끊임없이 공부할 뿐 아니라, 다양한 그룹들과 연대하는 네트워킹에 관심을 갖고 꾸준히 노력한다는 공통점이 있다. 그들은 과거의 학력이나 환경에 머물지 않고, 실무에 필요한 지식을 위해서 석·박사학위를 취득하거나, 능동적으로 다양한 그룹에 속하여 '계속 공부'를 이어간다.

유럽에서도 직원을 뽑을 때 출신 학교보다는 어느 기업에서 어떤 실무를 경험했는지를 더 중요한 요소로 본다. 나의 경험에 의하면, 이러한 추세는 우리나라도 2000년대 초 전문가그룹에서는 이미 통하는 분위기였다.

부족한 학력과 스펙은 현장에서 실무로 부딪히며 채워 나갔다. 처음부터 큰 기업을 목표로 하기보다 전체적인 것을 두루 다뤄볼 수 있는 작은 중소기업에서 실무경험을 쌓은 것이 큰 도움이 됐다. 그 결과, 부딪히며 쌓은 낱개의 점(경험)들이 모여, 꿈이 없었던 3년 전의 나를 새로운 미래로 연결(선)했다.

"에스케이 주식회사 인터넷 사업개발팀 임민철 과장입니다. 경력직 공채 면접 결과 말씀드리겠습니다. 같이 일하고 싶습니다."

③ 산 넘어 산! 회사가 내가 아니라는 깨달음

남들이 알아주는 명함을 갖게 되었고, 어느 정도 경제적 안정감도 갖췄다. 워커홀릭workaholic[46]이란 소리를 들으며 날밤을 새워 일하고, 프로젝트에 모든 열정을 쏟아붓기도 했다. 최선을 다한 후에 느끼는 보람은 힘겨운 과정을 말끔히 씻어 줬다. 몰랐던 적성도 발견했다. 혼자서 일하는 것보다 함께 토론하며 아이디어를 내고 서로의 장점을 살려 결과물을 만들어내는 일은 생동감있고 재미있었다.

그러던 어느 날 부하직원들에게 항상 격려와 동기부여를 해주고, 늘 솔선수범하는 모습 때문에 인기가 많던 강 부장이 사직한다는 소식이 들려왔다.

내게는 사내에서 유일하게 닮고 싶은 롤 모델role model이었기에 충격이 컸다. 입사 초부터 두각을 드러냈던 강 부장은 입사 동기 중에서도 단연 일등으로 들어왔다고 한다. 패기와 열정이 넘치던 20대 청년은 회사가 곧 자신의 분신이라 생각하며 열심히 앞만 보고 달렸다. 일 때문에 주변을 소홀히 할 수밖에 없어 비난을 받아도 주말도 없이 소처

---

46 일 중독자, 일벌레

럼 일하며 회사를 키워낸 주역이었다.

마지막 날, 강 부장은 다음과 같은 짧은 소회를 남기고 떠났다.

"내가 입사하던 1980년대만 해도 회사가 전문가Specialist보다 두루두루 잘하는 제너럴리스트Generalist를 선호했습니다. 하지만 이젠 시대가 달라져서 남들과 차별되는 전문가Specialist가 되라고 주문하더군요. 회사가 원하는 적절한 인물이 되기 위해 최선을 다했던 나의 이 삼십 대는 어느새 처음의 열정을 잊고 남들이 하라는 대로 사는 사십 대 중반의 중년이 되었습니다. 이제 나는 회사에 더는 필요한 사람이 아니어서 떠나지만, 여러분들은 지금부터라도 자신의 역량을 잃지 말고 자기 자신으로 일하시길 바랍니다."

"먼저 간다."

마치 드라마 미생의 한 장면처럼 강 부장은 고개 숙인 부하직원 한 사람 한 사람과 마지막 악수를 하며 떠났다. '자기 자신으로 일한다는 것', 그때는 그 말이 무슨 뜻인지 정확히 이해하기 어려웠다. 그로부터 몇 명의 부장들이 계속 자리를 떠났다. 그런 일들이 있은 후부터 내게도 변화가 생기기 시작했다.

'열심히 하는 것보다 더 중요한 것은 무엇일까? 회사가 내가 아니라는 생각을 왜 잊고 있었을까?'

2002년이 한일 월드컵으로 대한민국 축구 역사에 한 획을 그은 해라면, 나에겐 SK 주식회사 오케이 캐쉬백 사이트 리뉴얼 디자인 PM[47]을 하면서 후회 없이 열정을 쏟아부었던 기억이 생생한 해이다. 내가

---

47 Project manager

맡은 역할은 내부 디자인팀과 웹 에이전시 아웃소싱outsourcing 팀을 조율하고 다른 파트(프로그램팀과 기획팀)와 협력하여 최고의 디자인 결과물을 끌어내는 것이었다. 모든 구성원이 집중적으로 에너지를 쏟아부어 진행했던 프로젝트인 만큼, 여러 가지 힘든 일도 많았지만 만족스러운 결과물이었다.

OK캐쉬백
www.okcashbag.com

PROJECT:
OK캐쉬백 사이트
개발 및 운영

CLIENT:
SK주식회사

DATE:
2000~
2004

TOOLS:
Adobe Photoshop
Dreamweaver, Flash

CASHfoxy
cashfoxy.okcashbag.com

PROJECT:
CASHfoxy 사이트
운영

CLIENT:
SK주식회사

DATE:
2002~
2004

TOOLS:
Adobe Photoshop
Dreamweaver, Flash

2002년 에스케이 오케이 캐쉬백 리뉴얼 사이트 포트폴리오

"한 대리는 이번 프로젝트 마치고 나면 날개를 달겠어. 축하해."

사람들의 관심과 기대가 고맙기도 했지만, 한 편으로는 부담스럽기도 했다. 전투적인 프로젝트가 끝나자 긴장감이 풀려서였을까? 여기저기 몸이 아프기 시작했다. 회사에서는 나름 기대주로 더 큰 프로젝트를 맡아 주길 바랐지만, 이상하게도 이전처럼 열정을 낼 수가 없었다. 주어진 일만 겨우겨우 하기에도 몸과 마음이 쉽게 지쳐버렸다. 전혀 생각지 못한 번아웃burnout48이 온 것이다.

"한 대리 요즘 예전 같지가 않네. 무슨 일 있어?"

그때는 긴장이 풀어져서 잠시 그런 것일 뿐, 컨디션이 회복되면 괜찮아지려니 했다. 그즈음 인생의 반려자를 만나 결혼을 하고, 일주일간의 신혼여행을 다녀왔다. 그런데 이전과는 다르게 팀원들의 표정이 뭔가 심상치 않아 보였다. 내가 없을 때 무슨 일이 있었다는 것을 직감으로 알 수 있었다.

"한 대리 휴가 가고, 부장님 주재로 개발팀 전체 회의가 있었어요. 앞으로 디자인팀 리더는 김 대리라고 발표하시더라고요. 왜 당사자가 자리에 없을 때 그런 발표를 하는지 좀 이상하더라고요."

순간 무언가에 머리를 세게 얻어맞은 것 같았다. '하필 오늘 이런 얘기를 듣게 되다니…' 기분이 말이 아니었다. 김 대리는 나보다 한 살 많은 남자 직원으로 운영팀을 맡고 있어서 개발팀을 맡은 나와는 분리가 되어 있었다. 게다가 암암리에 어려운 일은 늘 피하고 쉬운 일만

---

48 번아웃 증후군: 한 가지 일에 지나치게 몰두하던 사람이 극도의 신체적·정신적 피로로 무기력증·자기 혐오 등에 빠지는 증후군

한다는 이미지가 박힌 밉상 캐릭터가 아니던가? '그 사람한테 리더를 넘겨준다고? 그것도 내가 없을 때 기습적으로 발표를?' 하지만 더 심각한 건 그다음부터였다. 예전 같으면 당연히 이런 부당한 처사에 이의를 제기할 법도 한데, 몸이 말을 듣지 않았다. 얼굴을 마주하거나 얘기를 시작하려고 하면 갑자기 심장 박동이 빨라지면서 식은땀이 나고 어지러워서 아무 말도 할 수 없게 된 것이다. '갑자기 심장이 왜 이러는 거지? 내가 너무 충격을 받았나? 아니면 결혼 준비에 격무가 한꺼번에 겹쳐 피로가 쌓여서 그럴지도 몰라. 곧 나아질 거야. 마음이 가라앉으면 다시 얘기해보자.' 스스로를 다독이며 진정해 보려고 애써보았지만, 결국 이 문제에 대해서 나는 아무런 이의를 제기하지 못했다. 마음속에서는 억울함과 분노가 성난 파도처럼 일렁였지만, 머리와 마음이 따로 노는 것처럼 마음이 제멋대로 두방망이질 쳤고, 아주 작은 일도 점점 힘겨워지기 시작했다.

문득 IMF가 터지던 위기의 그때, 누가 보면 무모하기도 했던 나의 첫 번째 도전이 떠올랐다. 당시 자기 계발이 한창 유행이었던 때라 나도 인터넷 동호회에서 성장을 도모하는 사람들이 함께 책을 읽고 공부하는 독서 모임을 찾아 참여했다. 그때 만난 책이 1997년 출간되어 경제 분야 스테디셀러가 된 로버트 기요사키의 『부자 아빠 가난한 아빠』였다.

이 책은 나에게 가히 충격적이었다. 왜냐하면 생각의 방향을 전환해주었기 때문이다. 모든 열정을 다 바쳐 일했지만 뜻하지 않은 번아웃 뒤에 찾아온 공황장애는 그 이후에도 한동안 나를 괴롭혔다. 건강상에 문제가 오자 당장 일을 못 하게 되면 어떻게 될지, 처음으로 진지하게 생각해 보게 되었다. 그리고 거기에 대해 아무런 대책이 마련되어 있지 않다는 사실도 새삼 직시하게 되었다. 이 책은 나와 같은 봉급노동자employee들의 한계를 잘 보여주고 있었다. 또한 어떠한 변수에도 영향을 받지 않으며, 일하지 않아도 돈이 나오는 파이프라인을 꾸준히 구축해야 하는 이유를 알게 해준 계기가 되었다.

때마침 내가 속해 있는 인터넷 사업개발팀이 스핀아웃spin out[49]된다는 소식이 들렸다. 팀 분위기가 갑자기 뒤숭숭해지고 술렁거리기 시작했다.

같이 갈 것인가? 독립할 것인가?

솔직히 더 주저하고 싶지 않았다. 한 가지 염려되는 것은 과연 독립할 준비가 되어 있는가에 대한 의문이었다. 독립이란 지금까지처럼 맡은 일만 열심히 하는 것이 아닌 모든 일을 처음부터 끝까지 책임져야하고, 지금 벌고 있는 수입을 유지하기 힘들 수도 있는 것이었다. 게다가 결혼을 했기 때문에 배우자의 의견도 중요했다. 어느 정도 준비가 됐을 때 독립하는 것이 어떻겠냐며 만류하는 사람들의 의견도 십분일리가 있었지만, 지금이 아니면 다시 독립의 기회를 잡기란 쉽지 않을 것 같았다. 한 편으로는 결혼했으니 아이가 태어나기 전, 한 살이

---

[49] 기업의 여러 부서 가운데 어떤 사업 분야에 특화된 부서를 독립된 사업체로 분리하는 일

라도 젊을 때 나가서 독립 기반을 잡아 놔야겠다는 조급함도 있었다. 다행히 남편도 내 생각에 동의해 주었다. 잠시였지만 모든 것이 분홍빛이었고, 나라를 되찾은 것처럼 기분 좋은 기대감으로 설렜다.

이 길이 아닌가벼?

지식사회에서는 조직에 있던 밖에 있던 끊임없이 자기의 역량을 확인하고 '계속 교육'을 통해 그 지식을 최신의 것으로 유지하는 것이 중요하다. 문제는 조직 안에서 보호받고 있을 때는 그것을 쉽게 망각한다는 것이다. 지금 생각하면 회사안에서 내가 한 것은 준비가 아니라 문제 인식 수준 정도밖에는 되지 않았다. 막상 나와보니 내가 무엇을 좋아하고, 하고 싶어 하는 것이 무엇인지도 설명하기 쉽지 않았다. 시간이 지날수록 슬슬 조급함이 느껴졌다. 뭐라도 해야 할 것 같았고, 때로는 길을 잃은 느낌마저 들었다. 이러려고 회사를 그만둔 건 아니었는데… 인정하고 싶지 않았지만, 후회와 두려움이 밀려왔다. 이제 나는 어디로 가야 하는 걸까?

3. 달라진 경력 패러다임

① 100세 시대 달라진 경력 패러다임paradigm

2020년 12월 1일 통계청이 발표한 한국인 기대수명 자료에 따르면 2019년 출생아 기준, 남성 80.3세, 여성 86.3세로, OECD 평균 기대수명이 남자 78.1세, 여자 83.4세인 것에 비해 우리나라의 평균 기대수명은 남자 2.2년, 여자 2.9년 더 높게 나타났다.

현대 경영학의 창시자 피터 드러커는 2002년에 쓴 그의 저서 『Next Society』에서 "25년 후에는 건강이 허용하는 한, 75세까지 일을 해야 한다."고 예측했다. 20년이 지난 지금 그의 예측은 점점 더 확실해지고 있다. 본격적인 저출산 고령화 시대를 사는 우리는 이제 노인이 되어도 자신의 삶을 스스로 책임져야 한다. 이러한 수명의 증가는 전통적인 경력 패러다임까지 바꿔 놓았다. 미래 사회를 예측한 피터 드러커의 관점에서 본 현재 경력 패러다임의 변화를 다음의 3가지로 요약할 수 있다.

첫째, 짧아진 조직의 수명, 긱 경제gig economy의 확산

평균수명이 증가하는 데 반해 조직의 수명은 짧아졌다. 통계청이 발표한 2021년 대기업 평균 퇴직 나이 조사를 보면 '49.5세'로, 이는 1997년 IMF 이후 평생직장의 개념이 사라지면서 더욱 심화되는 추세이다.

"기업은 말할 것도 없고 어떤 종류든 조직의 수명이 줄어들고 있을 뿐 아니라 조직에 근무하는 사람들 가운데 절반가량은 그 조직에 고용되어 있지 않을 가능성이 커졌다."(『Next Society』 p.36) 전통적인 근무 형태인 9시 출근, 5시 퇴근의 풀타임full time 대신에 새롭고도 다양한 형태로 노동력 시장에 참가하는 임시 고용 형태(『Next Society』 p.36)인 긱50이 경제가 확산되고 있다. 현재 미국 노동자 3명 중 1명은 프리랜서나 임시직, 독립계약의 근무 형태로 일하고 있다. (『직장이 없는 시대가 온다』, 새라 케슬러 지음. 2019)

둘째, 길어진 수명으로 나타나는 제2의 경력

바야흐로 평균수명 100세 시대이다. "사람들은 은퇴 후에도 일 자체를 그만두지 않고, 전통적인 일과는 다른, 자신을 스스로 고용하는 셀프 고용 형태의 제2의 경력을 시작한다."(『Next Society』 p.36) 100세 시대는 한 사람이 한 개의 직업만 갖는 구조가 아닌 다양한 N차원의 일을 하며 살아가게 된다. 『관점을 디자인하라』의 저자 박용후는 마케터marketer라는 명칭 대신 자신의 직업을 '관점 디자이너'로 포지셔닝positioning 했다. 그가 사용하는 명함은 5개에서 17개까지 다양하며 맡

---

50 gig: 임시로 하는 일

은 업무에 따라 계속 변한다고 한다.

셋째, 지식을 바탕으로 한 자아정체성

지식근로자들은 자신들이 가진 지식을 바탕으로 자아정체성을 느끼는 경향이 있다. (『Next Society』 p.48) 지식 사회에는 자신이 가진 경험과 지식을 바탕으로 스스로를 퍼스널브랜딩 해야만 한다. 웹디자이너web designer 출신이었던 나는 2020년부터는 스스로를, 퇴직 이후 새로운 변화를 준비하는 3050 세대를 대상으로 두 번째 커리어career를 디자인하는 '리커리어recareer 디자이너'라고 정의했다. 이렇게 나만의 퍼스널브랜드를 구축하고 나니, 창업과 퍼스널브랜딩을 전문으로 하는 리커리어북스 출판사를 만들게 되고, 더 나아가 자신만의 서사로 스토리텔링하는 콘텐츠 기획 전문가 양성기관인 국제 리커리어협회도 설립하게 되었다.

피터 드러커는 21세기 지식사회는 "모든 사람이 성공을 기대할 수 있는, 상승이 실질적으로 무제한 열려 있는 최초의 인간 사회"라고 말했다.

조직보다 개인이 중요해지는 이때, '무슨 일을 하는 사람인가'에 대해 다른 사람이 물을 때마다 일관성 있는 하나의 문장 즉, 브랜드로 각인되는 것은 이제 선택이 아니라 필수다.

② 스프링복springbok은 왜 집단 떼죽음을 당하게 되었나?

일명 '자살하는 양'이라고 불리는 스프링복은 초식동물임에도 불구하고 시속이 94km나 될 만큼 빨라 치타조차 따라잡기 힘들다고 한다. 그런 스프링복에게 일어난 집단 떼죽음사건. 그들에겐 과연 무슨 일이 있었던 것일까? 아프리카 과학자들에 의해 밝혀진 이 놀라운 사실은 우리에게 두 가지 중요한 문제를 시사한다.

첫째, 다수가 선택한 길이 반드시 옳은 길은 아니다

스프링복의 습성을 중심으로 죽음의 원인을 연구한 과학자들은 다음의 두 가지 단서를 발견하게 된다. 하나는 그들의 왕성한 식욕이고, 다른 하나는 대형 무리를 이루며 다니는 그들의 생활 습관이다. 평소에는 평화롭게 풀을 뜯던 스프링복이지만, 이 두 가지 습성이 합쳐지면 다음과 같은 3단계 과정의 화학적 반응이 일어나게 된다.

1단계: 시야가 좁아짐
무리가 커질수록 서로 풀을 빼앗기지 않기 위해 눈앞에 보이는 먹이에만 집착하게 된다.

2단계: 목적 상실, 과열 경쟁
오로지 먹이에만 집착하느라 시야가 좁아진 스프링복은 앞에 녀석보다 더 빨리 더 많은 풀을 먹기 위해 속도를 내게 된다. 이는 과열 경쟁을 불러 나중에는 풀을 뜯는 목적마저 잊어버린 채 모두 전속력으로 달려 나가게 된다.

3단계: 비극적 결말
마침내 절벽에 이르러서도 그들은 달려오던 속도를 멈추지 못하고, 모두 절벽 아래로 떨어져 죽는다.

둘째, How보다 Why가 더 중요하다

목적을 잃은 스프링복은 오로지 남보다 더 많은 풀을 먹기 위해 당장 눈에 보이는 것에만 집착하게 되었다. 그들이 경쟁에서 이기는 방법은 오로지 더 많이 더 빨리 힘껏 뛰어오르는 것이었다. 결국, 왜 달려야 하는지 목적을 잊어버린 채 비극적인 결말을 맞이하고 말았다. 『톰소여의 모험』을 쓴 미국 소설가 마크 트웨인Mark Twain은 "당신이 다수의 편에 서 있다는 걸 깨닫게 될 때가 다시 생각해 볼 때이다."라고 말했다. 지식사회에서는 개인이 삶의 목적과 여정을 스스로 설계할 수 있어야 한다. 왜 해야 하는지 Why를 명확히 하는 것은 그래서 더 중요하다.

③ 퍼스널브랜딩의 기본은 자기다움

퍼스널브랜딩의 사전적 의미는 "자신을 브랜드화하여 특정 분야에 대해서 먼저 자신을 떠올릴 수 있게 하는 것, 또는 특정 분야에서 차별화되는 나만의 가치를 높여서 인정받게끔 하는 과정"[51]으로 정의된다. 평범한 보통의 경험이라도 그 속에서 발견한 나만의 안목과 솔루션이 다른 사람에게 도움이 되는 콘텐츠로 재가공 된다면 이것이 남과 다른 포지셔닝, 즉 차별화가 된다. 4차 산업혁명과 스마트폰의 발달은 이제 누구나 마음만 먹으면 브랜드가 될 수 있는 환경을 조성해 준

---

[51] 출처: 네이버 사전

다. 그러나 다른 사람들의 인식 속에 포지셔닝 되는 것은 말처럼 쉽지 않다. 누구나 될 수 있지만 아무나 될 수 없기 때문이다. 살아남는 스타트업start-up들의 공통점을 보면, 수없이 많은 실패와 탐색을 통해 충분한 자기 인식 후 비로소 자기다움을 발견하고 해답을 찾아갔다는 것을 알 수 있다. 다시 말하면, 퍼스널브랜딩은 진정한 자신을 찾는 일이라고 할 수 있다. 그것은 자신이 지금까지 살아오면서 해왔던 경험과 가치철학을 통해 끊임없이 '나는 누구이며 무엇을 할 때 행복하다고 느끼는가?'에 대한 탐색과 실패의 극복과정을 통해 가능해진다.

④ 작고 빠른 실행의 중요성

실패는 문제를 인식하게 해주는 역할을 한다. 또한 고객과 시장의 니즈를 재점검하고 좀 더 세분된 피보팅pivoting[52]을 가능하게 한다. 창의적인 발상이 더욱 요구되는 앞으로의 시대에 디지털 환경은 우리에게 다양한 시행착오를 가능하게 해준다. 현실 세계에서는 장사를 하거나 사업을 하기 위해서 기본적으로 사람을 고용하고 설비를 갖춰야만 가능했기 때문에 자본이 최우선이었다. 그러나 이것이 디지털로 대체되면서 자본의 비중이 크게 줄어들었다. 즉 사람을 고용하지 않고 설비를 갖추지 않고서도, 1인기업가로서 일할 수 있는 환경이 가능해진

---

52 트렌드나 바이러스 등 급속도로 변하는 외부 환경에 따라 기존 사업 아이템을 바탕으로 사업의 방향을 다른 쪽으로 전환하는 것을 일컫는다.

것이다. 이제는 좋은 아이디어만 있다면 작은 테스트 시장을 대상으로 빨리 시도해 보고, 고객 검증을 통해 피보팅하면서 단계적으로 구체화하고 완성해 나가야 한다.

"무언가를 해내는 게 완벽한 것보다 더 낫다."는 실리콘밸리Silicon Valley에서 금언金言으로 통하는 말이다. 『에센셜리즘Essentialism』의 저자 그렉 맥커운Greg McKeown은 그의 저서에서 작은 성취의 중요성을 강조하며 "거창하게 시작하여 아무것도 이루어 내지 못한 채 시간과 노력을 낭비하는 것보다는, 작게 시작하여 작은 성공을 이루어 내고, 그로부터 이끌어 낸 추진력을 기반으로 다음의 성공을 이루어 내고, 또 그다음의 성공을 이루어 내면서 궁극적인 목표에 도달할 수 있다"고 말했다. 이것은 실리콘밸리의 벤처 기업가 에릭 리스(Eric Ries, 1979~)가 개발한 린 스타트업Lean Startup[53]의 정신에도 잘 나타나 있다. 그의 저서 『린 스타트업』의 표지디자인은 급변하는 상황에 맞게 작고 빠른 실행을 반복함으로써 성공의 확률을 높일 수 있다는 것을 비유적으로 잘 설명해준다.

린스타트업 에릭 리스 (2012.11)

---

53 아이디어를 빠르게 최소요건제품(시제품)으로 제조한 뒤 시장의 반응을 통해 다음 제품 개선에 반영하는 전략

즉, 한 번에 완벽하게 둥근 원을 그리기는 어렵지만, 여러 번의 반복을 통해 완전한 원에 가까이 다가갈 수 있게 되는 것이다.

4. 다시, 리즈! 리커리어 성공비결

어떤 사람이 진정한 아티스트가 되느냐 혹은 그늘에 숨어 꿈을 드러내기를 두려워하는 그림자 아티스트가 되느냐는 재능이 아니라 용기에 달려있다.

- 줄리아 캐머런Julia Cameron

① 두 번째 굴리는 바퀴

연봉 협상을 위해 부장의 방문을 두드렸다.

"똑똑."

"네, 들어오세요."

나는 긴장되는 마음을 누르고, 심호흡을 길게 내쉰 후 안으로 들어갔다. 테이블 맞은편에 앉은 강 부장은 잠시 서류의 내용을 훑어보는 듯하더니, 이윽고 회심의 미소를 지으며 말했다.

"한 대리는 지금까지는 디자이너로서 디자인 에이전시를 거쳐 기업의 디자인 프로젝트 매니저까지 자기 분야의 커리어를 잘 만들어 오셨네요. 좋습니다. 앞으로의 모습도 기대되는군요. 혹시 더 궁금한 거라도 있나요?"

강 부장이 물었다. 나는 잠시 머뭇거리며 말했다.

"방금, 지금까지라고 말씀하셨는데요. 다음은 어떻게 하는 것이 잘하는 것인지⋯, 인생 선배님으로서 조언을 좀 부탁드립니다."

강 부장은 잠시 생각에 잠긴 듯하더니, 호탕하게 웃으며 말했다.

"나도 아직 인생을 많이 살아보지 않아서 완전히는 모르지만, 한 대리는 아직 젊으니까 앞으로 몇 번의 사이클을 더 겪게될 테죠. 내 경험에서 깨달은 진리는 인생이 바퀴를 굴리듯, 사이클을 반복하며 앞으로 나아간다는 거예요. 자전거를 처음 배울 때를 생각해 보면, 바퀴가 첫 번째 사이클을 돌릴 때까지는 무수히 넘어지고 고꾸라지기를 반복하지만, 고비를 넘기고 단 한 번의 성공을 경험하면 두 번째 사이클부터는 혼자서 거뜬히 달릴 수 있게 되죠. 이처럼 첫 번째 굴리는 바퀴는 그 자체로는 불완전하지만 두 번째 굴리는 바퀴의 원동력이 되고, 두 번째부터는 비로소 흔들리지 않고 달릴 수 있게 되는 겁니다. 이것을 일과 성공에 대입해 보면 이해가 쉬워요. 첫 번째 성공은 불완전하지만, 두 번째 성공부터는 견고해진다는 의미죠. 그런데 첫 번째 성공을 이룬 후 두 번째 성공을 이루는 사람은 의외로 많지 않아요. 그 이유가 무엇인지 혹시 아나요?"

강 부장은 의미심장한 표정을 지으며 물었다.

"글쎄요. 왜 그럴까요?" 생각에 잠긴 나는 도무지 알 수 없다는 표정으로 대답했다. 강 부장은 다소 결연한 말투로

"그것은 초심자의 마음으로 돌아가지 않기 때문이에요. 대부분의 사람은 첫 번째 성공에 취해 그만 긴장이 풀려 초심자 때 했던 열정과 긴장의 마음을 곧잘 잊어버리죠. 파울로 코엘료Paulo Coelho가 쓴 『연금술사』에는 '초심자의 행운'이라는 말이 나오는데, 이를테면 처음 시

작하는 사람이 초반에 실력자보다 오히려 더 좋은 결과를 만들어내는 경우를 말해요. 이런 초심자의 행운은 말 그대로 행운이기도 하고, 동시에 경계의 의미이기도 해요. 왜냐하면 초심자의 행운 뒤에는 반드시 가혹한 시험이 따르기 마련이거든요."

말을 마친 강 부장은 내게 격려의 악수를 청했다.

'초심자의 행운', '두 번째 굴리는 바퀴' 이 두 가지는 오랜 시간이 지난 지금까지도 나에게 힘든 고비마다 거친 항해를 헤쳐 나가는 지침이 되어주었다.

② 다시 초보자로

우리는 다시 초보자가 될 것을 각오해야 한다. 부모님의 기대나 점수에 맞춰 정해진 첫 번째 진로가 진정한 내 꿈이 아닐 수도 있다. 설령 그 분야에서 성공했다고 할지라도 이루지 못한 꿈에 대한 미련 때문에 공허하고 불만족스러운 삶이라면 완전한 성공이라 보기 어렵다. 『The Artist's Way Course』를 쓴 저자 줄리아 캐머런Julia Cameron은 이를 두고 '불행한 성공'이라고 말한다. 왜냐하면 결코 원하지 않는 길에서 성공이라는 커다란 힘에 밀려가는 것은 오히려 큰 고통이기 때문이다. 그녀는 초보자임을 인정하고 기꺼이 형편없는 아티스트가 됨으로써 진정한 아티스트가 될 기회를 얻을 수 있었다고 말한다.

나 역시 다시 초보자가 되어야만 했던 시간이 있었다. 누구나 인생에 쉼표를 찍는 순간이 온다. 직장인의 경우엔 일반적으로 자발적 혹은 비자발적 퇴사의 발생으로 커리어 상의 변화를 겪게 된다. 나의 경우는 자발적 퇴사 후 방향을 잡지도 못한 채 시작된 독박육아가 그것이었다. 준비 없이 맞이한 출산과 육아는 바닥이 어디인지 가늠도 할 수 없는 깊은 수렁 같았다. 엄마가 되었으니 새로운 역할로 옮겨갔을 뿐이라고 수없이 마음을 다잡아 보았지만, 조바심과 두려움이 억누를 때는 아이를 제대로 바라볼 수 없을 만큼 힘겹기만 했다. 〈한 번 더: 어떻게 직원들에게 동기부여를 할 것인가?(One more time: How Do You Motivate Employees?)〉라는 논문에서 프레드릭 허즈버그Frederick Herzberg 교수는 사람들에게 가장 큰 두 가지의 내면적 동기부여 요인을 성취와 그에 대한 다른 사람의 인정이라고 밝혔다. 나는 내 상황에서 바로 할 수 있는 것이 거창하게 하는 무엇이 아니라는 사실을 인정했다. 내게 당장 필요한 것은 다시 시작하는 용기와 작은 성공으로부터 얻는 성취감이라는 결론에 이르자 엉켜 있던 실타래가 조금씩 풀리는 것 같았다.

인생의 위기에서 어떤 사람들은 상황을 탓하지만, 오히려 기회로 만드는 사람들도 있다. 이 경험은 나의 인생 방향과 삶의 본질을 바꾸는 계기가 되었다.

③ 개인이 중요해지는 시대, 진로란?

> 퍼스널브랜딩 과정은 크게 다음의 3단계로 정리할 수 있다.
>
> **1단계** 나를 들여다보는 자기 탐색을 통해 꿈과 소명을 발견하고, (본질의 중요성)
> **2단계** 누구를 도울 것인가? 즉 나의 고객이 될 대상을 정한 후 (구체적이고 명확한 타깃 설정)
> **3단계** 공감을 일으킬 수 있는 나만의 스토리로 자신을 브랜딩하라. (퍼스널브랜딩)

누구나 그런 것은 아니겠지만, 나에게 있어 조직에 있었던 시간은 목적을 잃고 달렸던 스프링복과 크게 다르지 않았다. 직장 선배 퇴사로 느낀 깨달음이 아니었다면, 아마 지금까지도 조직의 요구에 나를 맞춰가는 삶에 안주하고 있을지 모르겠다. 이제는 현재 조직에 몸담고 있든 은퇴했든, 스스로가 브랜딩이 되어야 하는 시대이다. 각자가 중심이 되어 서로의 경험을 통해 배우고 능동적으로 성장하는 것이 가능해진 오늘날에는 '어디에 속한 누구인가?'보다 '무엇을 하는 사람인가?'가 더 중요하다. 즉 퍼스널브랜딩이 되어야 하는 것이다.

자신을 브랜딩하는 과정은 마치 아리아드네Ariadne의 실타래처럼 미로를 빠져나가기 위해 실마리를 찾는 과정과도 같다. 자신을 셀프 브랜딩하여 1인 창업가로 살아가는 길은 아직도 정확히 규정되지 않은 불안정한 길로 인식되는 경우가 많다. 하지만 앞으로의 삶에서 은퇴를 걱정하지 않고, 시간과 공간의 제한을 받지 않으며 경제적 자유와 여유를 누리면서 일하고 싶다면, 이 길은 반드시 해 볼 만한 가치가 있다.

④ 거친 항해를 위한 필수조건 '꿈'

꿈은 간절할 때 비로소 모습을 드러낸다. 다른 사람에게는 무의미해 보일지 몰라도 마음이 이끄는 소리를 외면하지 않고 작은 용기를 냈던 첫걸음이 나를 계속해서 새로운 경험으로 이끌었다. 대표적인 사례로 독박 육아를 할 당시 만들었던 엄마성장공동체 마미킹에서 함께 한 엄마들의 꿈을 에세이로 묶어 만든 첫 번째 책『꿈을 찾아 떠나는 길, 아티스트 웨이』출간경험이 시작이 되어, 지금의 리커리어북스 출판사가 되었다.

인생의 로드맵road map을 제시해 주고, 지금의 길까지 조언을 아끼지 않으신 호서대학교 글로벌창업대학원 학과장 박남규 교수님은 이러한 경험을 후배들에게도 나눠주라며 대학원 정규과정으로 퍼스널브랜딩 출판프로그램을 할 수 있도록 도와주셨다.

꿈이 없는 행동은 목적지를 모르고 출발하는 항해와 같다. 경력 단절이나 퇴직을 자신의 꿈을 찾고 발견하는 시간으로 생각을 전환한다면, 이 시기는 당신에게 도약의 계기가 될 것이다. 꿈은 살아 움직이는 생명체 같아서 내가 애써 찾지 않으면 절대 모습을 드러내지 않고, 일부러 가꾸지 않으면 시들어 죽고 만다.

⑤ 반드시 이뤄지는 마법의 꿈 공식

꿈을 구체화시키기 위해 내가 선택한 것은 '공부'였다. 지금까지의 지식과 경험에만 의존하기에는 세상이 너무 많이 변했기 때문이다. 과거의 경험이 변화된 세상에 유의미하게 사용되려면 최신의 지식과 결합하여 재가공되어야만 한다. 그러기 위해서는 반드시 자신의 한계를 확장하려는 노력이 필요하다. 호서대 글로벌창업대학원에서 창업경영학을 공부하게 된 것은 일종의 나의 한계를 확장하는 도전이었다. 학교에서는 기본적인 마케팅 원리에서부터 사업계획서와 정부 사업 등에 이르기까지 그동안 부족하거나 몰라서 도전하지 못했던 이론과 실무를 다양하게 공부할 수 있었다.

호서대학교 글로벌창업대학원의 학생들은 대부분 다양한 영역에서 사회생활을 겸하고 있기때문에 실질적인 창업에 필요한 여러 활동이 교수와 학생 간 또는 학생과 학생 간에 원활히 일어나고 있고, 서로 도움을 주고받을 수 있다. 호서대학교 글로벌창업대학원 창업가들의 '퍼스널브랜딩 창업 성공 가이드' 시리즈 출판은 그 결과물이라고 할 수 있다.

당신이 이루고자 하는 꿈이 있다면, 그것을 공감할 수 있는 공동체를 통해 '의미 있는 네트워크'를 만들어가는 것이 매우 중요하다. 『낯선 사람 효과』의 저자 리처드 코치Richard Koch는 정말 유용한 정보는 친구, 가족 등 가까운 사람들로부터 얻기보다 다른 세계에 속한 이들로부터 얻게 되는 경우가 많다고 말한다. 여기서 다른 세계에 속한 사람들이란, 큰 의미에서 관심사가 같거나 비슷한 사람들, 예를 들면 꿈이 있는 사람들이나 창업에 관심이 있는 사람들과 같이 지향점이 비슷하지만 다양한 영역에서 활동하는 사람들로 구성된 공동체였을 때 의미 있는 네트워크로서 기능을 할 수 있게 된다.

꿈은 다듬어지지 않은 원석에 비유할 수 있다. 원석이 빛나는 보석으로 탄생되려면 노련한 보석세공사가 필요하다. 원석은 절대로 혼자서는 보석이 될 수 없기 때문이다. 앞서 말한 의미 있는 네트워크로 맺어진 사람들은 노련한 보석세공사라고 할 수 있다.

(꿈 + 의미 있는 관계) × 퍼스널브랜딩 = 기회 창출 (돈)

다시 말해, 원석에 가까운 다듬어지지 않는 꿈이 의미 있는 네트워크 안에서 보석으로 다듬어지고, 자기만의 차별화된 브랜드로 퍼스널브랜딩 되었을 때 비로소 세상이 나를 알아보게 되고, 찾게 되는 것이다.

다양한 계층과 영역에서 활발하게 활동하고 있는 사람들의 보고인 창업대학원은 나의 다듬어지지 않은 꿈을 보석으로 다듬어 주었다. 그리고 마침내 세상에 하나뿐인 '리커리어디자이너'라는 나만의 브랜드를 갖게 되었다.

⑥ 결핍이 준 선물

학교를 졸업하고 사회인으로 세상에 처음 나왔을 때 내게는 초라한 이력서 한 장과 몇 장 안 되는 포트폴리오가 전부였다. 그리고 또다시 형편없는 초보자가 되어 두 번째 세상에 나왔을 때 사정은 더 참담했다. 포기하고 싶었던 순간이 매 순간 찾아왔다. 돈도 안 되는 일을 왜 하냐는 가시 돋친 충고와 뒤에서 수근거리는 손가락질을 온몸으로 느껴야 할 때도 있었다. 그때 나는 스스로에게 다음의 세 가지 질문을 던졌다.

첫 번째 내가 진정으로 원하는 삶은 어떤 삶인가?

두 번째 그렇게 할 때 나는 행복하다고 느끼는가?

세 번째 이것을 위해 내가 지금 당장 시작할 수 있는 일은 무엇인가?

이 질문은 주체적인 존재로 나를 탐색하는 데 도움이 되었다. 준비 없이 경력이 단절되었거나 갑작스러운 퇴직을 직면하게 되면 쉽게 조급해질 수 있다. 무엇이든 할 수 있을 것 같기도 하지만, 아무것도 할 수 없는 자포자기의 심정을 경험하기도 한다. 보란 듯이 빨리 큰 성과를 내려 하면 빨리 절망하고 포기하게 된다. 한 번에 쉽게 이뤄지는 일은 없다. 이것은 원석이 보석이 되기 위해서는 필연적으로 연마의 과정을 거쳐야 하는 것과 같다.

"인생이란 누구에게나 처음이기에, 세상은 전환점이라는 선물을 숨겨 놨어. 그걸 기회로 만들면 후회 없는 인생을 살 수 있다네."(『하워드

의 선물』 중에서)

죽음의 문턱에서 되살아온 하버드 경영대학원 최고 교수 하워드 스티븐슨Howard Stevenson은 '지금 걸려 넘어진 그 자리가 당신의 전환점'이라고 말한다. 나 역시 새로운 나를 찾아가는 과정에서 수많은 시행착오를 경험했다. 그때는 몰랐지만 나의 퍼스널브랜드는 실패와 결핍을 해결해가는 분투의 과정에서 찾을 수 있었다. 초라한 스펙이 아니었다면, 처절한 독박 육아가 아니었다면 지금의 나는 없었을 것이다.

"엄마의 육아 경력은 걸림돌이 아니라 디딤돌입니다."

이것은 2018년 소상공인시장진흥공단에서 주최한 크라우드펀딩에서 우수 사례로 뽑힌 마미킹의 슬로건이다.

출산과 육아로 경력 단절된 나와 같은 엄마들이 건강하게 꿈을 찾아갈 수 있도록 돕기 위해 만든 마미킹은 내가 리커리어디자이너가 되기 위한 디딤돌이 되었다.

당신이 앞으로 나아갈 때 인생의 전환점이 되어줄 걸림돌이라고 생각하는 것은 무엇인가?

"당신의 _____ 은 걸림돌이 아니라 디딤돌입니다."

나를 브랜딩하고 새로운 세상이 시작됐다

• 무인셀프빨래방창업전문가 | 문은경

나의 버킷리스트 중에 책을 쓰는 것도 포함되어 있었지만 막연하고 기약 없는 꿈 같은 일이었다. 일하는 것만도 벅찬 상황에서 늦게 시작한 대학원 학업은 무척 힘이 들었다. 이 상황에서 공저에 대한 권유를 받고 선뜻 참여 의사를 결정한 것은 박남규 교수님의 진실한 조언과 원우들과 함께이기 때문이었다. 글을 쓰는 과정과 글쓰기 수업을 들으면서 나 자신을 돌아보는 계기였고 퇴고하면서 꿈 하나를 이루어서 뿌듯했다. 살면서 누구를 만나고 어떤 길을 갈지는 오로지 나의 선택의 결과물이다.

진실함으로 이끌어주시는 박남규 교수님과 한현정 대표님, 원우들과의 만남을 감사드린다.

• 온라인쇼핑몰창업전문가 | 최예성

우연히 박남규 교수님을 만났고, 우연히 창업을 하게 되었다. 그리고 또 박남규 교수님의 지도로 우연히 책을 쓰게 되었다. 기회는 우연히 찾아오지만 기회를 잡을 수 있는 건 준비된 사람뿐이다. 준비된 사람이 되기 위해 대학원을 왔고 책을 쓰게 되었다. 기회를 주신 박남규 교수님께 감사드리고, 옆에서 묵묵히 도와준 신예인 아내와 행복을 나누고 싶다.

• 농업예술치유사 | 안혜정

농업은 예술이다. 직접 재배하고 생산하는 호두를 활용하여 호두천
연염색 한 원단으로 캔버스를 만들어 호두껍질을 붙여 그림을 그리는
농부 화가인 내가 생각지도 못한 글을 쓰고 출판을 하게 되었다. 혼자
였으면 꿈도 꾸지 못했을 것이다. 함께여서 이룬 꿈이다. 함께해 주신
원우님들과 박남규 교수님 한현정 대표님께 감사드린다.

• 연금자산큐레이터 | 장영희

코로나19가 앞당긴 비대면(디지털)영업방식, 점포통폐합 등 인력구조
의 변화가 요구되는 금융업계에서 정년까지 근무할 수 있을까에 대한
위기감을 느꼈고, 호서대 글로벌 창업대학원 박남규 교수님을 만나고
퍼스널브랜딩이 필요함을 알게 되었다. 같은 길을 걷고 있는 동료들과
함께 나누고 싶은 이야기를 담았다. 직장인이라는 사고의 틀을 깨고,
준비된 직업인으로서 나아가기 위한 과정, 나를 퍼스널브랜딩 하는
것. 늦었다고 생각할 때가 가장 빠른 때다.나를 믿고 응원해 주는 가
족들, 글쓰기를 포기하지 않도록 지도해주신 한현정 대표님에게도 감
사의 말씀을 전하고 싶다.

• 실전창업역량강화전문가 | 이현상

나의 이야기를 강의나 인터뷰에서는 쉽게 말하곤 했지만, 글로 정제하
여 기록하는 것은 쉽지 않은 도전이었다. 집필하며 과거와 현재를 되
돌아볼 수 있는 소중한 시간이었고, 되돌아보니 창업과정은 나에겐
항상 도전의 연속이었다.

2022년은 대학원에서는 학생으로, 대학과 기관에서는 겸임교수와

평가위원이라는 새로운 직분이 생겼고, 버킷리스트였던 작가 도전의 꿈을 실현한 소중한 해이다.

나에게 '도전'이란 단어는 100점을 목표로 하지 않는다. 그래서 실패가 없고, 후회하지 않는다. 다만 성찰을 통해 다음 '도전'에서는 좀 더 나은 결과를 기대할 뿐이다. 반복되는 '도전'은 완벽한 결과물을 가져올 수 있어서 항상 설렌다.

나를 찾겠다고 반복적으로 창업하는 나를 보며 많은 시간 힘들었을 소중한 처, 선희. 보석같이 소중하고, 밝은 웃음으로 엄마, 아빠에게 기쁨을 주는 사랑스러운 딸, 정윤. 현재의 나를 있게 해주신 부모님께 깊은 감사의 인사를 드리고 싶다.

• 미용창업경영사 | 오인태

어른이 된 아들딸에게 누군가가 "살아오면서 가장 존경하는 사람이 누구냐?"라고 물었을 때 서슴없이 "아버지"라고 말하는 모습을 가끔 상상한다. 이것은 오래전부터 품어왔던 내 삶 궁극의 꿈이다. 이 꿈은 새로운 삶의 태도를 만들었다. 늦은 나이에 배움에 열정을 갖고, 인생 2막 사회 초년생을 자처한 것도 이 때문이다. 배움은 예상치 못했던 큰 기쁨을 가져다주었다. 누구나 그렇듯 나 또한 치열하게 살아오면서 보이지 않았던 것들이, 배움에 눈을 돌리자 희미하게 보이기 시작했다. 조금씩 보일수록 더 선명하게 보고 싶고, 또 다른 것이 보고 싶어졌다. 그렇게 홀리듯 배움에 빠져들었다.

일과 공부를 병행하며 그 어느 때보다 바쁘고 힘들지만, 그 어느 때보다 행복한 삶의 시기를 보내고 있다. 박남규 교수님은 인생 종점으로 치닫는 내게 큰 용기를 주었다. 삶이 일의 보상이 되는 워라벨이 아닌, 일과 공부와 삶이 모두 하나로 내 삶이 되는 진정한 워라벨을 알게 해 주심에 감사드린다. 마지막으로 기도에 응답대로 김지영 권사를 만나게 해 주시고, 은혜로운 가정 일구어 주신 하나님께 감사드리며 글을 마친다.

• 기업가정신진도사 | 김진호

기업가정신이 창업자에게만 아니라, 모든 사람에게 필요한 가치와 역량이라는 것을 지도해 주신 박남규 교수님과 집필에 도움을 주신 한현정 대표님, 함께 집필한 작가님들 모두에게 감사드린다. 어려운 문제들 속에서 부족한 내게 힘을 주시는 하나님께 감사와 영광을 돌린다.

• 리커리어디자이너 | 한현정

8인의 생생한 경험과 지식이 한 권의 책으로 묶이기까지 계절이 두 번은 바뀌었다. 매주 토요일 저녁을 기꺼이 내어 온라인 줌Zoom에서 글쓰기 심화 과정으로 함께 했다. 이 과정은 순수 문학을 위한 작가 양성 과정이 아니다. 자신이 경험한 도전과 실패를 바탕으로 한 일인칭 주인공 시점으로, 글의 주인공은 자기 자신이다. 그렇기에 더더욱 글 속에서 오롯이 벌거벗겨진 자신을 직면해 내야 했다. 마음을 다해 써 내려간 작가들의 글은 실제로 직접 경험하고 진행하고 있는 현재진행형의 사례들이다.『열한 가지 찐 창업 이야기』를 시작으로 시리즈 연재 세 번째인『퍼스널브랜딩 창업 성공 가이드 vol. 3』이 나오기까지 항상 신뢰와 지지를 아끼지 않으시는 박남규 교수님과 힘든 여정을 포기하지 않고 함께 해 주신 작가님들께 감사드린다.